普通高等教育"十四五"规划教材

跨境电子商务实训

KUAJING DIANZI SHANGWU SHIXUN

主　审　陆　霞
主　编　郭　泉　黄雨薇
副主编　丁　丹　周　艳
参　编　沈　鸾　许　盼

苏州大学出版社
Soochow University Press

图书在版编目（CIP）数据

跨境电子商务实训/郭泉，黄雨薇主编. —苏州：苏州大学出版社，2021.3(2025.1重印)
普通高等教育"十四五"规划教材
ISBN 978-7-5672-3494-9

Ⅰ.①跨… Ⅱ.①郭… ②黄… Ⅲ.①电子商务-高等学校-教材 Ⅳ.①F713.36

中国版本图书馆 CIP 数据核字（2021）第 038082 号

跨境电子商务实训

郭　泉　黄雨薇　主编

责任编辑　管兆宁

助理编辑　曹晓晴

苏州大学出版社出版发行
（地址：苏州市十梓街1号　邮编：215006）
江苏凤凰数码印务有限公司印装
（地址：南京市经济技术开发区尧新大道399号　邮编：210038）

开本 787 mm×1 092 mm　1/16　印张 17.75　字数 427 千
2021 年 3 月第 1 版　2025 年 1 月第 2 次印刷
ISBN 978-7-5672-3494-9　定价：48.00 元

若有印装错误，本社负责调换
苏州大学出版社营销部　电话：0512-67481020
苏州大学出版社网址　http：//www.sudapress.com
苏州大学出版社邮箱　sdcbs@suda.edu.cn

前 言 PREFACE

  跨境电子商务的快速发展，带动了我国物流配送、电子支付、电子认证、信息内容服务等现代服务业和相关制造业的发展，加快了我国产业结构转型升级的步伐。跨境电子商务正掀起产业发展的新浪潮。通过跨境电子商务平台向海外直销产品，不仅可以大幅提升产品的利润率，还可以有效地打破传统渠道的垄断，这为我国企业创建品牌、提升品牌知名度提供了契机和有效途径。跨境电子商务使过去复杂、专业的国际贸易变得更为简化和透明。

  本教材以工作任务为导向，采用案例教学的方式组织内容，介绍了五个典型的出口跨境电子商务平台的操作流程及技巧，具体包括以亚马逊、全球速卖通、敦煌网和 eBay 为代表的出口跨境 B2C 电子商务平台，以及以 Wish 为代表的移动出口跨境电子商务平台。本教材不仅能帮助读者掌握出口跨境电子商务平台的操作技能，还能助力企业选择正确的出口跨境电子商务平台。

  本教材由进行跨境电子商务专业教学的高校教师与从事出口跨境电子商务业务的行业专家共同编写，流程规范合理、可操作性强，既可作为普通高等院校、职业院校跨境电子商务课程的教学用书，也可作为企业从事出口跨境电子商务业务的员工的培训教材。本教材由苏州农业职业技术学院、苏州高博软件技术职业学院专业教师结合多年的专业教学经验和企业实战专家、行业培训师等精英团队结合自身丰富的实操经验共同编写而成，力求理论性和实用性的合理结合、应用性和指导性的完美融合，以期提高学生专业技能，实现学生顺利就业创业。

  由于编者水平有限，书中难免存在不足之处，敬请各位专家和读者批评指正。

目 录 CONTENTS

001 项目一 认知跨境电子商务

- 002 任务一 认识跨境电子商务
- 007 任务二 走进跨境电子商务
- 011 实训一 了解跨境电子商务平台
- 014 思考题

017 项目二 开店准备

- 018 任务一 市场和选品分析
- 023 任务二 店铺装修
- 035 实训二 主要跨境电子商务市场分析
- 037 思考题

040 项目三 客户服务

- 041 任务一 认识客户服务
- 045 任务二 客户服务沟通
- 052 任务三 客户服务邮件
- 057 实训三 了解文化差异
- 058 思考题

062 项目四 全球速卖通平台实操

- 063 任务一 全球速卖通平台账户注册
- 074 任务二 全球速卖通平台产品上传处理
- 086 任务三 全球速卖通平台运费模板设置
- 090 任务四 全球速卖通平台营销推广工具——灵犀推荐

095　任务五　全球速卖通平台纠纷处理
101　实训四　全球速卖通平台账户注册和产品发布实操
104　思考题

106　项目五　敦煌网平台实操

107　任务一　敦煌网平台账户注册
114　任务二　敦煌网平台产品上传处理
125　任务三　敦煌网平台运费模板设置
133　任务四　敦煌网平台营销推广工具
172　任务五　敦煌网平台纠纷处理
179　实训五　敦煌网平台营销推广实操
183　思考题

187　项目六　亚马逊平台实操

188　任务一　亚马逊平台账户注册
197　任务二　亚马逊平台产品上传处理
201　任务三　亚马逊物流
206　任务四　亚马逊平台营销推广工具
221　实训六　亚马逊平台实操
222　思考题

224　项目七　其他跨境电商平台实操

224　任务一　认识 eBay 平台
246　任务二　认识 Wish 平台
260　实训七　eBay 平台 Promoted listings 实操
264　实训八　Wish 平台店铺开通实操
266　思考题

271　参考答案

项目一
认知跨境电子商务

 学习目标

1. 了解跨境电子商务的基础知识
2. 掌握跨境电子商务的分类及其与传统国际贸易的区别
3. 了解中国跨境电子商务的发展历程及现状

建议学时：4 学时

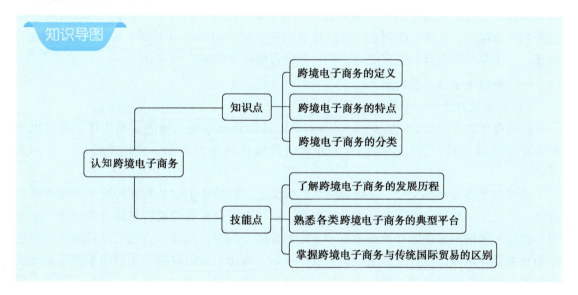

项目导入

当前，在全球电子商务日渐成熟的趋势下，跨境电子商务作为依附于互联网发展的国际贸易新形式，呈现出了巨大的发展潜力。2018 年 9 月，网经社电子商务研究中心发布了《2018 年（上）中国跨境电商市场数据监测报告》。该报告显示，2018 年上半年，中国跨境电商交易规模为 4.5 万亿元，同比增长 25%。其中，出口跨境电商交易规模为 3.47 万亿元，同比增长 26%；进口跨境电商交易规模为 1.03 万亿元，同比增长 19.4%。总体来看，我国跨境电子商务行业交易额将会继续保持增长，跨境电子商务已经成为稳定外贸增

长、促进经济发展的新动力、新引擎。

为支持跨境电子商务的发展，国家出台了一系列政策。2018年6月13日，国务院常务会议明确表示要支持跨境电子商务的发展及进一步扩大进口。同年7月24日，国务院再设22个跨境电子商务综合试验区（简称"跨境综试区"），以促进外贸稳定发展，提高国际竞争力。跨境综试区从试点到普惠，足以说明国家政策对跨境电子商务行业的持续利好。

出口跨境电子商务升温倒逼"中国制造"转型升级，进口跨境电子商务向线下实体业务拓展，是2018年中国跨境电子商务的整体发展趋势。

（资料来源：网经社电子商务研究中心《2018年（上）中国跨境电商市场数据监测报告》）

任务一 认识跨境电子商务

"在自然演化过程中，能够存活下来的，不是那些最强壮的物种，也不是那些最聪明的物种，而是那些最能适应变化的物种。"这句出自达尔文的名言，放在外贸行业也同样适用。2015年，由于国际市场不景气，世界贸易深度下滑，中国进出口总额同比下降了7%。在这样的背景下，企业要想继续存活、发展，必须主动适应环境的新变化。而跨境电子商务的出现，为企业开辟了新的生存之路，带动外贸营销向新的模式"进化"。

认识跨境电子商务

一、跨境电子商务的内涵

（一）跨境电子商务的概念

跨境电子商务（Cross-Border E-commerce）是指分属不同关境的交易主体，通过电子商务平台达成交易、进行支付结算，并通过跨境物流送达商品、完成交易的一种商业活动。

跨境电子商务有狭义和广义两种概念。狭义上，跨境电子商务特指跨境电子商务零售业务。广义上，跨境电子商务是指外贸电商，泛指电子商务在跨境贸易领域的应用。卖方可以通过互联网向采购方和消费者展示自己的商品，同时，买卖双方也可以自由地寻找适合自己的合作伙伴，进行贸易洽谈；完成洽谈后，买卖双方可以再利用网络购物车系统及网络支付系统，完成快捷交易；最后，买卖双方可以通过网络办理海关、银行、税务、保险、运输等流程的相关事宜。

（二）跨境电子商务的特点

跨境电子商务是基于互联网发展起来的新型国际贸易形态，它不同于传统的贸易方式，呈现出自身的特点。

1. 全球性（Global）

互联网是一个没有边界的媒介。依附于互联网产生的跨境电子商务，能够帮助消费者购买世界各地的商品和服务，企业也可以把商品和服务销往全球。

2. 无形性（Intangible）

传统交易以实物交易为主，而在跨境电子商务中，整个交易过程都是在网络上完成的，交易的数据都是数字化传输的无形信息。

3. 匿名性（Anonymous）

在虚拟的跨境电子商务中，在线交易的消费者往往不显示自己的真实身份和地理位置，因此，电商平台和卖家很难识别电子商务客户的身份和其所处的地理位置。网络的匿名性允许消费者匿名交易，保护了消费者的隐私，但也导致了自由与责任的不对称。

4. 即时性（Instantaneous）

在跨境电子商务环境中，人们不再像过去那样局限于地域、时间。通过互联网，企业能够快速实现商品和服务信息的发布，消费者能够24小时随时随地购买商品和服务。

5. 无纸化（Paperless）

跨境电子商务中的所有商务活动主要采取无纸化的操作方式。电商平台用数据电文取代了一系列的纸面交易文件，买卖双方通过邮件或即时聊天工具实现信息无纸化发送与接收。

6. 快速演进（Rapidly Evolving）

互联网是一个新生事物，它以前所未有的速度和无法预知的方式不断演进。短短的几十年，电子交易经历了从电子数据交换（Electronic Data Interchange，简称EDI）到电子商务零售业兴起的过程，数字化商品和服务更是花样出新，不断地改变着人类的生活，而基于互联网的跨境电子商务活动也处在瞬息万变的过程之中。

（三）跨境电子商务的意义

跨境电子商务作为推动经济一体化、贸易全球化的贸易形式，具有非常重要的战略意义。跨境电子商务不仅冲破了边境的障碍，同时也在引起世界经济贸易的巨大变革。

在传统的外贸链条中，商品在生产/制造之后至少要通过A国（地）出口商、B国（地）进口商、B国（地）批发商、B国（地）零售商等多级分销，才能最终送达消费者手中。这种贸易流程使消费者与生产商/制造商之间的互动与交流被阻断，生产商/制造商难以及时了解消费者需求的变化；交易流程各环节的服务商数量庞大，易对市场造成垄断，使本应作为交易主角的买卖双方由于信息不对称处于劣势地位，买卖双方的议价能力被压缩，难以取得产业链中的合理利益分配。跨境电子商务实现了传统"贸易链条"向"网络交易平台"的转变，减少了外贸的流通环节，能有效提高生产商/制造商的利润。

对于企业来说，跨境电子商务构建的开放、多维、立体的多边经贸合作模式，极大地拓宽了企业进入国际市场的路径，大大促进了多边资源的优化配置与企业间的互利共赢；对于消费者来说，跨境电子商务使他们能非常容易获取其他国家（地区）的信息并买到物美价廉的商品。

二、跨境电子商务的分类

下面从四个不同的角度对跨境电子商务的分类进行具体介绍。

（一）以交易主体进行分类

跨境电子商务主要的交易主体是企业商户（Business）和个人消费者（Customer）。目前，我国跨境电子商务按照交易主体进行分类，可分为企业对企业（Business to Business，简称B2B）跨境电子商务、企业对个人（Business to Customer，简称B2C）跨境电子商务和个人对个人（Customer to Customer，简称C2C）跨境电子商务三种类型，其中后两种类型属于跨境网络零售的范畴。

1. B2B 跨境电子商务

B2B 跨境电子商务的买卖双方都是企业或者集团。目前，B2B 跨境电子商务的市场交易规模占跨境电子商务市场交易总规模的 80%，处于市场主导地位，其代表平台有中国制造网、阿里巴巴国际站、环球资源网等。

2. B2C 跨境电子商务

B2C 跨境电子商务的卖方是企业，买方为个人消费者，它是企业以零售方式将商品销售给消费者的模式。目前，B2C 模式在跨境电子商务市场中的占比并不大，但有不断上升的趋势，未来发展空间巨大，其代表平台有全球速卖通、亚马逊、兰亭集势等。

3. C2C 跨境电子商务

C2C 跨境电子商务的买卖双方都是个人，即经营主体是个人，面向的也是个人消费者。

（二）以服务类型进行分类

1. 信息服务型跨境电子商务

信息服务型跨境电子商务是指由信息服务平台为供应商及采购商提供信息服务，让双方能够顺利完成交易的跨境电子商务类型。信息服务模式是 B2B 跨境电子商务的主流模式，其代表平台有阿里巴巴国际站、环球资源网、中国制造网等。环球资源网展示产品并提供相关的信息服务，采购商可以通过单击"Inquire Now"按钮直接向企业询单，但平台不提供商品在线销售服务。

2. 在线交易型跨境电子商务

在线交易型跨境电子商务是指由在线交易平台通过产品、服务等多方面的信息展示，让消费者在平台上即可完成搜索、咨询、下单、支付结算、确认收货、评价等各个购物环节的跨境电子商务类型。在线交易模式是零售跨境电子商务（B2C 和 C2C）的主流模式，其代表平台有亚马逊、eBay、全球速卖通、敦煌网等。亚马逊平台向消费者展示商品信息，消费者可将自己感兴趣的商品加入购物车并完成在线交易。

3. 综合服务型跨境电子商务

综合服务型跨境电子商务是指由综合服务平台为企业提供境外商标注册代理、通关、物流、海外仓、结算、退税、保险、融资等一系列服务，帮助企业安全、快捷、高效地完成商品进口或出口的流通过程，解决企业跨境贸易中的各项难题的跨境电子商务类型，其代表平台有阿里巴巴一达通、派安盈、四海商周和递四方等。

（三）以平台运营方式进行分类

1. 自建平台运营跨境电子商务

自建平台运营跨境电子商务是指企业自己整合资源、寻找货源、采购商品，并且通过自建的平台售卖商品，赚取商品差价，其代表平台有兰亭集势、米兰网、大龙网、focalprice 等。

2. 第三方平台运营跨境电子商务

第三方平台运营跨境电子商务是指从事跨境电子商务的交易主体在第三方跨境电子商务平台上开设网店，从事外贸业务活动。第三方跨境电子商务平台是指在线上搭建商城，通过对物流、支付等资源进行整合，吸引商家入驻平台，为商家提供跨境电子商务交易服务的平台。交易成功后，第三方跨境电子商务平台从中获取佣金或服务费，其代表平台有亚马逊、eBay、全球速卖通、Wish、阿里巴巴国际站等。

（四）以进出口方向进行分类

1. 出口跨境电子商务

出口跨境电子商务又称出境电子商务，是指境内生产或加工的商品通过电子商务平台达成交易，并通过跨境物流输往境外市场销售的一种国际商业活动，其代表平台有全球速卖通、阿里巴巴国际站、Wish、eBay、敦煌网、兰亭集势等。

2. 进口跨境电子商务

进口跨境电子商务又称入境电子商务，是指境外生产或加工的商品通过电子商务平台达成交易，并通过跨境物流输入境内市场销售的一种国际商业活动，其代表平台有洋码头、考拉海购、天猫国际、亚马逊海外购等。

三、跨境电子商务与传统国际贸易的比较

跨境电子商务与传统国际贸易相比，受地理范围限制较少，受各国（地）贸易保护措施影响较小，交易环节涉及中间商少，因而，跨境电子商务有着价格低廉、利润率高的特点。但是，跨境电子商务同时也存在明显的劣势，如跨境电子商务在通关、结汇和退税环节存在障碍，其贸易争端处理机制还不完善。

归纳来看，跨境电子商务呈现出传统国际贸易所不具备的五大新特点。

（一）多边化

多边化是指与跨境电子商务贸易过程相关的信息流、商流、物流、资金流已由传统的双边逐步向多边的网状结构演进。传统的国际贸易主要表现为两国（地）之间的双边贸易，即使有多边贸易，也是通过多个双边贸易实现的，呈线状结构。而跨境电子商务可以通过 A 国（地）的交易平台、B 国（地）的支付结算平台、C 国（地）的物流平台，实现不同国家（地区）间的直接贸易。

（二）小批量

随着中小企业纷纷涌入跨境电子商务市场及 B2C 跨境电子商务的迅速发展，跨境电子商务呈现出订单小批量化的特点。而传统国际贸易主要为 B2B 模式，订单批量较大。跨境电子商务相比于传统国际贸易，具有产品类目多、产品更新速度快、产品信息海量、广告推送个性化、支付方式简便多样等优势。同时，基于对客户数据的分析，跨境电子商务企业能设计和生产出差异化、定制化的产品，更好地为客户提供服务。

（三）高频度

高频度是指跨境电子商务能够实现单个企业或消费者即时按需采购、销售或消费，不像传统国际贸易受到交易规模的限制。跨境电子商务将信息流、资金流和物流集合在一个平台上，交易效率的提高促使买卖双方的交易频率大幅度提高。

（四）透明化

透明化是指跨境电子商务通过电子商务交易与服务平台实现多国（地）企业之间、企业与最终消费者之间的直接交易。这种直接交易让供求双方的贸易活动采用标准化、电子化的合同、提单、发票和凭证，使各种相关单证在网上即可实现瞬时传递。这种标准化、

电子化的信息传递增加了贸易信息的透明度，减少了信息不对称造成的贸易风险。传统国际贸易中一些重要的中间角色被弱化甚至替代，国际贸易供应链更加扁平化，形成了生产商/制造商和消费者"双赢"的局面。跨境电子商务大大降低了国际贸易的门槛，使贸易主体更加多元化，丰富了国际贸易的主体阵营。

（五）品牌化

品牌化是指跨境电子商务企业开始走品牌化运营路线。一些较大的企业开始规模化经营，自建或入驻跨境电子商务平台，将品牌推向境外市场，提升品牌价值及提高产品利润。而在传统国际贸易中，大多数外贸企业是以销售物美价廉的产品及提供代工（Original Equipment Manufacturer，简称OEM）服务为主，无法打造出自己的品牌。

目前，我国跨境电子商务有以下三种B2B、B2C平台模式。

1. 第三方跨境电子商务平台模式

第三方跨境电子商务平台模式是由第三方提供统一的销售平台，平台一方是作为卖家的国内外贸企业，另一方是作为海外买家的消费者。全球速卖通、敦煌网等都属于这类第三方跨境电子商务平台。第三方跨境电子商务平台是为外贸企业自主交易提供信息流、资金流和物流服务的中间平台，不参与物流、支付等中间交易环节，其盈利方式是以交易价格为基础收取一定比例的佣金。

第三方跨境电子商务平台的优势在于比较稳定，具有完善的物流体系、支付平台，实力比较雄厚。第三方跨境电子商务平台一般不收年费，只收取一定比例的佣金，而且容易增加较多供应商自主上传产品的入口，便于将电子商务平台打造成运营中心，形成规模效应。所以，小微企业或刚起步的新企业常常选择第三方跨境电子商务平台开展外贸业务。不过，第三方跨境电子商务平台面临的竞争压力越来越大，卖家不断增多，而它们的功能和服务还需要进一步提升，才能更好地满足平台用户的需求。

2. 自建跨境电子商务平台模式

自建跨境电子商务平台模式是由企业自己联系国内外贸企业作为供货商，直接从外贸企业采购商品，然后通过自建的B2C平台，将商品销往海外，如兰亭集势、米兰网等。其盈利模式是自营商品销售利润，电子商务平台企业本身是独立的销售商。

自建跨境电子商务平台的优势在于管理相对独立，可省去所有中间环节，直接对接中国制造商和外国消费者。不同的自建平台有其独特的优势，如兰亭集势在搜索引擎优化及关键词竞价排名上的技术优势，使其能够花最少的费用获得巨大的网络推广效益，进而为其带来非常可观的流量和销售收入；又如帝科思在推广方面采用的"论坛营销"，即通过和论坛合作，将网站相关的产品信息、打折优惠信息公布到论坛上，并把不同的产品推送到不同的论坛，这是一种用户黏度极高而成本极低的营销方式，可促进销售。

3. 外贸电子商务代运营服务商模式

外贸电子商务代运营服务商模式是服务提供商不直接或间接参与任何的买卖过

程，而是为从事跨境电子商务的中小型企业提供不同的服务模块，包括"市场研究模块""海外营销解决方案模块"等，如四海商舟、锐意企创等。服务提供商能够提供一站式电子商务解决方案，并能够帮助外贸企业建立定制的个性化电子商务平台，其盈利模式是赚取企业支付的服务费用。目前，很多外贸企业在选择借助第三方平台的同时也建立自己独立的自由外贸网站，利用第三方平台挖掘客户资源，然后把客户吸引到自己的外贸网站上，不仅有利于节约成本，还有利于企业的品牌建设。

任务二　走进跨境电子商务

我国跨境电子商务的发展历程也可称为外贸电子商务的发展历程。我国跨境电子商务起步较晚，最早可追溯到20世纪90年代的"金关工程"。随着互联网在国内兴起，我国跨境电子商务得到了快速发展。我国跨境电子商务经历了网上黄页模式、网上交易模式及外贸综合服务模式三个发展阶段。

一、我国跨境电子商务发展的背景

自我国加入世界贸易组织（WTO）以来，我国在世界国际贸易领域的地位逐渐提升，综合国力逐渐加强，但同时我国国际贸易也受到产业结构、产业技术、外部环境等方面的制约。外部环境的不稳定和不确定因素的增多，使我国国际贸易面临严峻复杂的外部形势，下行压力较大。

（一）国际市场需求疲软

一方面，自2008年金融危机以来，发达国家投资活动低迷，对能源资源、中间产品、机械设备的需求不振，使投资品国际贸易增长显著放缓。在经济低增长的环境下，发达国家消费者信心不足，耐用品消费增长有限。另一方面，新兴经济体增速总体放缓，居民收入增长缓慢，需求不振使消费品国际贸易缺乏增长动力。

2020年上半年，世界贸易组织在贸易统计及展望报告《新冠病毒大流行颠覆全球经济，贸易将大幅下跌》中指出：在较乐观的情况下，2020年全球商品贸易将下滑13%，全球GDP将下滑2.5%；在较差的情况下，2020年全球商品贸易将重挫32%，2021年将反弹提升24%。对于当前新冠肺炎疫情对国际贸易带来的影响，国际货币基金组织（IMF）认为，全球贸易将遭遇"一代人以来的最严重崩盘"，2020年将有超过170个国家GDP负增长。经济合作与发展组织（OECD）则估计，疫情防控封锁状态每持续1个月，全球GDP就会下降2个百分点。

（二）外贸传统竞争优势持续弱化

中国外贸传统竞争优势正在减弱，新的竞争优势尚未形成，正处于"青黄不接"的阶段，产业发展面临着发达国家和其他发展中国家的"双头挤压"。一方面，中国与其他发展中国家在劳动密集型产业方面的竞争更加激烈；另一方面，中国与发达国家在资本、技术密集型领域以互补为主的关系将发展为互补与竞争并存的关系，尤其是新兴产业的发展将面临发达国家更严苛的遏制。从微观层面来看，劳动力、原材料、环境保护等各项成本上升，以及企业创新能力不足等因素，使企业传统外贸订单量依旧在走下坡路，订单碎片化已经成为传统外贸企业的共识。

(三) 贸易摩擦加剧

全球贸易救济调查愈演愈烈，对中国贸易的负面影响加大。据商务部统计，2019年前11个月我国出口产品共遭遇来自21个国家（地区）发起的83起贸易救济立案，其中反倾销56起、反补贴9起、保障措施18起，涉案金额约116亿美元，与2018年同期相比，立案数量和涉案金额分别减少了19%和64%，但我国仍然是全球贸易救济调查的最大目标国。

二、我国跨境电子商务发展现状

(一) 跨境电子商务市场交易规模

近年来，在传统贸易增长缓慢甚至出现下滑的背景下，跨境电子商务行业快速发展，保持高速增长态势。据网经社电子商务研究中心监测数据显示，2019年中国跨境电子商务交易规模为10.5万亿元，同比增长16.7%。

(二) 跨境电子商务进出口结构

在跨境电子商务市场交易方面，2019年中国出口跨境电子商务交易规模为8.03万亿元，同比增长13.1%，进口跨境电子商务交易规模为2.47万亿元，同比增长29.9%。一方面，由于我国制造业在成本及规模上具有较大优势，同时受到"一带一路"倡议及资本市场推动，我国目前跨境电子商务以出口为主；另一方面，由于国内消费者对海外优质商品需求增长强劲，在政策保持利好的情况下，进口跨境电子商务市场仍将保持平稳增长。而在跨境电子商务进出口结构上，进口跨境电子商务的比例正逐步扩大。

(三) 跨境电子商务B2B和B2C结构

据网经社电子商务研究中心监测数据显示，2019年中国B2B跨境电子商务交易占比达80.5%，B2C占比为19.5%。

可见，B2B模式依然在跨境电子商务交易中占据主导地位。该模式产业链条长，服务需求多，包括营销、支付、供应链金融、关检税汇、物流仓储、法律法规等各种服务。从我国国家及地方的跨境电子商务政策来看，B2B模式受到政府的重点关注和扶持，也是未来跨境电子商务发展的重要商业模式。B2C模式虽然在跨境电子商务交易中占比不大，但近年来发展迅速，国内消费升级和海外新兴市场的崛起引发了零售跨境电子商务热潮。

总体来看，B2B模式和B2C模式的发展并不是彼此孤立的，而是相互影响、相互促进的。B2B模式的发展为B2C模式的产生及发展创造了条件，而B2C模式的发展反过来又促进了B2B模式的进一步深入发展。

三、我国跨境电子商务发展的特点

(一) 缩短供应链，降低成本

跨境电子商务能更好地服务最终消费者。与传统外贸相比，跨境电子商务打破了渠道垄断，减少了中间环节，缩短了供应链，让中国制造商通过跨境电子商务平台直接面对境外消费者。供应链的扁平化降低了企业的成本，使之能获得更高的利润，激发了中小企业参与国际贸易的热情和动力。

(二) 参与主体多元化

传统外贸参与主体为外贸企业和制造商，而跨境电子商务参与主体则较为多元。最初，跨境电子商务参与主体以小微企业、个体业主、网络公司为主。随着产业的发展，许多传统外贸行业产业链上的制造商、外贸企业、代理商、经销商等纷纷进入该行业，推动产业规模化运作。

（三）交易呈现网状化

传统外贸交易以双边贸易为主，买卖双方分处不同的国家（地区）达成交易完成结算。例如，外贸中常见的转口贸易就是由几笔双边贸易构成的。而跨境电子商务涉及的交易方远远多于传统贸易，呈现网状化、多边协作的特点。

（四）打破地区差异，竞争异常激烈

我国传统外贸交易主要集中于沿海经济较发达地区。据统计，我国对外贸易中有80%发生在广东、浙江、上海、福建、山东、江苏等发达地区。天然的地域优势及经济环境优势使这些地区的对外贸易发展快于其他地区。但跨境电子商务通过渠道扁平化，集中海内外仓库配送发货，极大缩小了地区差异带来的发展差异。这也给其他地区的外贸提升带来了新机遇，同时也加剧了外贸领域的竞争。而这种竞争则体现在产品品质、客户服务及物流配送等有助于改善消费者体验的关键竞争因素上。

（五）企业经营模式国际化、网络化

中国传统外贸企业主要专注于产品生产，而对营销、品牌推广的投入较低，以至于在国际上主要承担着国际品牌的"代工厂"角色，其自营品牌在国际市场上知名度较低。而跨境电子商务让企业利用网络信息平台开展贸易活动，丰富了营销方式并降低了营销成本。此外，企业还可以通过网络平台和社交媒体收集消费者数据并进行分析，为特定消费群体定制个性化产品。同时，企业可以结合多种营销方式制订精准营销方案，利用多种媒体推送产品和品牌信息，并与消费者保持密切互动。可见，跨境电子商务企业能够利用网络技术实现低成本的精准营销，并推动企业品牌的国际化。

四、中国跨境电子商务发展存在的问题

虽然我国跨境电子商务发展势头良好，但现阶段仍存在一些问题制约着我国跨境电子商务的进一步良性发展。

（一）交易信用与安全问题

我国跨境电子商务发展时间较短，相关法律制度还不健全。同时，电子商务本身的虚拟特性也使一些不良商家有机可乘，从中谋取高额收益。而在跨境电子商务交易过程中，一旦买卖双方发生商业纠纷，将直接影响到交易的最终达成。消费者的交易体验将决定其未来的购买行为。因此，交易信用与安全问题制约着我国跨境电子商务的发展。

（二）跨境物流运输问题

物流是电子商务"四流"中唯一的线下环节，其安全性、迅捷性与时效性一直是影响电子商务发展的关键因素。而跨境物流与境内物流相比，存在响应慢、周期长、成本高等弊端。我国的跨境物流刚刚起步，仓储、运输的设施和手段，以及管理理念还不够成熟，跟不上跨境电子商务发展的步伐。

（三）跨境电子支付安全问题

电子支付安全是跨境电子商务作为新商业模式发展的根本。电子支付安全主要包括电子商务网站安全、第三方支付平台安全和银行支付系统安全三个方面。我国跨境电子支付平台一般是由传统电子支付平台升级而来的。如果跨境电子支付平台对跨境电子支付中的资金沉积、汇率差异、币值风险、系统故障等情况考虑不周,加之我国跨境电子支付监管制度尚不健全,就容易引发支付安全漏洞。一旦这类漏洞被不法分子利用,必将扰乱正常的跨境电子支付秩序。

(四)通关和退税问题

与国内电子商务相比,通关和退税问题是跨境电子商务所独有的。传统外贸要经历报关、报检、结汇、退税等环节,监管实施较容易,但由于跨境电子商务交易具有商品数量少、来源广、体积小、金额少、频次多等特点,海关监管难度大,导致商检、结汇及退税都存在一定问题。此外,B2C 出口跨境电子商务的商家一般以个人物品的形式向境外寄送商品,在一定限额内无须缴税,也不享受出口退税优惠。

(五)跨境电子商务专业人才缺乏问题

跨境电子商务在快速发展的同时,逐渐暴露出缺乏综合型外贸人才的问题,主要体现在以下两个方面:一方面是外语语种多样化对外贸人才提出了挑战。由于英语在全球使用最为广泛,因此以往跨境电子商务都以英语为主要沟通语言。随着跨境电子商务销售市场的多元化,一些新兴市场如巴西、俄罗斯、印度等国及阿拉伯地区显现出巨大的发展潜力,而这些非英语国家市场的开拓和服务需要更多小语种人才的参与。另一方面是跨境电子商务对人才综合能力要求高。除了语言能力外,跨境电子商务人才还应了解国际市场、交易流程、文化和消费习惯差异等,同时还需要熟悉平台的交易规则、操作流程和技巧,甚至还要了解市场营销、计算机网络、供应链管理、数据分析、视觉设计等知识。而同时具备这些能力的综合型外贸人才极其稀缺,巨大的人才缺口势必会制约行业的发展。

(六)企业缺乏创新能力、品牌化程度低问题

很多中小企业缺乏产品创新能力,不能立足消费者需求进行产品开发。这些企业在市场中处于被动地位,仅依靠价格战抢占市场,利润空间不断被压缩。不少代工厂转战跨境电子商务,但由于缺乏品牌意识,品牌的国际认同度低,优质产品难以卖出好的价格。

知识拓展

在选择跨境电子商务平台时,外贸企业需要根据自己的实力进行权衡,选择最适合自己的平台。需要考虑的因素有以下五个方面:

(1)企业目标市场和产品定位。首先,外贸企业需要明确目标市场,如美国市场、欧洲市场、非洲市场等。其次,明确企业产品类别、数量、特点等。电子商务平台分为综合型和垂直型两种,外贸企业应根据自身特点进行合理选择。对于那些专业性较强的企业,就应该选择垂直型的电子商务平台。

(2)跨境电子商务平台的规模和影响力。起步早、规模和影响力大的跨境电子商务平台,具有丰富的平台运营经验,在会员管理、信息管理、网站宣传推广等方面拥有丰富的资源,可以为卖家提供较好的服务。

(3)跨境电子商务平台自身宣传推广能力。跨境电子商务平台主要通过参加国际著名展览、搜索引擎推广、广告投放、对外合作等方式进行宣传推广。外贸企业在选择跨境电子商务平台时要考虑平台宣传推广的投入力度。

（4）跨境电子商务平台提供的附加值。如果跨境电子商务平台提供的附加值大且优惠多，外贸企业可以充分利用附加值和优惠来降低成本，获取较大的收益。

（5）跨境电子商务平台服务项目收费情况。购买各种商品或服务，最后还是要考虑价格。目前，各种跨境电子商务平台都提供各种收费服务，价格从一两万元到几十万元不等，外贸企业要根据是否需要和购买能力来选择合适的平台和服务项目。

实训一　了解跨境电子商务平台

实训目的

了解跨境电子商务的分类，能够正确区分不同类型的跨境电子商务平台，并掌握其特点，为更好地开展跨境电子商务打下坚实的基础。

实训内容和步骤

一、实训内容

根据跨境电子商务的不同类型，选取各类型下的典型平台（网站），浏览平台，了解其特点并归纳总结其优劣势，完成表1-1。

表1-1　跨境电子商务平台优劣势总结

跨境电子商务类型		平台（网站）名称	优势	劣势
以交易主体进行分类	B2B跨境电子商务			
	B2C跨境电子商务			
	C2C跨境电子商务			
以服务类型进行分类	信息服务型跨境电子商务			
	在线交易型跨境电子商务			
	综合服务型跨境电子商务			
以平台运营方式进行分类	自建平台运营跨境电子商务			
	第三方平台运营跨境电子商务			
以进出口方向进行分类	出口跨境电子商务			
	进口跨境电子商务			

【实训提示】

同一平台按不同的分类方式所属的类别不同，如以服务类型进行分类，Wish属于"在线交易平台"，而以平台运营方式进行分类，Wish属于"第三方平台"。因此，在填写表格时,注意不要重复。

二、实训步骤

(1)打开百度搜索引擎,逐一输入代表跨境电子商务类型的词语,如输入"B2B跨境电子商务平台"(图1-1),根据搜索结果选出代表性平台(网站),并将其名称填入表1-1中。

图1-1　利用百度搜索引擎进行搜索

(2)单击进入平台(网站),进行平台浏览。亚马逊(美国站)首页如图1-2所示。

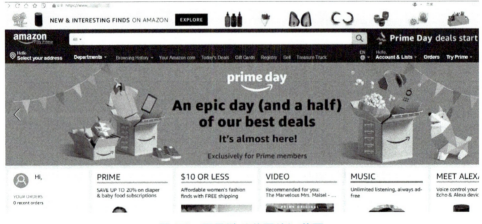

图1-2　亚马逊(美国站)首页

(3)了解平台特色,并总结不同跨境电子商务平台的优势及劣势,填入表1-1中。

例如,在亚马逊(美国站)首页的搜索框内输入关键词"Wallet lady"(女士钱包),

可以看到亚马逊（美国站）有按价格、用户评分、上架时间等进行排序的产品，但并不支持按销量排序，如图 1-3 所示。这是亚马逊平台的一大特点，不以历史销量来引导用户消费，给新卖家和新产品更多公平竞争的机会。亚马逊以产品为王，重视产品本身，以便更好地提高用户体验。

图 1-3　亚马逊搜索页

通过对亚马逊商品详情页的浏览，用户可以看到商品是由谁销售和配送的，分为亚马逊自营和第三方卖家，如图 1-4 所示。此外，不是所有的商品都有图文描述，部分卖家只能够以文字的形式对产品进行描述，如图 1-5（a）所示。因为之前只有亚马逊自营的商品

图 1-4　亚马逊商品详情页

（a）普通效果　　　　　　　　　　　　　（b）EBC 效果

图 1-5　亚马逊商品描述效果对比

才能添加图片。而如果第三方卖家销售的商品是亚马逊也在售的商品，则可共享其商品详情页的图片，所以有些第三方卖家的商品描述里也有图片。2017 年，亚马逊（美国站）推出了图文版品牌描述（Enhanced Brand Content，简称 EBC），即在亚马逊完成品牌备案的商家，可以在其产品描述页面添加图片和文字信息，如图 1-5（b）所示。

小 结

本项目任务一介绍了跨境电子商务的内涵、分类及其与传统国际贸易的区别，让读者对跨境电子商务有一个基础的认识；任务二介绍了我国跨境电子商务的发展背景、现状、特点及发展过程中存在的问题。其中，跨境电子商务的分类、跨境电子商务与传统国际贸易的区别及我国跨境电子商务的发展现状是本项目的重点内容。掌握上述知识才能把握跨境电子商务的发展机遇，在激烈的市场竞争中获得成功。

[**跨境电子商务**] 跨境电子商务（Cross-Border E-commerce）是指分属不同关境的交易主体，通过电子商务平台达成交易、进行支付结算，并通过跨境物流送达商品、完成交易的一种商业活动。

[**第三方跨境电子商务平台模式**] 第三方跨境电子商务平台模式是由第三方提供统一的销售平台，平台一方是作为卖家的国内外贸企业，另一方是作为海外买家的消费者。全球速卖通、敦煌网等都属于这类第三方跨境电子商务平台。第三方跨境电子商务平台是为外贸企业自主交易提供信息流、资金流和物流服务的中间平台，不参与物流、支付等中间交易环节，其盈利方式是以交易价格为基础收取一定比例的佣金。

一、单项选择题

1. 在整个跨境电子商务交易中占比最大，约占整个市场规模 80% 的跨境电子商务模式是（ ）。
   A. B2B　　　　　B. B2C　　　　　C. C2B　　　　　D. C2C
2. （ ）是垂直型跨境电子商务平台。
   A. 亚马逊　　　　B. eBay　　　　　C. 蜜芽　　　　　D. 全球速卖通
3. 跨境电子商务主要的交易模式有 B2B、B2C、C2C，其中 B2C 是指（ ）。
   A. 企业对个人　　B. 企业对企业　　C. 个人对个人　　D. 企业对政府
4. 下列关于跨境电子商务的说法错误的是（ ）。
   A. 区块链技术能够对产品进行溯源，提高消费者的信任度，促进跨境电子商务良性发展
   B. 我国涉及跨境电子商务政策制定的部门主要有国务院、海关总署、商务部、国家

发展和改革委员会、财政部、国家税务总局、国家市场监督管理总局和国家外汇管理局等

C. B2B 模式和 B2C 模式的发展并不是彼此孤立的,而是相互影响、相互促进的

D. 1999 年,中国跨境电子商务进入 1.0 阶段,消费者能够通过互联网在线购买商品

二、多项选择题

1. 跨境电子商务的参与主体有（　　）。

A. 通过第三方平台进行跨境电子商务经营的企业和个人

B. 跨境电子商务的第三方平台

C. 物流企业

D. 支付企业

2. 跨境电子商务的新特点有（　　）。

A. 多边化　　　　B. 大批量　　　　C. 透明化　　　　D. 品牌化

3. 跨境电子商务呈现（　　）发展趋势。

A. 产业生态更完善

B. 产品更加多元化

C. B2C 模式占比提升,B2B 模式和 B2C 模式协同发展

D. 移动技术成为跨境电子商务发展的重要动力

4. 下列有关跨境电子商务分类的表述正确的是（　　）。

A. 以服务类型进行分类,跨境电子商务可分为 B2B 跨境电子商务、B2C 跨境电子商务和 C2C 跨境电子商务

B. 兰亭集势属于自营型跨境电子商务平台

C. 环球资源网属于信息服务平台

D. 洋码头属于出口跨境电子商务平台

5. 下列有关跨境电子商务发展环境的表述正确的是（　　）。

A. 2015 年和 2016 年我国出口总额连续两年负增长

B. 2017 年 11 月,国务院关税税则委员会发布《关于调整部分消费品进口关税的通知》,以暂定税率方式降低部分消费品进口关税

C. 2017 年 12 月,工业企业亏损家数较 2016 年有所下降,国内经济形势向好

D. 尽管非洲中部、亚洲南部的大部分地区的互联网参与率仍相对较低,但这些地区的互联网普及率也是增长最快的

三、简答和分析题

1. 简述跨境电子商务与传统国际贸易的区别。

2. 分析跨境电子商务给我国企业和消费者带来了哪些好处。

推荐阅读

中国市场跨境电商（海淘）的机遇

咨询公司 Frost & Sullivan 与零售战略公司 Azoya Consulting 于 2018 年联合发布了一份关于中国跨境电子商务机会的报告——《中国市场跨境电商（海淘）的机遇》。这份报告基于对 1 000 位经常海淘的中国消费者及 100 家年收入超过 5 000 万美元的海外品牌和零售商的调查数据，从多角度分析了中国跨境电子商务市场，为中国跨境电子商务市场的发展提供了有价值的参考依据。据报告数据显示，中国线上消费者达 5 亿人，2018 年中国线上消费的市场规模将超过 1 万亿美元，年增长率约为 40%。80% 的海外零售商将中国市场视为极具吸引力的市场，90% 的海外零售商想要加强在中国的线上销售，但是海外零售商对淘宝、京东等本土电商平台满意度低。

一、从消费者看中国线上购物和海淘市场

目前，中国的网民数量达 7.33 亿人，线上购物人数达 5 亿人，中国拥有全球规模最大的线上购物市场。中国线上销售额占总零售额的 16.6%，仅次于英国。中国线上购物的市场规模从 2011 年的 1 200 亿美元增长到 2018 年的 1.12 万亿美元，年复合增长率约为 38%。同时，有 63% 的用户表示会在未来 12 个月内增加线上购物支出，33% 的用户则表示将和目前持平。据调查数据显示，有 67% 的中国消费者通过海淘购物的原因是希望能买到更高品质的产品，同时 45% 的消费者认为海淘可以降低买到"假货"的风险。此外，在购物品类上，时尚品、化妆品及日常生活用品排名前三。

从区域来看，日本是最受欢迎的海淘目的地。有 72% 的中国消费者倾向于购买日本品牌的商品，60% 的消费者倾向于购买韩国品牌的商品，55% 的消费者倾向于购买美国品牌的商品。中国消费者在过去 12 个月内通过不同渠道进行海淘的占比情况为：84% 的消费者通过国内电商平台海淘、67% 的消费者通过全球性电商平台海淘、27% 的消费者通过代购海淘、21% 的消费者通过海外供应商网站海淘，而通过门槛最高的第三方转寄公司海淘的消费者占 7%。

二、从海外零售商看中国电商市场

在线销售是海外零售商扩大在中国销售的主要途径，约 3/4 的海外零售商表示正在通过线上向中国销售产品，约 41% 的零售商计划未来只拓展线上渠道，18% 的零售商表示正计划拓展线下渠道。而海外零售商在中国市场面临的问题也较为突出。有 30% 的零售商认为线上销售的政策变动较大，30% 的零售商认为竞争过于激烈，21% 的零售商认为前期投入成本过高，18% 的零售商认为无法获得利润。海外零售商在中国市场的渠道主要有实体店、本土电商平台、全球性电商平台、独立线上商城四种。不同渠道的占比也存在差异，其中，实体店占 35%，本土电商平台占 32%，全球性电商平台占 18%，独立线上商城占 15%。现在国内的本土电商平台主要是京东和淘宝，海外零售商对其的满意度明显低于其他平台。报告指出，很多海外品牌进入中国线上市场的第一选择是京东或淘宝，但是高佣金、激烈价格战，以及缺乏与用户的直接沟通等问题，正促使越来越多的海外零售商建立自己的独立中国网站来直接获取客户，以提高利润。

（资料来源：Frost & Sullivan 和 Azoya Consulting 联合发布的《中国市场跨境电商（海淘）的机遇》）

项目二
开店准备

1. 熟悉全球主要跨境电商市场的状况
2. 掌握跨境电商选品的规则与方法
3. 了解店招与店名设计的基本方法
4. 了解产品图片拍摄和处理的技巧

建议学时：4学时

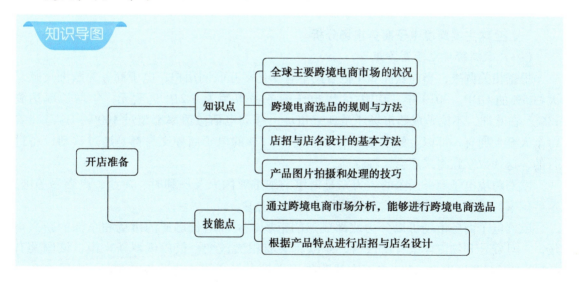

项目导入

在电子商务发展如此迅速的今天，相信很多有过传统销售经验的人，都有想要在网上销售产品的冲动。但经营好网站、做好网上销售，并不是一件易事，很多人知难而退。假如你是其中的一员，在寻找新的销售渠道时，决定选择跨境电商，那么如何才能成为一名颇具潜力的电商卖家呢？

电商卖家通常需要考虑以下事项：

（1）选择产品。选择经营什么行业，上传什么样的产品，会直接影响到你以后的收入。很多店家都在卖同样的产品，为什么用户会选择购买你的产品？上传什么样的产品才更有竞争力？

每个人的选择可能会不同，但笔者建议，首先应该选择自己熟悉或者喜欢的产品。专业和兴趣是支持你在网络创业中成功的一个重要条件。专业能够让你轻松领先于同行，哪怕你卖的是包装产品的盒子，只要你做得够专业，一样可以大卖。而兴趣则能够让你长期坚持下去，哪怕你遇到种种挫折，也能很快站起来。

（2）落实货源。在确定好主营行业后，就要落实货源了。从哪里进货更合适？面临各种问题时如何解决？

（3）敲定策略。在了解清楚所选择的行业、资金投入规模、进货渠道后，下一步需要考虑的就是销售策略。

以上三点都需要在产品上传前考虑清楚，一旦定下来，接下来你就可以真正开始卖家之旅了。

任务一　市场和选品分析

一、全球主要跨境电子商务市场分析

（一）欧洲跨境电子商务市场

根据相关调查，当前欧洲 8.4 亿居民中有 5 亿多互联网用户，电子商务为欧洲贡献了大约 5% 的 GDP。2019 年，欧盟 28 国电子商务销售额为 6 210 亿欧元，年增长率达到 13%。在欧洲，不论是成熟市场还是新兴市场，移动电话渗透率都超过 100%，这意味着每个人至少拥有一部以上的手机。平均来说，5.5% 的电子商务交易都是通过移动设备进行的，这一数字在将来还会大幅提高。

欧洲跨境电子商务买家的主力军是斯堪的纳维亚国家及比利时、荷兰、卢森堡等国，这些国家的消费者对从网上购买国外的东西尤为热衷。

欧洲电子商务市场可以分为北部成熟的市场、南部增长迅速的市场和东部的新兴市场。一旦资金和物流体系有所改善，东欧将会有很大改变。仅以俄罗斯来说，该国共有 6 000 多万互联网用户、500 多万在线购物用户且有很高的移动设备渗透率，电子商务发展环境较好。但较低的信用卡渗透率、民众对银行缺少信任及落后的物流服务等，导致俄罗斯的电子商务仍停留在现金交易阶段。尽管如此，俄罗斯的在线零售市场依然有望在 2021 年达到 500 亿美元的规模。

但欧洲国家立法的多样性，在相当程度上阻碍了跨境电子商务的进一步发展。欧盟一直在积极努力地促进跨境电子商务的发展，很多协会通过建立各种合作组织来为促进欧洲电子商务的发展分享经验。

（二）美国和加拿大跨境电子商务市场

相关调查数据显示，全球约 37% 的跨境在线买家集中在美国和加拿大。美国拥有 3 亿多居民，其中，2.55 亿网民，1.84 亿在线购物者，是世界上最大的电子商务市场之一。

美国和加拿大在线总销售额达到 3 800 多亿美元，占到全球的 31%。

60% 的加拿大人从美国网购，其中 38% 的加拿大人生活在安大略省，这里的物流费相对较低。加拿大信用卡的渗透率也非常高，81% 的在线支付都是信用卡支付，紧随其后的是使用 PayPal（42%）。这些因素都促进了加拿大跨境金融的发展。

北美平板电脑用户占到全球的 47%。平均来说，通过智能手机或平板电脑网购的人要比用电脑网购的人多。美国与英国、澳大利亚、新西兰，以及邻国加拿大都使用英语，不存在语言障碍。北美的南部和加勒比海地区的在线购物发展势头迅猛，同时，拉丁美洲也在增长。这些地区的消费者对于美国和加拿大来说都是潜在客户。

（三）亚洲跨境电子商务市场

亚洲各地区之间有着极强的联系。据相关资料显示，亚洲排名前三的跨境电子商务市场分别是中国香港市场（96%）、中国内地市场（90%）和日本市场（71%）。

中国拥有 9 亿多网民，2 亿多在线买家，从 2006 年开始以每年 78% 的增长率递增，中国对于想拓展海外市场的商户来说是一个大金矿，2019 年中国网上零售额超过 10 万亿元。

13.2 亿人口的印度有 6.7 亿人使用互联网。但印度城镇和农村的情况相差悬殊。尽管如此，印度在线交易量在 2019 年仍达到了 205 亿美元。三分之二的在线交易是通过手机完成的。

日本和韩国的电商成熟度较高。日本是亚洲第二大电子商务市场，2019 年在线销售额达到 1 000 亿美元。日本信用卡支付业务普及率非常高，信用卡支付是 52% 的日本在线购物者支付时的首选，共有 5 600 万张信用卡在日本市场上流通。

（四）拉丁美洲跨境电子商务市场

2019 年，巴西 1.37 亿互联网用户在电子商务中的消费达到 751 亿雷亚尔，同比增长 29%；墨西哥电子商务增长了 46%，达到 60 亿美元。2017 年，阿根廷电子商务交易额增长了 41%；哥伦比亚在线销售额增长了 40%。

在互联网普及率方面，哥伦比亚、阿根廷、委内瑞拉及乌拉圭表现不俗。这些国家大多数人都讲西班牙语，尽管这些地区信用卡普及率相对较低，但仍有 74% 的拉丁美洲网民网购时倾向于使用信用卡。

据相关机构预测，2020 年巴西的互联网用户将达到 1.42 亿人，电子商务收入预计达 900 亿雷亚尔，同比将增长 21%。由于其规模和地理原因，巴西面临着来自物流和运输方面的挑战。拉丁美洲人喜欢上购物网站浏览、比价，但不一定会完成购买。90% 的在线买家会用智能手机浏览网页上的商品、商店，会通过社交媒体讨论产品的质量和价格。

由于地理位置相近和共同的语言及文化，智利、阿根廷、乌拉圭之间的跨境电子商务非常有潜力。出于同样的原因，哥伦比亚在线买家也会从讲西班牙语的邻国搜索产品。

（五）太平洋地区跨境电子商务市场

澳大利亚和新西兰在全球跨境电子商务中占据 19% 的份额。2018 年，澳大利亚电子商务市场规模约为 203 亿美元。澳大利亚邮局中，超过 66% 的包裹来自电子商务交易。2018 年，澳大利亚人均收到包裹数量增加了 21%，达到 2.3 个。

据有关调查显示，92% 的澳大利亚人曾经进行过网购，澳大利亚超过 90% 的网购者都使用信用卡。虽然三分之二的澳大利亚人认为在国内的电商平台上购物更安全，但全球

19%的跨境电子商务买家住在澳大利亚和新西兰,澳大利亚已经成为国际出口的新宠。40%的在线花费都指向海外,占澳大利亚每年包裹服务的19%。超过半数新西兰人都在网上冲浪,但97%的新西兰人上网是为了搜索产品信息和获得在线服务。新西兰在线比价网站调查了在线客户行为,20%的受访者认为他们在线购物的一半来自离岸网站,30%的受访者认为用移动电话购物更舒心。

二、选品分析

(一)选品的概念

选择商品简称选品,是指从供应市场中选择适合目标市场需求的产品在网站上进行销售。选品人员要在把握用户需求的基础上,从供应市场众多的产品中选出质量、价格和外观最符合目标市场需求的产品。只有将供应商、用户、选品人员三者有机结合,才能实现成功的选品。

如何进行
选品分析

(二)选品的方法

1. 根据网站定位选品

网站定位即网站的目标市场或目标消费群体,通过对网站整体定位的理解和把握,选品专员对网站的品类进行研究分析,然后选择适合目标消费者需求的商品。

(1)品类分析。

目前,跨境电商平台普遍包含的品类有:手机、电脑、电子产品、服装服饰、儿童用品、家居园艺、汽车配件、摄像器材、美容保健、首饰手表、办公用品、体育用品、玩具收藏品、游戏配件等。

(2)产品线分析。

综合性网站选品要注意产品线的宽度和深度。在宽度方面,要充分研究每个产品类别,拓展品类开发的维度,全面满足用户对某个类别产品的不同方面的需求;要考虑某品类与其他品类之间的关联性,提高关联销售度和订单产品数。在深度方面,每个子类的产品数量要有规模;产品要有梯度(如高、中、低三个档次);要积极推广有品牌的产品,提升品类口碑和知名度。

2. 根据行业动态选品

从行业的角度研究品类,每个品类都是建立在中国制造的产品面向国外出口的整个行业背景下。了解中国出口贸易中某个品类的市场规模和国别分布,对于认识该品类的运作空间和方向有较大的指导意义。了解某个品类的出口贸易情况,可以通过第三方研究机构或贸易平台发布的行业或区域市场调查报告,也可以通过行业展会,还可以与供应商进行直接沟通。

例如,可通过中国制造网(图2-1)对行业动态进行分析。

图 2-1 中国制造网行业分析功能

（三）使用数据分析工具选品

使用数据分析工具选品是指通过对各个业务节点数据的提取、分析及监控，让数据作为管理者决策、员工执行的有效依据，作为业务运营中的一个统一尺度和标准。一切以数据说话，一切以结果说话，即是数据驱动在实际工作中的体现。

根据来源不同，可将数据分为外部数据和内部数据。外部数据是指企业以外的其他公司、市场等产生的数据。内部数据是指企业内部经营过程中产生的数据。知己知彼，百战不殆，要想做出科学、正确的决策，需要对内外部数据进行充分的调研和分析。

1. Google trends

工具地址：www.google.com/trends。

查询条件：关键词、国家、时间。

举例：以关键词 swimwear 为例，选择国家为美国，结果如图 2-2 所示。

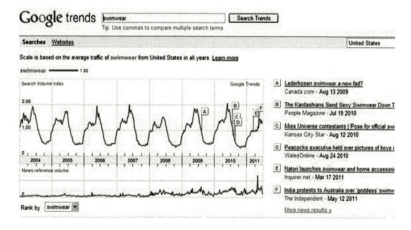

图 2-2　Google trends 搜索页面

2. KeywordSpy

工具地址：www.keywordspy.com。

查询条件：关键词、站点、国家。

举例：以关键词 makeup brush 为例，选择国家为美国，结果如图 2-3 所示。

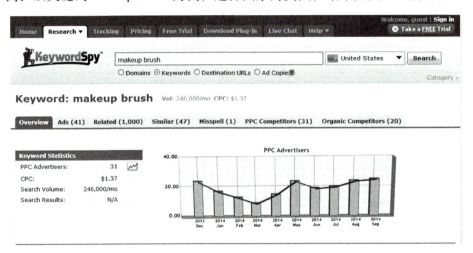

图 2-3　KeywordSpy 搜索页面

3. Alexa

工具地址：alexa.chinaz.com。

查询条件：关键词、站点、排名。

举例：以 www.sheinside.com 为例，结果如图 2-4 所示。

国家/地区名称【27个】	国家/地区代码	国家/地区排名	网站访问比例	页面浏览比例
印度	IN	17,120	1.5%	3.3%
土耳其	TR	10,360	0.6%	0.9%
马来西亚	MY	5,225	0.4%	0.9%
俄罗斯	RU	10,353	3.2%	2.4%
菲律宾	PH	5,703	0.2%	1.0%
西班牙	ES	1,074	12.8%	11.1%
美国	US	5,802	13.2%	19.4%
香港特区	HK	6,571	0.1%	0.6%
罗马尼亚	RO	2,505	1.3%	1.3%
澳大利亚	AU	9,101	0.9%	0.9%
沙特阿拉伯	SA	5,059	0.8%	0.8%
智利	CL	1,841	1.8%	1.5%
波兰	PL	8,813	0.4%	1.1%
尼日利亚	NG	5,820	0.6%	0.5%
英国	GB	4,985	3.5%	3.5%
法国	FR	2,677	7.6%	6.4%
乌克兰	UA	3,371	1.5%	1.3%
巴西	BR	7,593	1.8%	2.6%

图 2-4　Alexa 搜索页面

 知识拓展

跨境电商产品选择

1. 手机、平板、电脑周边产品类

外壳、贴膜、按键贴、防尘塞、小挂件等。

2. 饰品类

吊坠、戒指、项链、耳坠、纪念品、手表、头冠、美甲片等。

3. 消费电子产品类

路由器、网卡、USB 接收器、遥控器、监控器、蓝牙音箱、音频转换器、内存条、摄像头、电蜡烛、电子烟、门铃等。

4. 手机、平板、电脑配件类

电池、数据线、适配器、耳机、鼠标、键盘、散热架、手机 LCD 屏幕替换件等。

5. LED 类

投光灯、手电筒、激光笔、装饰灯、水族灯、工作灯、手提灯、孔明灯、台灯、灯泡等。

6. 家居用品类

家具、工艺品、收纳盒、相框、仿真花、家纺用品、金属衣架、洗脸刷、净水机、烛台、陶瓷杯、闹钟、花园工具等。

7. 户外用品类

小工具、水杯、帐篷、登山包等。

8. 汽车周边产品类

导航仪、行车记录仪、车尾灯、氙灯等。

9. 服饰箱包类

服装、鞋子、手套、围巾、帽子、泳衣等。

任务二 店铺装修

一、店招与店名设计

（一）店招设计

店招是店铺最重要的标志之一，一个好的店招可以给顾客留下深刻的印象，让其更容易记住店铺。店招是传达信息的一个重要手段，在店招设计过程中不仅要设计好图案，最重要的是要体现店铺的精神、商品的特征，以及店主的经营理念等。

1. 店招设计要求个性独特

店招是用来表达店铺独特性质的，是为了让买家认清店铺的独特品质、风格和经营理念。因此，在店招设计上除了要讲究艺术性外，还要讲究个性化，让店招与众不同。图 2-5 是一个个性店招的例子。这个店招清晰地给顾客传达了该店铺是主打时尚类鞋子、裤子等产品的 Fashion shop 的信息。

图 2-5　Fashion shop 店招

设计个性独特的店招的根本原则就是要设计出可视性高的视觉形象,要善于使用夸张、抽象的手法,使设计出的店招易于识别、便于记忆。店主在设计店招前,需要做好材料收集和提炼的准备。店招设计中用到的图片都是从图片素材库中选取的,因此,需要提前收集合适的图片素材,这些素材可以在网络上收集,如在百度中搜索"店招素材",网页中就会显示很多相关的素材网站,在不涉及版权的前提下,各类图片都可以下载使用。在设计店招时,注意店招与店铺的整体风格要保持一致,主色调、文字都要配合公司或者个人卖家的理念。比如,你的店铺经营的是厨房用具,那么在设计店铺的店招时就要围绕厨房场景,要根据所卖的产品进行设计,用颜色为顾客营造一种既色彩缤纷又温暖幸福的家的感觉。

2. 店招设计要求简练、明确、醒目

店招是一种直接表达的视觉语言,要求产生瞬间效应,因此,店招设计要求简练、明确、醒目。图案切忌复杂,也不宜过于含蓄,从不同角度和方向去看都要有较好的识别性。另外,店招不仅要起到视觉作用,还要表达一定的含义,给买家传递明确的信息。

(二) 店招设计的思路

店招的设计是一项高度艺术化的创造活动。一般来说,店招由文字、图像构成,有些店招用纯文字表示,有些店招用纯图像表示,也有一些店招既包含文字也包含图像。有商标的卖家,可以用数码相机将商标拍下来,再通过图像处理软件编辑。有绘画基础的卖家,可以利用自己的绘画技能,先在稿纸上画好草图,然后用数码相机或扫描仪将图像输入计算机,再使用图像处理软件进行绘制和颜色填充。

店招设计好后,就可以通过店铺管理工具将店招图片发布到网络店铺上了。下面以全球速卖通平台为例,简单讲解将店招图片发布到店铺上的操作方法。

首先点击页面上的"商铺管理"按钮,然后点击页面右上角的"编辑"按钮,就可以进入店招模块编辑页面。店招模块高度设置在 100~150 像素之间,宽度为 1 200 像素,将店招图片地址复制到链接地址框中,点击"替换店招"后再点击"保存"按钮即可,如图 2-6 所示。

图 2-6　店招图片发布到店铺上的操作页面

（三）店名设计

（1）店名一般包括英文字符，可含空格、标点符号，但不得超过64个字符，店名在平台具有唯一性，同一个店名只能存在一个，不能重复。

（2）店名的设置不得违反相关法律法规、平台规则，如不得包含任何侵犯第三者版权、禁止或限制销售的产品名词。

（3）店名每半年仅有一次更改机会。在店铺开通前一定要先考虑好自己店铺以后主营产品的类型，然后根据所经营的产品来确定适合的店名。如图2-7所示，该店铺的主营产品是各类鞋子和与鞋子相关的配套产品，所以店名设置为JJ SHOES，让顾客在看到店名时就能清晰明了地知道该店铺的主打产品。

图2-7　JJ SHOES店名

二、店铺栏目设置

下面仍以全球速卖通平台为例，简要讲解店铺栏目设置的方法。

（一）店铺栏目界面

店铺的栏目设置决定了店铺展现在买家面前的最终效果，卖家可以通过平台的页面管理功能来增加或删除页面上的模块、修改模块的内容和顺序等。

1. 页面编辑

首先进入"页面编辑"界面，在界面左侧选择需要编辑的页面（目前只开放了商铺首页的编辑），然后在右侧对这个页面中的内容进行编辑。右侧所有灰色的区域都是不可编辑的，其余区域可以通过点击"添加"按钮来添加想要使用的模块，如图2-8所示。

图2-8　"模块管理"页面

添加模块后，鼠标移动到模块上时该模块的颜色会发生变化，同时在模块上方会出现一些模块的操作按钮。

2. 内容编辑

点击"编辑"按钮来打开模块的内容编辑页面，点击"上下移动箭头"按钮来调整模块之间的顺序，也可以点击"删除"按钮来删除该模块。商品推荐模块是商铺中最重要的模块，它承担了在商铺页面中向买家展示卖家商品信息的任务，灵活运用好商品推荐模块可以有效降低商铺商品管理成本，并且可以提升商铺的转化率。

打开商品推荐模块的设置页面，就可以看到如图 2-9 所示的内容。

（1）模块标题。

即商品推荐模块的标题，用于在装修平台标识出模块的名称。如果勾选"显示模块标题"，在买家浏览的页面上就会展示标题栏；反之，则不展示标题栏，直接展示商品信息。

（2）展示方式。

对于添加在页面右侧的商品推荐模块，可以选择一行展示 4 个或者 5 个商品，对于添加在页面左侧的商品推荐模块，则只能选择一列展示 4~20 个商品。

（3）商品信息。

对于添加在页面右侧的商品推荐模块，可以选择两种商品展示方式：一种是直接展示商品的标题、价格、是否免运费、销量、评价等全部信息；另一种是默认只展示价格，鼠标划过时才展示全部信息。前者能让买家快捷地了解到商品的详细信息，但是文字内容较多，也会干扰买家的浏览效果。

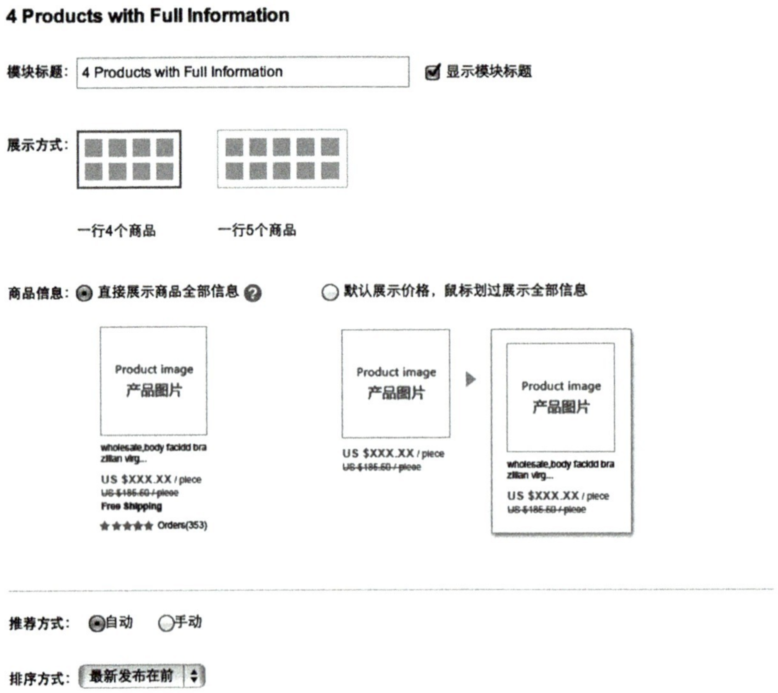

图 2-9　商品推荐模块设置页面

(二) Banner 横幅

"横幅自定义"功能是平台为了打造"卖家自主营销型商铺"而开发的第一项自定义功能。卖家可以通过自定义的横幅向买家推销热点商品，也可以使用横幅创建自己的店铺活动，提高商铺交易转化率。下面简要介绍如何使用横幅功能。

1. 准备一张合适的横幅图片

横幅图片宽高要求为710×200像素（A+卖家为710×300像素），不合尺寸的图片会影响对买家的吸引效果。横幅图片只支持JPEG或者JPG格式。横幅的样式设计要更有促销功能，以吸引买家点击或者购买。

2. 上传、设置商铺横幅

登录卖家后台的"商铺管理"页面，进入"选择商铺横幅"页面，点击"自定义横幅"按钮，上传横幅图片，或者在"上传横幅"页面使用"点击下载标准尺寸的Banner源文件"来下载模板，并根据需求进行修改。上传图片后，还可以设置该图片点击后链接的页面，复制想要的商铺页面URL地址，粘贴后点击"确认"按钮即完成设置，如图2-10所示。

横幅的链接只能添加商铺所属的页面，最多可以上传三个横幅，前台将展示选中的一个横幅，在需要的时候进行切换，如果想要使用新的横幅，用新的图片去替换不再使用的横幅即可。

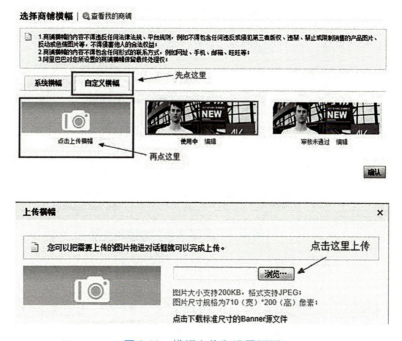

图 2-10　横幅上传和设置页面

3. 等待横幅图片的后台审核

横幅图片上传后，通常需要24小时的后台审核时间，通过审核后，可以选取通过审核的图片并点击"保存"按钮。系统会在每天中午12点更新横幅信息，你的商铺就能展示你精心制作的横幅了。不过在上传横幅图片时，要注意图片中不能包含任何侵权Logo，不然会通不过后台的审核。

（三）装修店铺

在全球速卖通平台上开店，要怎样装修店铺呢？如何装修得漂亮一些呢？怎样装修才能促进成交呢？下面先进行简单介绍。

（1）首先，从淘宝后台或者通过百度搜索进入全球速卖通平台，如图 2-11 所示。

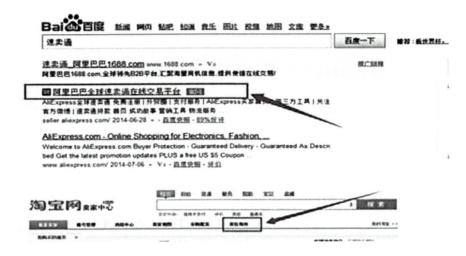

图 2-11　进入全球速卖通平台的操作页面

（2）然后，输入自己的账号和密码，登录"我的速卖通"，如图 2-12 所示。

图 2-12　登录"我的速卖通"的操作页面

（3）接着，点击"商铺管理"按钮，如图 2-13 所示。

图 2-13　进行"商铺管理"的操作页面

（4）最后，点击页面右下方的"马上装修"按钮，如图 2-14 所示。

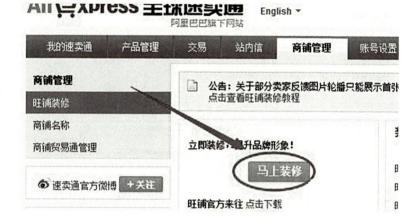

图 2-14 进行"马上装修"的操作页面

(四)页面编辑

1. 图片轮播编辑

这里需要注意,模块高度只能是 100 像素,如图 2-15 所示。

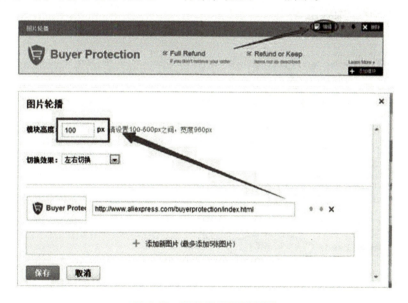

图 2-15 图片轮播编辑页面

2. 添加图片的步骤

添加新图片—点击添加图片—上传新图片或者从链接拷贝。上传好后,点击"保存"按钮即可,如图 2-16、图 2-17 所示。

图 2-16　添加新图片的操作页面

图 2-17　上传图片的操作页面

（五）产品排列

产品排列可以选择由系统推荐，也可以使用自定义图片编辑法按自己的需求进行编辑。

1. 系统推荐

这里可以选择对多个产品进行展示，也可以选择用大图或者小图展示，如图 2-18 所示。

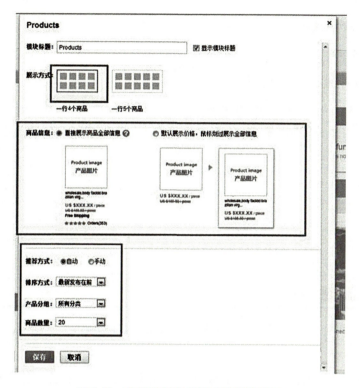

图 2-18　产品排列方式的系统推荐页面

2. 自定义图片编辑法

在这里，首先要添加一个自定义模块（图 2-19），然后将自己想要的图片或者代码添加进去即可，如图 2-20、图 2-21 所示。

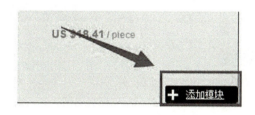

图 2-19　添加模块的操作页面

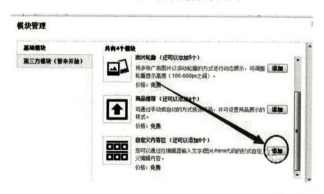

图 2-20　模块管理页面

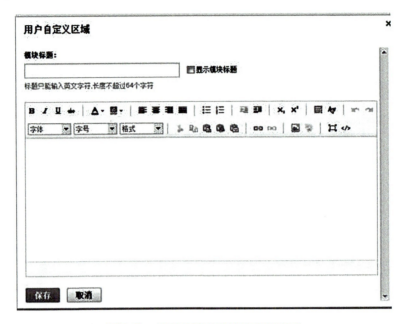

图 2-21　用户自定义模块的操作页面

（六）布局管理

在图 2-22 中用圆圈标注出了三个按钮，从左至右，第一个表示这个模块可以向下移动，第二个表示可以增加一个模块，第三个表示可以删除这个模块。

图 2-22　布局管理页面

按上述操作流程装修好店铺后，点击发布即可。

三、产品图片拍摄

图片拍摄及图片处理在网店的前期阶段是很重要的，图片好比是商店的"橱窗"，起到了直接与消费者沟通的作用。在网店经营中，一张好图能带来很高的曝光量，大大提升店铺的访客量。在买家看不到实物的情况下，卖家就只能通过图片向买家展示所卖商品的属性和功能。

（一）图片拍摄的基础知识

1．相机的像素

现在市面上的数码相机的像素都在 500 万以上，对于普通的产品来说，500 万以上像素已经足够了,像素大小并不是决定图片质量的唯一因素。

2. 图片的分辨率

分辨率就是屏幕图像的精密度,是指显示器所能显示的像素的多少。由于屏幕上的点、线和面都是由像素组成的,显示器可显示的像素越多,图像就越清晰,同样的屏幕区域内所显示的信息也越多,所以分辨率是一个非常重要的性能指标。可以把整张图片想象成一个大的棋盘,而分辨率的表示方式就是所有经线和纬线交叉点的数目。一般网页图片的分辨率不用太高,在640×480像素就可以了。

3. 微距功能

对于数码相机来说,即使是很多低端的普通相机,也都配置了微距功能,微距可以获取日常视觉看不到的东西,能够拍摄离镜头很近的物体,目的是将主题、细节放大,呈现在买家的面前,让买家对商品的细节更加了解,增加买家下单的机会,如图2-23所示。

图2-23 微距拍摄实例

微距拍摄的注意事项如下:

在拍摄时相机如有晃动就可能造成图像模糊,所以,通常情况下要选择较快的快门速度或者设法将相机固定在三脚架上。当相机与被摄物体的距离较近时,相机本身就会对周围环境光线造成比较明显的遮挡,可能使被摄物体得不到足够的曝光,同时闪光灯的照明度可能过硬而使商品曝光过度,所以,在微距拍摄时要特别注意商品的照明。

(二)图片拍摄场景的布置

高质量的图片拍摄对于店铺的生意好坏起着至关重要的作用,要获得一张成功的商品图片,除了相机本身的功能外,人为地创造辅助拍摄条件也很重要,下面介绍拍摄场景的布置。

1. 室内拍摄场景的布置

室内拍摄场景的布置可以利用墙纸或其他布料,也不必刻意去准备,手头现有的一切东西,只要适合都可以使用。拍摄场景或者背景要单一,周围不要放其他东西,背景颜色要适合商品拍摄的需要。不能把商品放在一大堆杂物中去拍摄,这样拍出来的图片会主次不分明,背景的颜色最好以淡色和纯色为主,切忌使用深色和杂色。

2. 室外拍摄场景的布置

在室外拍摄商品图片,除了为了利用自然光线外,另一个目的就是能够加入自然景色作为图片的背景,可以去公园或任何一处风景区拍摄,让创作理念不受场景限制。例如,在利用公园长凳拍摄女士上衣商品时，可以先试拍几张以找准曝光组合和拍摄角度。回放检查试拍图片效果时，可能会发现以下问题：拍摄角度需要继续调整；在阳光直射下拍摄的商品曝光过度或曝光不足；细节未能展现出来。

（三）图片拍摄的技巧

一件商品要尽量多拍几张图片，商品的全景、特写、正面、侧面等均要有图片进行展示。通常，商品标题图片要选用全景图片，全景图片配合标题使用，更直观醒目，买家一眼就能看出你卖的产品是什么。商品描述里的图片可以选用正面、侧面等一些展示商品细节的图片。

（四）其他注意事项

（1）拍摄主题要突出，整个图片的布局要以你展示的商品为主。

（2）如果相机不是防抖动的，拍摄者一定要拿稳相机，尽量保持静止状态。

（3）每次拍摄时要尽量多拍一些，这样选择余地大，也更有利于后期挑选合适的图片。

四、产品图片的处理

经过处理的图片会变得更加精美，可以带给人愉悦的视觉体验，从而增加产品销售的成交率。产品图片的处理主要涉及以下几个方面。

（一）提高图片的清晰度

拍出来的图片有时候没有那么完美，这时就需要用专门的软件对图片进行后期处理，然后再上传图片。下面介绍如何使用 Photoshop 处理不够清晰的图片，具体操作步骤如下：

（1）在 Photoshop 中打开一张需要处理的图片。

（2）选择 Photoshop 程序里面的"图像—模式—Lab 颜色"选项。

（3）打开图层面板，在该面板中将背景层拖动到"创建新图层"按钮上，即可复制背景图层。

（4）选择"滤镜—锐化—USB 锐化"命令，弹出"USB 锐化"对话框。

（5）将图层模式设置为柔光，不透明度设置为 90%。

（6）如果还是不够清晰，还可以复制相应的图层，直到调整到清晰为止。

（二）调整图片的色调

现在的图片来源很广，有数码相机拍摄、网上下载、手机拍摄等。受各种不同的拍摄和制作技术的影响，绝大多数图片都存在不同程度的偏色问题。下面介绍如何使用 Photoshop 调整图片的色调，具体操作步骤如下：

（1）在 Photoshop 中打开一张需要处理的图片。

（2）选择"图像—调整—曲线"命令，弹出"曲线"对话框。

（3）在弹出的对话框中对曲线进行调整。

（4）单击"确定"按钮，即可显示调整之后的效果。

（三）为图片添加水印

为图片添加水印，可以用专业的软件批量设置、上传，也可以直接使用系统中的水印功能，效果就是图片上会出现自己店铺号码的水印，防止其他卖家盗图。在从电脑或者图片银行上传你所需的图片时，勾选"给'从我的电脑选取'的图片添加水印以防盗用"，就完成了水印添加。

 知识拓展

店铺装修该从哪些方面入手？

店铺相当于一个门面，给人的第一感觉很重要，装修得好能给人带来视觉冲击，留下深刻的印象。

1. 店铺装修结构布局

一个井然有序的店铺结构，能让顾客清晰、快速、准确地了解我们的店铺，给顾客一种极其舒适的感觉。因此，在装修店铺前，要先分析店铺产品特点和用户属性，然后列一个大纲。一个完整的首页装修包含店铺招牌、店铺导航、轮播图、热销榜、满件折、新品、智能分组、产品列表等模块，且各模块的摆放顺序也是有讲究的，要突出主推商品、店铺促销活动、优惠信息、更多优惠信息等，要符合用户的购物习惯，以促进成交。

2. 店铺装修产品分类

装修分类是为了让顾客更好地找到产品，所以分类明细要简单清晰，能起到较好的引导效果，给顾客一目了然的感觉，切忌过于复杂，以防顾客不适应而跳出页面。

3. 店铺装修图片

图片需要和整体装修风格、产品相结合，表达出店铺理念。图片大小一致，排列整齐，给顾客清晰美观的感觉。另外，图片不要出现无链接或死链接，以防影响顾客体验。

4. 店铺装修文案

如果只有产品图，顾客可能无法一下子抓住产品的重点，可以加上简洁精练的文字，直接明白地告诉顾客产品的优势和特色，达到图文并茂的效果，以刺激顾客的购买欲望。图片和文字要合理搭配，做到文、图、实相符，切记不能为了追求视觉效果而忽略这一点。

5. 店铺装修色彩

装修色彩要与店铺风格、定位、产品相匹配，整体色调要和谐，注重视觉引导和用户体验，突出主推产品，带动店铺氛围。因此，色彩选择不要过于夸张，也不要超过 4 种颜色。色彩的运用要突显出价格优势、产品优势、功能优势。

实训二　主要跨境电子商务市场分析

 实训目的

了解主要跨境电子商务市场的特点，能够分析各个市场的优缺点，知己知彼，方能更好地开展跨境电子商务活动。

实训内容和步骤

一、实训内容

通过分析不同的跨境电子商务市场,了解其特点并归纳总结其优劣势,完成表2-1。

表 2-1 主要跨境电子商务市场分析

主要跨境电子商务市场名称	优势	劣势

【实训提示】

任意选取 4 个主要跨境电子商务市场进行分析。

二、实训步骤

(1) 打开百度搜索引擎,逐一输入跨境电子商务市场的名称,如"亚洲跨境电子商务市场",将搜索结果填入表 2-1 中。

(2) 可以去图书馆查阅相关跨境电子商务市场的资料。

 小 结

本项目任务一介绍了全球主要跨境电子商务市场和跨境电商选品的原则与方法;任务二介绍了店铺装修和产品图片的拍摄与处理技巧,让读者在学习理论知识的同时,学会如何独立完成店铺装修。其中,跨境电商选品的原则与方法和店铺装修是本项目的重点内容。掌握上述知识才能做好跨境电子商务的前期工作,为今后的工作打好基础。

 知识宝典

[选品] 选择商品简称选品,是指从供应市场中选择适合目标市场需求的产品在网站上进行销售。选品人员要在把握用户需求的基础上,从供应市场众多的产品中选出质量、价格和外观最符合目标市场需求的产品。只有将供应商、用户、选品人员三者有机结合,才能实现成功的选品。

[店招] 店招就是店铺的招牌,是传达信息的一个重要手段,在店招设计过程中不仅要设计好图案,最重要的是要体现店铺的精神、商品的特征,以及店主的经营理念等。

思考题

一、单项选择题

1. 要确保买家满意,应该做到(　　)。
A. 发布详细的产品描述,在产品描述中讲清楚货物的状况
B. 如果是二手货物,不能夸大货物的功能
C. 如果货物有瑕疵,应提供更加清晰和丰富的产品图片
D. 以上选项都对

2. 对于产品描述,下列情况可以出现的是(　　)。
A. 可以有任何形式的联系方式,如邮箱地址、公司网址、Skype 账号等
B. 可以有任何不真实的描述
C. 可以有平台以外的链接
D. 可以有品牌信息

3. 关于提高产品的成单率,下列说法错误的是(　　)。
A. 建议使用网络已有的图片
B. 给产品拍照时,最好与被拍产品保持 45°角
C. 拍照时背景尽量简单,以浅色背景为宜
D. 为产品拍摄多个细节图,全方位展示产品的特点

二、多项选择题

1. (　　)是跨境电商人员应具备的素质。
A. 了解海外客户网络购物的消费理念
B. 了解相关国家知识产权和法律知识
C. 熟悉各大跨境电商平台不同的运营规则
D. 具备当地化/本地化思维

2. 在全球速卖通平台上,买家可以通过(　　)方式联系咨询卖家。
A. 站内信　　　　　　　　　　B. Trade Manager
C. 已下单买家可以通过邮箱　　D. 已下单买家可以通过订单留言

3. 在全球速卖通平台上,新手卖家必须完成的任务包括(　　)。
A. 属性填写率大于60%　　　　B. 至少参加一项营销活动
C. 上架120个以上的产品　　　D. 20%的产品支持免运费

4. 店铺产品的结构有(　　)。
A. 爆款　　　B. 引流款　　　C. 长尾款　　　D. 利润款

三、简答和分析题

王先生进入跨境电商行业不久,前期主要精力集中在选择产品方面,由于其在电子类工厂工作多年,加之对电子产品特别感兴趣,于是,王先生决定主营带电类商品。王先生把这个想法告诉了一个从事国际物流行业的朋友,朋友给他泼了一盆冷水。王先生的朋友为什么会给他泼冷水?经营带电类商品的潜在风险是什么?

推荐阅读

中国跨境电商的市场现状和发展前景分析

根据 Kantar 和 Google 的最新报告显示,中国跨境电商零售出口规模复合增长率预期将从 2014—2018 年的 24% 降至 2019—2021 年的 11%。

增速放缓,或代表着行业进入平稳发展期,行业卖家格局也许已成定式,在此环境之下,中小卖家、新入场的卖家是否还有破局机会?

本文将从品类、市场、模式、消费者、品牌五大角度深度剖析,谈谈未来跨境电商行业有哪些新机遇。

一、品类新机遇

从品类来看,电子产品和服饰为跨境电商零售两大领头羊。其中,电子产品虽然是现在最大的品类,市场份额达到 20%,但是它的增长在所有品类里是最少的,只有 3%;服饰和家居园艺虽然位居第二、三位,市场份额分别为 13% 和 9%,但在过去 1 年内,都出现了 52% 的高增长率;此外,户外体育、母婴产品和美妆保健也有不同程度的大幅增长。不难看出,服饰、家居园艺品类产品后劲十足,这也是基于中国制造业的转型升级,依托完善的基础设施、强大的供应链和成熟的制造体系所实现的,建议卖家在选品时可以考虑这几个品类,家庭取暖制冷设备、维修改善器具、安全安保设备是新增长点,厨房餐厅和家装家饰也仍然存在机会。

二、市场新机遇

从电商市场来看,现在的电商市场基本可以分为三种主要类型:一种是以印度尼西亚为代表的新兴市场,这类市场电子商务在社会零售总额中的占比较低,但增速较快;另一种是以法国为代表的发展中市场;还有一种是以美国为代表的成熟市场,这类市场电子商务在社会零售总额中的占比较高,但增速较慢,是一个典型的存量之争市场。

通晓各市场电商成熟度对业务发展十分重要,同时也要思考如何为消费者带来更多的附加值及更好的消费体验,创造电商品牌的区隔性。

三、模式新机遇

从电商模式来看,更专业化的电商模式,如垂直电商和品牌独立站,它们的 GMV(Gross Merchandise Volume,成交总额)增长更快,也更具未来行业竞争力。以美国为例,美国电商的 GMV 在全球占比接近 1/3,而品牌独立站 2018 年的 GMV 增速是市场平均增速的三倍之多。

四、消费者新机遇

从消费者层面来看,成熟市场的消费者需求更加多元,追求有个性的生活方式,受网络意见影响大,消费者购物时长在不断缩短,网购决策基本在三天内做出,这给品牌的启示就是消费者的耐心越来越少,购物时长越来越短,在合适的消费环节,精准快速地吸引消费者变得更加必要,珍惜每一个与消费者对接的机会,通过快速有效的沟通来吸引消费者。

五、品牌新机遇

建立品牌独立站来吸引更多有价值的消费者也是一个不错的选择。消费者通过品牌独立站的花费比其他电商模式高两倍，这给品牌的启示就是建立具有独特品牌价值的品牌独立站，以吸引更有价值的消费者，促进销量增长。其中，最重要的一点就是完善各环节的产品和服务，确保完美的用户体验。对于海外消费者来说，除了价格和产品质量外，体验也非常重要。海外消费者在网购时追求"又快又好"的购物体验，对个性化体验、配送、客户服务等提出更高要求。这就要求品牌完善各环节的产品和服务，提供极致的服务和购物体验来提高消费者满意度，确保完美的用户体验，以此来驱动重复购买和忠诚用户转化。此外，品牌要针对不同市场制定不同策略，进行购物体验创新，让触达更迅捷，沟通更精准，转化更高效，增强品牌商和消费者的沟通，并在重要的时刻创造新的体验，以此来打动消费者。

（资料来源：Kantar 和 Google 发布的《2019 中国跨境电商机遇与增长报告》）

项目三
客户服务

 学习目标

1. 了解客户服务理念
2. 熟悉客户服务流程
3. 掌握售前、售中、售后的邮件沟通技巧

建议学时：4学时

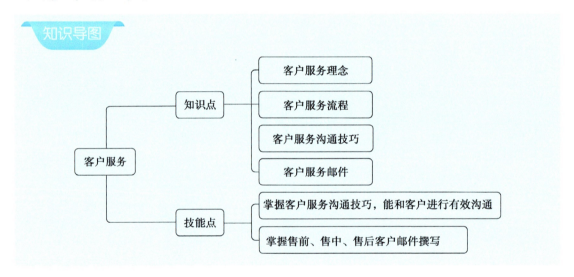

 项目导入

  在面向个人消费者或小型零售商的跨境电子商务出口行业中，中小型跨境电子商务企业目前仍占据主导地位。在这些中小型跨境电子商务企业里，客户服务人员的工作往往不只是解答客户的疑问、解决客户与商家的纠纷和受理客户的投诉这些传统意义上的客服工作，跨境电子商务客户服务人员的工作职责会更多地覆盖并影响销售、成本控制、团队管理等各个方面。伴随着众多企业涌入跨境电子商务市场，相关配套服务需求增加，客户服务人员的专业服务能力势必成为未来跨境电子商务出口企业的核心竞争力。

  在跨境电子商务中，交流与沟通贯穿整个业务过程。良好的交流与沟通是增加跨境电子商务利润的强大商业驱动力。对于从事跨境电子商务客户服务工作的人员来说，每天的具体业务操作都离不开与世界各地市场上的众多客户进行交流与沟通。跨境电子商务的客户服务工作是为了实现卖家和境外客户之间设定的交易目标，而将信息、思想和情感在卖家和境外客户之间进行传递，以达成交易协议的过程。由此可见，客户服务工作承担着卖家与境外客户之间信息交换的重任，是联系买卖双方的桥梁与纽带。客户服务人员需要明确了解跨境电子商务环境下客户服务工作的流程和内容，履行岗位职责，实现工作价值，保证卖家利益不受损害。

由于跨境电子商务的发展呈现出订单小单化、碎片化，订单数量增长迅速等趋势，所以跨境电子商务客户服务人员必须综合关注不同国家（地区）的语言、气候、价值观、思维方式、行为方式、风俗习惯、文化、消费习惯乃至政策、行业环境等因素对跨境电子商务的影响。只有提供专业化的客户服务才能适应行业的变化与客户的个性化需求。客户服务人员与境外客户之间良好的交流与沟通对跨境电子商务的整个营销过程是至关重要的。

任务一　认识客户服务

客户服务主要是为客户提供咨询服务，也是跨境电商企业岗位中与客户接触最多的岗位，客户服务质量的好坏直接影响到消费者的购买行为。

一、客户服务概述

（一）客户服务的概念

客户服务（Customer Service）是指一种以客户为导向的价值观，广义地说，任何能提高客户满意度的内容都属于客户服务的范畴。跨境电商客户服务是指通过各种通信方式了解客户需求，帮助客户解决问题，促进网店产品销售的业务活动，包括售前咨询、订单处理、售后咨询等。跨境电商企业一般都设有专职的客户服务岗位，简称客服。

如何树立客户服务理念

（二）客户服务理念

客户服务理念是指在与客户的接触过程中要做到以客户为中心，设身处地去理解客户，挖掘客户需求，不断满足客户需求，为客户创造价值。以下几点将能帮助我们树立客户服务的理念。

1. 客户为什么会离开我们

据相关调查显示，客户离开我们主要是因为他们得不到他们想要的，这同价格没有太大的关系。45%的客户离开是因为"很差的服务"；20%的客户离开是因为没有人去关心他们；（以上就有65%的客户离开是因为你做得不好，而不是价格）15%的客户离开是因为他们发现了更便宜的价格；15%的客户离开是因为他们发现了更好的产品；5%的客户离开是因为其他原因。

2. 开发新客户的成本

开发一个新客户的费用是保持一个老客户费用的5倍；保留5%的忠实客户，利润额在10年内能增加100%；一个忠实的客户所带来的持续消费、关联性消费、介绍他人消费等是一次性客户消费量平均额的N倍；80%的生意来自20%的客户；区分公司的客户类别，抓住最主要的客户尤其重要。

3. 优质服务所带来的收益

开发一个新客户需要花大力气，而失去一个客户可能只需要1分钟。平均每一个被你得罪的客户会告诉8~16个人，被告知这个坏消息的人还会告诉更多的人。不要得罪你的客户，你得罪的不是一个客户，可能是500个客户，在网络时代，更是瞬间传万里。

据相关调查资料显示，在不满意的客户中，只有4%会投诉，96%的不开心的客户从不投诉，但其中有90%永远不会再购买该企业的产品和服务。

二、客户服务流程

（一）了解客户需求

1. 客户需求的概念

客户需求是指客户的目标、需要、期望及愿望。在商业活动中，只要涉及供应者与需求者，则需求者的相关要求都称为客户需求。客户需求往往是多方面的、不确定的，需要我们去分析和引导。

2. 马斯洛需求层次理论

马斯洛将人类的需求像阶梯一样从低到高划分为五个层次，分别是生理需求、安全需求、社交需求、尊重需求和自我实现需求。

伴随着电子商务行业的激烈竞争，客户服务已经取代产品和价格成为竞争的新焦点。如何用优质服务招徕客户、留住客户是企业提升竞争力的重要途径。客服人员应根据马斯洛的需求层次理论进行客户服务管理，满足客户需求，从而留住客户。

3. 了解客户需求

了解客户需求是指客服人员运用聆听、提问等方式挖掘客户主导需求的过程。客户需求分为表现需求与主导需求，表现需求是指客户直接表现出来的需求，是一种外在的需求；主导需求是指客户真实的、起主导作用的需求，是一种内在的需求。了解客户的真实需求，以及隐藏在其表现需求背后的主导需求，是客服人员提高工作效率、顺利达成与客户的交易、妥善解决问题的保证。

提问和聆听是了解客户需求的两种主要方式。正确使用提问和聆听技巧，既可以帮助客服人员提高客户对其的接受程度，提高与客户交流的有效性，以获得更加全面的信息，也能让客服人员更加清楚地了解客户的状况、环境和需求，并且还可以帮助销售人员保持清晰的思路，提高与客户沟通的效率。

（二）满足客户需求

客户服务的核心是满足客户的需求，客户是否满意是评价企业客户服务成败的唯一指标。只有让客户感到满意才能激发客户对企业的忠诚，才能长期留住客户。

1. 按层次满足客户需求

在客户服务过程中，可以按以下顺序满足客户需求：

（1）对于基本信息需求，企业应在网站上提供详细的产品和服务资料，利用网络信息量大、查询方便、不受时空限制的优势，满足客户的需求。

（2）客户在进一步研究产品和服务时，可能会遇到问题，需要在线帮助。选购产品时或购买产品后，客户还会遇到许多问题，需要企业帮助解决，这些问题主要包括产品的安装、调试、使用和故障排除等。

（3）对于难度更大或者企业营销站点未能提供答案的问题，客户希望能与企业人员直接接触，寻求更深入的服务，解决更复杂的问题。

（4）客户不仅仅想要了解产品和服务信息、获得在线帮助、进一步与企业人员接触，还有可能愿意积极参与到产品的设计、制造、配送、服务等整个过程，追求更符合个性要求的产品和服务。

客户需求的四个层次之间相互促进，低层次的需求满足得越好，越能激发高层次的需求。客户得到满足的层次越高，满意度就越高，与企业的关系就越密切。

2. 有效使用服务工具

（1）FAQ（Frequently Asked Questions），即常见问题解答。在企业网站中从客户的角度设置问题、提供答案，形成完整的知识库；同时还应提供检索功能，能够按照关键字快速查找所需内容。

（2）网络社区。网络社区包括论坛、讨论组等形式，客户可以自由发表对产品的评论，与使用该产品的其他客户交流产品的使用和维护方法。营造网络社区，不但可以让现有客户自由参与，同时还可以吸引更多潜在客户参与。

（3）电子邮件。电子邮件是最便宜的沟通方式，通过客户登记注册，企业可以建立电子邮件列表，定期向客户发布企业最新信息，加强与客户的联系。

（4）在线表单。在线表单是网站事先设计好的调查表格，通过在线表单不仅可以调查客户需求，还可以征求客户意见。

（5）网上客户服务中心。在企业营销站点开设客户服务中心栏目，可详细介绍企业服务理念、组织机构。通过客户登记、服务热线、产品咨询、在线报修等，为客户提供系统、全面的服务。

（三）客户投诉处理

1. 客户投诉的概念

客户在购买或使用产品和服务时，对产品本身和企业服务都抱有良好的期望，当客户的期望和要求得不到满足时，心理就会失去平衡，由此产生的抱怨和不满行为就是客户投诉。

2. 客户投诉处理

客户投诉处理可分为四个阶段：接受投诉阶段、解释澄清阶段、提出解决方案阶段和回访阶段。

（1）接受投诉阶段。要求做到认真倾听，保持冷静、同情、理解并安慰客户；给予客户足够的重视和关注；明确告诉客户等待的时间，一定要在时限内将处理结果反馈给客户。

（2）解释澄清阶段。要求做到不与客户争辩或一味寻找借口；不要给客户有受轻视、冷漠或不耐烦的感觉；换位思考，易地而处，从客户的角度出发，做出合理的解释或澄清；不要推卸责任，不得在客户面前评论公司/其他部门/同事的不足；如果确实是公司原因，必须诚恳道歉，但是不能过分道歉，注意管理客户的期望，同时提出解决问题的办法。

（3）提出解决方案阶段。要求做到按投诉类别和情况，提出解决问题的具体措施；向客户说明解决问题所需的时间及其原因，如果客户不认可或拒绝接受解决方案，坦诚地向客户表示公司的规定；及时将需要处理的投诉记录传递给相关部门处理。

（4）回访阶段。要求做到根据处理时限的要求，注意跟进投诉处理的进程；及时将处理结果向投诉的客户反馈；关心询问客户对处理结果的满意程度。

三、客户服务内容

（一）售前客服

售前客服是指在订单成交前，以商品销售为中心，为买家提供与商品销售有关的咨询，包括购物流程、商品介绍、支付方式等。售前客服内容包括指导买家选购商品、为买家推荐同类或关联商品、帮助买家完成支付等。售前客服关系到店铺成交转化率和买家购物体验。

在售前客服过程中，买家咨询较多的问题涵盖产品、支付、物流、费用等。

（1）与产品相关的问题：产品的功能和兼容性、相关细节明细、包裹内件详情等。

（2）与支付相关的问题：支付方式、付款时间等。

（3）与物流相关的问题：运抵地区、发运时间、物流种类等。

（4）与费用相关的问题：运费合并、进口关税、优惠条件等。

（二）售后客服

售后客服是指在商品成交后，为客户提供订单跟踪查询、包裹预期到货时间咨询及产品售后服务等服务。售后客服关系到产品类目的完善、产品质量的提高，关系到客户体验和重复购买率，如果客户是通过平台购物的，还关系到退货率、纠纷率乃至账号的安全。

在售后客服过程中，主要问题集中在货物未及时收到、实际收到的货物与描述不相符、中差评处理等方面。

1. 货物未及时收到

货物未及时收到的原因很多，包括物流公司因素、下单漏单、仓库漏发、货运丢失、客户地址不对、相关信息缺失、海关清关延迟、特殊原因（如海关、邮局等机构不正常营业，安防严检，极端天气因素，等等）。

2. 实际收到的货物与描述不相符

导致实际收到的货物与描述不相符的主要原因包括货物贴错标签、入错库、配错货、发错地址、下单错误等，还有产品质量因素如参数不对、色差、尺寸有出入，其他如货运过程中造成的损坏、与客户预期不符也会导致客户实际收到的货物与描述不相符。

3. 主动售后服务

客户服务人员除了及时为客户提供售前、售后的咨询外，有时还要主动将一些重要的信息告知客户。

（1）告知客户付款状态，确认订单及订单处理的相关信息。

（2）分阶段告知客户货物的物流状态信息。

（3）如遇到不可抗力因素导致包裹延误、物流滞后等，应及时通知客户。

（4）有问题的产品的同类订单，应主动与客户沟通并说明情况。

（5）公司推出的新产品、热卖产品，应及时推荐给客户。

（6）店铺有营销活动，应及时通知客户。

 知识拓展

跨境电商"在线客户服务"、淘宝天猫系客户服务和传统外贸客户服务的区别

淘宝天猫系的在线客户服务，服务对象更多是 70 后到 90 后的中青年网购群体。因为淘宝现已成为中国社会成熟主流的购物模式，淘宝天猫系的买家其实已经非常成熟，而且淘宝天猫系的培训系统非常完善，只要规范培训，就可以很好地服务淘宝天猫系的买家，因为淘宝天猫系服务的对象更多是中国人，大家思维模式类似，同时中国人处事相对内敛、包容，而且不张扬。

传统外贸模式下的客户服务，更多还是在线下，以见面为主，因为大额定单周期长、环节多，除了必要的业务员沟通服务外，其实更多的还是靠工厂和产品的价格、品质的传统竞争力，和跨境电商的在线客户体验完全是两个层次。

跨境电商的在线客户服务，服务对象理论上是全球的客户，碎片化和在线化让客户的需求和标准变得多层次，海外客户的在线购物更多是通过页面描述、站内信等不交流的方式完成的，因为价值观和宗教信仰的区别，易产生客户售后问题，对跨境电商企业的退货成本、沟通能力、运营风险等都会有很大考验。

任务二 客户服务沟通

一、客户服务沟通原则

（一）坚守诚信

网上购物虽然方便快捷，但是看不到摸不着。客户面对网上商品难免会有疑虑和戒心，所以我们必须要用一颗诚挚的心，像对待朋友一样对待客户，包括诚实地解答客户的疑问，诚实地给客户介绍商品的优缺点，诚实地向客户推荐适合的商品。

坚守诚信还表现在一旦答应客户的要求，就应该切实履行自己的承诺，有时即使自己吃点亏，也不能出尔反尔。

（二）凡事留有余地

在与客户交流中，不要用"肯定""保证""绝对"等字样，这不是说你售出的产品是次品，也不代表你对买家不负责任，而是为了不让客户有失望的感觉。因为我们每个人在购买商品时都会有期望，如果你保证不了客户的期望，最后就会变成客户的失望。为了不让客户失望，最好不要轻易说保证。如果用，最好用"尽量""争取""努力"等词语，效果会更好。多给客户一点真诚，也给自己留一点余地。

（三）多倾听客户意见

在对客户进行服务时应先通过问询了解客户的意图，当客户表现出犹豫不决或者不明白的时候，也应该先问清楚客户困惑的内容是什么，是哪个问题不清楚，如果客户表述也

不清楚，客户服务人员可以先把自己的理解告诉客户，问问是不是理解对了，然后针对客户的疑惑给予解答。

（四）换位思考、理解客户的意愿

当我们不理解客户的想法时，不妨多问问客户是怎么想的，然后把自己放到客户的位置去体会他（她）的心境。当客户表达不同的意见时，要力求体谅和理解客户，用"我理解您现在的心情，目前……"或者"我也是这么想的，不过……"来表达，这样客户能感受到你在体会他（她）的想法，你是站在他（她）的立场去思考问题，同样，他（她）也会试图从你的角度去考虑。

（五）经常对客户表示感谢

当客户及时完成付款，或者交易很顺利地达成时，客户服务人员应该衷心地对客户表示感谢。遇到问题的时候，首先想想自己有什么做得不到位的地方，不要先指责客户，应诚恳地向客户检讨自己的不足。

二、客户服务沟通技巧

（一）促成交易技巧

1. 利用"怕买不到"的心理

人们常有这样的心理，越是得不到、买不到的东西，越想得到它、买到它。你可以利用这种"怕买不到"的心理来促成订单。当对方已经有比较明显的购买意向，但还在最后犹豫时，可以用以下说法来促成交易："这款是我们最畅销的商品，经常脱销，现在这批又只剩2个了，估计不到一天就会卖完"，或者"今天是优惠价的截止日，请把握良机，明天你就享受不到这么优惠的折扣了"。

2. 利用客户希望快点拿到商品的心理

大多数客户都希望在自己付款后卖家能尽快寄出商品。所以，在客户已有购买意向，但还在最后犹豫中的时候，可以用这样的表达促成交易："如果真的喜欢的话就赶紧拍下吧，我们的物流是每天五点前安排，如果现在支付成功的话，现在就可以为你寄出"。这种方式对于在线支付的客户尤为有效。

3. 帮助客户拿主意

当客户一再表现购买欲望，却又犹豫不决拿不定主意时，可采用"二选其一"的技巧来促成交易。譬如，"请问您需要第14款还是第6款？"，或者"请问要平邮还是快递给您？"。这种"二选其一"的问话技巧，只要准客户选中一个，其实就是帮他拿主意，下决心购买。

4. 积极推荐，促成交易

当客户拿不定主意时，客户服务人员应尽可能多地推荐符合客户要求的款式，在每个链接后附上推荐的理由。譬如，"这款是刚到的新款，目前市面上还很少见""这款是我们最受欢迎的款式之一""这款是我们最畅销的，经常脱销"，以此来尽量促成交易。

5. 巧妙反问，促成订单

当客户问到某种产品，不巧正好没货时，就得运用反问法来促成订单。譬如，客户问："这款有金色的吗？"这时，不可以回答没有，而应该反问道："不好意思，我们没有进货，不过我们有黑色、紫色、蓝色的，在这几种颜色里，您比较喜欢哪一种呢？"

（二）说服客户技巧

1. 调节气氛，以退为进

在说服时，你首先应该想方设法调节谈话的气氛。如果你和颜悦色地用提问的方式代替命令，气氛就会友好而和谐，说服也就容易成功；反之，在说服时不尊重他人，拿出一副盛气凌人的架势，那么说服多半是要失败的。

2. 争取同情，以弱克强

渴望同情是人的天性，如果想说服比较强大的对手，不妨采用这种争取同情的技巧，从而以弱克强，达到目的。

3. 消除防范，以情感化

消除防范心理最有效的方法就是反复给予暗示，表示自己是朋友而不是敌人。这种暗示可以采用各种方法来进行，如嘘寒问暖、给予关心、表示愿意帮助等。

4. 寻求一致，以短补长

努力寻找与对方一致的地方，先让对方赞同你远离主题的意见，从而使其对你的话感兴趣，而后再想办法将你的主意引入话题，以最终得到对方的认同。

三、主要目的国文化沟通

（一）英国

1. 英国人的商务禁忌

（1）在称呼英国人时，避免用"English"，宜用"British"。因为"English"仅代表英格兰，而不代表苏格兰或威尔士等英国其他地区。

（2）英国人认为绿色和紫色是不吉祥的颜色，在图案中点缀性的使用是可以的。英国人忌讳白色、大象和山羊图案。他们喜欢马蹄铁图案，认为其可招来好运气，是吉祥之物。

（3）与英国人交谈，切忌谈及个人私事、婚丧、收入、宗教等问题，尤其不要谈论女士的年龄。

（4）英国人认为"13"是不祥之数，多数英国人认为"7"这个数字可带来好运，并把"星期六"看作黄道吉日。

2. 商务沟通技巧

（1）与买家沟通时，要彬彬有礼，可适当地开些无伤大雅的玩笑，拉近彼此的距离。

（2）注意物流时间，若货物确实不能准时到达，记得要及时告知买家。

（3）达成交易后，在物流条件允许的情况下，可酌情安排些小礼品，如带有中国民族特色的工艺美术品。当然，英国人对带有公司标记的纪念品不感兴趣，涉及个人私生活的物品一般也不宜赠送。

（4）英国人不喜欢讨价还价，认为是很丢面子的事情，他们认为一件商品，如果价钱合适就买，不合适就走开。

（二）美国

1. 美国人的商务禁忌

（1）美国人认为狗是人类最忠实的朋友，对于那些自称爱吃狗肉的人，美国人非常厌恶。

（2）美国人对数字"13"或"3"特别敏感，忌讳蝙蝠、镰刀和锤头之类的图案。

（3）与美国人交谈，切忌谈及种族、收入、宗教等问题。

2. 商务沟通技巧

（1）与美国人做生意要有时间观念，时间就是金钱，做事效率要高，如回复询盘及时、发货迅速等。

（2）打电话、发邮件要注意礼貌，多用 could、would、please 等谦辞。

（3）与美国人做生意，"是"和"否"必须说清楚。当无法接受对方提出的条款时，要明确告诉对方不能接受。

（4）美国人最关心的首先是商品的质量，其次是包装，最后才是价格。美国人非常讲究包装，认为包装的重要性不亚于商品本身。因此，出口商品的包装一定要新颖、雅致和美观。

（三）法国

1. 法国人的商务禁忌

（1）法国人相当拘礼和保守，交谈记得要回避个人问题、政治和金钱之类的话题。

（2）法国人忌讳"13"这个数字，认为"星期五"也是不吉利的。

（3）法国人忌讳黄色，对墨绿色也没有什么好感；他们不喜欢孔雀和仙鹤，认为核桃、杜鹃、纸花也是不吉利的。

（4）法国人认为称呼老年妇女"老太太"是一种侮辱的语言。

（5）法国人忌讳男人向女人赠送香水，认为此举过分亲热或有"不轨企图"之嫌，也不要送刀、剑、刀叉、餐具之类，若送了，意味着双方会割断关系。

2. 商务沟通技巧

（1）与买家沟通时，在自由平等的基础上，要做到态度好、有礼貌，尤其碰到女性买家，可适度赞美。

（2）可随物流适当安排些轻便礼品赠送给买家。

（3）将物品卖给时间观念超强的法国人，一定要控制好物流时间。

（4）法国人比较偏爱蓝色，认为蓝色是"宁静"和"忠诚"的色彩，也比较喜欢粉红色，认为粉红色是一种积极向上的色彩，给人以喜悦之感。

（四）德国

1. 德国人的商务禁忌

（1）德国人很注重个人隐私，包括年龄、职业、薪水、信仰等，与德国买家沟通，注意尽量不要涉及这些内容。

（2）与很多西方国家一样，德国人忌讳数字"13"，同时对"星期五"也十分忌讳，这种习俗跟西方的宗教传说有关。

（3）德国法律禁用纳粹或其军团的符号图案，卖家在店铺设计时应注意避开。

（4）德国人忌讳赠送过于个人化的物品，且礼品包装纸不用黑色、白色和棕色，也不习惯用彩带包扎。

2. 商务沟通技巧

（1）德国人对产品质量最为重视，他们认为没有物美价廉的产品，只有精品和次品。对于德国买家而言，产品的品质是他们最在乎的，卖家在备货时应对产品的质量进行严格把控。

（2）德国人非常注重规则和纪律，做事认真。凡是有明文规定的都会自觉遵守；凡是明确禁止的，德国人绝不会去碰它。

（3）准确是德语的特点之一，他们经常使用"不得不""必须"等词语，容易给人留下发号施令的印象，实际上这正是德国人认真、严谨的表现。卖家在与德国买家沟通时，要特别注意言语的准确性。

（4）可随物流安排小礼品给买家，礼品不需要太贵重，有纪念意义即可。

（五）澳大利亚

1. 澳大利亚人的商务禁忌

（1）澳大利亚人对兔子特别忌讳，认为兔子是一种不吉祥的动物，人们看到它都会感到倒霉，因为这预示着厄运将要降临。

（2）澳大利亚人很讨厌数字"13"，认为"13"会给人们带来不幸和灾难。

（3）澳大利亚人讨厌"自谦"的客套语言，认为这是虚伪、无能或看不起人的表现。

（4）澳大利亚人对自己独特的民族风格感到自豪，因此谈话中忌拿他们与英国、美国比较。

（5）忌谈工会、宗教、个人问题、袋鼠数量的控制等敏感话题。

2. 商务沟通技巧

（1）澳大利亚人很重视办事效率，时间观念很强，因此物流时间一定要控制好。

（2）澳大利亚人不喜欢在讨价还价上浪费时间，因此商品价格设置要合理。

（3）澳大利亚是一个讲究平等的国家，澳大利亚人很注重礼貌修养，不喜欢以命令的口气催别人。

（六）俄罗斯

1. 俄罗斯人的商务禁忌

（1）在颜色方面，黑色代表不祥和晦气，不宜用于喜庆活动；黄色代表背叛和忧伤，不宜用于情侣活动。

（2）数字"13"代表背叛，在价格或折扣方面要尽量避免。

（3）黑猫象征噩运。

（4）在送礼方面，手绢、刀、空钱包和蜡烛都不合适。

2. 商务沟通技巧

（1）在颜色方面，蓝色表示忠贞，象征友谊和信任，并且俄罗斯人偏爱红色，常把红色与喜爱的事物联系在一起。

（2）俄罗斯人特别喜欢花，认为花能反映人的情感、品格。

（3）俄罗斯人喜欢数字"7"，认为"7"意味着幸福与成功。

（4）俄罗斯客户的询盘最大特点就是俄式英语。建议使用靠谱的语言处理软件或者直接使用俄语与对方交流，会提升客户的兴趣。

（5）俄罗斯客户喜欢用Skype在线谈生意，也用SMS（相当于中国的短信）。

（七）巴西

1. 巴西人的商务禁忌

（1）巴西人对颜色比较敏感，若送他们鲜花，不能送紫色、棕色或黄色的，他们认为紫色是死亡的象征，棕色充满悲伤，黄色则代表绝望。同理，卖家在店铺设计时可做参考。

（2）巴西人不喜欢谈论如政治、宗教、种族、工作等敏感话题，切记不要将类似话题拿来乱开玩笑。

（3）巴西人非常守时，不管做任何约定，最好按时进行，不然可能会招致强烈的反感。

（4）巴西人不喜欢手帕和刀子的图案，卖家在店铺设计时应尽量避开。

（5）与很多国家一样，巴西人忌讳数字"13"。

2. 商务沟通技巧

（1）与巴西客户沟通时，可尽量风趣幽默，用他们感兴趣的话题活跃气氛。

（2）巴西人性格直率，与之沟通无须拐弯抹角，尽量直来直去，他们会比较容易理解。

（3）巴西人喜爱谈论自己的孩子，在沟通中时不时夸赞一下他们的小孩，会增加他们的好感。同时，可多谈足球、趣闻等话题，让沟通更简单、顺畅。

（4）巴西人认为蝴蝶和金桦果是吉祥和幸福的象征，卖家在设计店铺时可充分利用这些图案。

（八）意大利

1. 意大利人的商务禁忌

（1）意大利人忌讳数字"13"和"星期五"，认为"13"象征厄兆，"星期五"也是不吉利的象征。

（2）意大利人忌讳菊花。因为菊花是丧葬场合使用的花，是放在墓前悼念故人的花，是扫墓时用的花。因此，人们把它视为"丧花"。如送鲜花，切忌送菊花；如送礼品，切忌送带有菊花图案的礼品。

（3）意大利人忌讳用手帕作为礼品送人，认为手帕是擦泪水用的，是一种令人悲伤的东西。所以，送手帕是失礼的。

（4）意大利人还忌讳别人用目光盯视他们，认为用目光盯视人是对人的不尊敬，可能还有不良的企图。

2. 商务沟通技巧

（1）意大利人一般比较开朗、健谈、热情奔放。初次见面谈问题都比较直爽，单刀直入，不拐弯抹角。

（2）意大利人的手势和表情比较丰富，常以手势辅助讲话，如果手势表达不正确，很容易造成双方误会。

（3）意大利人讲究穿着打扮，在服饰上喜欢标新立异，出席正式场合都注意衣着整齐得体。他们喜爱听音乐和看歌剧，他们的音乐天赋和欣赏能力大多较高。

（4）意大利人酷爱自然界的动物，喜爱动物图案，喜欢养宠物，尤其是对狗和猫异常偏爱，有些意大利人甚至把宠物作为家庭成员介绍给客人。

（5）意大利人的时间观念不强，参加一些重大的活动、重要的会议或谈判，以及赴一般的约会，常常迟到。

(九) 葡萄牙

1. 葡萄牙人的商务禁忌

（1）葡萄牙人忌讳数字"13"和"星期五"（尤其是 13 日和星期五重合的那一天）。

（2）葡萄牙人忌讳盯视别人。

（3）葡萄牙人忌食带血的食物和血制品。

（4）葡萄牙人忌讳问天主教的主教、神父、修女有关子女、爱人的问题。

（5）葡萄牙人不愿意谈论有关政治或政府方面的问题。

2. 商务沟通技巧

（1）到葡萄牙从事商务活动最好选择在当年的 10 月至次年的 6 月。

（2）葡萄牙中午 12 点到下午 3 点不办公，在这段时间联系商务会找不到人。

（3）商谈生意时应注意穿戴，谈判中如果他们穿着上衣，就算天气很热，你也不要脱去上衣。

（4）葡萄牙商人大多会讲法语、英语和西班牙语。与葡萄牙人谈生意要有耐心。

（5）葡萄牙人比较讲究礼仪，与人交谈时，他们坐姿端正，尤其是女子，入座时注意双腿并拢。

(十) 西班牙

1. 西班牙人的商务禁忌

（1）西班牙人视家庭问题及个人工作问题为私人秘密，在与西班牙人交谈时，最好避开此类话题。

（2）斗牛是西班牙的传统活动，他们崇尚斗牛士，外来人士最好不要扫他们的兴，不要说斗牛活动的坏话。

（3）西班牙人最忌讳数字"13"和"星期五"，认为它们都是很不吉利的，遇其会有厄运或灾难降临。

（4）外来人士若送花给西班牙人，千万别送大丽花和菊花，他们视这两种花为死亡的象征。

2. 商务沟通技巧

（1）按照西班牙商人的商业习惯和礼俗，建议你随时穿着保守式样的西装，内穿白衬衫，打保守式样的领带。

（2）西班牙人很重视信誉，总是尽可能地履行签订的合同，即便后来发现合同中有对他们不利的地方，他们也不愿公开承认自己的过失，如果在这种情况下，对方能够善意地帮助他们，则会赢得西班牙人的尊重与友谊。

（3）到西班牙做客的商人，在办公时间以穿黑色皮鞋为宜，不要穿棕色皮鞋，尤其是在日落之后，一定要穿黑色的鞋子，因为西班牙人历来就喜欢黑色。

（4）去公司拜会前，必须先预约好。最好持印有西班牙文和中文对照的名片，这样会给会面和谈判提供方便。

跨境电商在线客服人员应具备的能力

1. 要具备传统外贸人员的专业技能

例如，外语能力；对外贸行业的理解能力；丰富的外贸专业知识，包括支付、物流、退税等方面的知识。

2. 要理解产品供应链

无论是做传统外贸还是做跨境电商，要想把生意做好，产品必须优质、有特色。作为一名在线客服，要对自己经营的产品非常熟悉，只有在充分了解产品的特性和优势的基础上，才能充分发挥自己的专业技能，与客户进行良好的交流与沟通，引导客户下单交易。对产品供应链的理解可以让在线客服人员在后期运营中更多体现自己的核心竞争力。

3. 要熟悉跨境电商平台的规章制度，要理解跨境电商的整个业务流程

在很多小型跨境电商创业团队中，在线客服是一兼多职，不仅要在线跟客户沟通，还要兼顾平台运营。如果想要成为一名合格的跨境电商在线客服人员，首先需要熟悉跨境电商平台的规章制度，如全球速卖通的招商门槛政策、大促团购玩法等，只有熟悉平台规则才能顺应平台发展；其次跨境电商在线客服人员因为直接面对海外客户，所以应该对跨境电商的整个流程都非常熟悉，如物流、海关清关等。

4. 要有较强的语言能力，要了解目的国消费者

有观点认为，跨境电商对英文的要求不高，因为很多跨境电商平台的操作界面是中文，而且跨境电商卖家可以使用翻译软件。但要精细化地做好跨境电商运营，英文能力是非常重要的，不仅仅体现在详细的页面描述、良好的客户沟通上，特别是在与客户发生消费纠纷时，有语言优势的客服人员能更快地解决客户的问题。同时，要做好生意，在线客服人员还应该了解目的国的风土人情，如与俄罗斯人和巴西人做生意，就应该熟悉俄罗斯人和巴西人的性格，避免跟俄罗斯人聊政治问题等，巴西人比较爽快、幽默，但性格上比较冲动。掌握这些就可以很好地跟客户沟通，最终促进销售业绩。

任务三　客户服务邮件

邮件回复是跨境电商客户服务工作最常用的技能，下面将以客户服务过程中最典型的环节举例说明。

一、售前沟通邮件

（一）买家询问物品细节的问题

1. 关于尺寸

示例：一位美国买家告诉你她平时穿 US 8 码的连衣裙，想咨询从你这她应该买哪一个尺码，你回复她 M 号比较合适。

问题：

Hello, seller, I wear US size 8, could you give me some advice on which size I should buy from you?

回答：

Hello, dear customer, size M of this dress will fit you pretty well. Please feel free to contact us if you have any other questions. Thanks!

2. 关于合并运费

示例：当买家一次性购买多件商品时，可能会向你提出合并运费的要求，你可以通过修改并发送电子发票（invoice）的形式，对买家购买的多件商品只收取一次运费。在电子发票发送成功后，及时告知买家运费已合并，让买家直接通过电子发票进行支付。

问题：

Hello, seller, can the shipping fee be paid together as I've bought several items from you? Please send me just in one package, thanks!

回答：

Hello, dear customer, thanks for your business!

We have combined the shipping already and only charge you the shipping fee once. You can check the invoice I've just sent to you and please make the payment through the invoice directly. Please feel free to contact us if you have any other questions. Thanks!

（二）关税的问题

问题：

Are there any import taxes or customs charges that I need to be aware of if I purchase this and have it shipped to Louisiana in the United States?

回答：

Thank you for your inquiry. I understand that you are worrying about any possible extra expense for this item. According to past experience, it did not involve any extra expense at buyer side for similar small or low cost items. Please do not worry about it too much.

However, in some individual cases, buyer might need to take some import taxes or customs charges in import countries. As to specific rates, please consult your local custom office. Appreciate for your understanding.

Yours Sincerely,

Seller Name or ID

（三）大量订单询价的问题

问题：

Hello, I want to order ××× pieces for this item, how about the price?

回答：

Thanks for your inquiry. We cherish this chance to do business with you very much. The order of a single sample product costs ××× USD with shipping fee included. If you order ××× pieces in one order, we can offer you the bulk price of ××× USD per piece with free shipping. I look forward to your reply. Regards!

（四）支付方式的问题

问题：

Do you accept check or bank transfer? I do not have a PayPal account.

回答：

Thank you for your inquiry.

For the sake of simplifying the process, I suggest that you pay through PayPal. As you know, it always takes at least 2—3 months to clear international check so that the dealing and shipping time will cost too much time.

PayPal is a faster, easier and safer payment method. It is widely used in international online business. Even if you do not want to register a PayPal account, you can still use your credit card to go through checkout process without any extra steps.

Hope my answer is helpful to you.

Yours Sincerely,

Seller Name or ID

（五）还价的问题

问题：

Hello, I can give 100 dollars. Is it OK?

回答：

Thank you for your interest in my item.

We are sorry for that we can't offer you that low price you bargained. In fact, the price listed is very reasonable and has been carefully calculated and our profit margin is already very limited.

However, we'd like to offer you some discount if you purchase more than 5 pieces in one order, ×% discount will be given to you.

Please let me know if you have any further questions. Thanks!

Yours Sincerely,

Seller Name or ID

二、售后沟通邮件

（一）物品未收到的问题

问题：

Hello, seller, I haven't received the product that you sent to me.

回答：

Thank you for purchasing (item ID or item title). We have sent the package out on Dec. 16th. The postal tracking number is below for your reference:

No. RR725377313CN

Status: departure from outward office of exchange

Ship-out Date: 2011-12-17

Standard ship times are approximately 7—15 business days. However, there may be a delay in international parcel delivery times due to increased holiday demand. We promise a full refund including original shipping charge if the item is not delivered within 30 days upon receipt of payment. Your satisfaction is our utmost priority, please contact us if you have any concerns.

We apologize for any inconvenience. Your understanding is greatly appreciating.

(二) 产品与描述不相符的问题

问题：

Hello, seller, I've got the goods that is inconsistent with the description, so please send again!

回答：

We sincerely regret that you are not satisfied with your purchase. We accept returns or exchanges as long as the item is unopened and/or unused. We strive to provide exceptional products and service to our customers and your opinion is very important to us. Please provide a detailed explanation, photos are also welcome.

Please send your item back to: ×××, ×××, 200001, Shanghai, China

We will send you a replacement upon receipt of your parcel. Please be aware that the return shipping and any new shipping charges for a replacement item will be charged to the buyer.

If you have any other concerns, please contact us through eBay message so that we can respond you promptly, thanks!

(三) 对节假日等可预测的邮递延误进行解释

问题：

Hello, seller, I haven't received the product that you sent to me.

回答：

Thank you for your purchase and prompt payment. China will celebrate National Holiday from October 1st through October 7th. During that time, all the shipping services will be unavailable and may cause the shipping delay for several days.

We will promptly ship your item when the post office re-opens on October 8th. If you have any concerns, please contact us through eBay message. Thank you for your understanding and your patience is much appreciated.

(四) 对天气等不可抗力因素造成的延误进行解释

问题：

Hello, seller, I haven't received the product that you sent to me.

回答：

Thank you for purchasing an item from our store. We are sorry to inform of you that the delivery of your item may be delayed due to Hurricane Sandy.

We shipped your item (white cotton T-shirt) on Dec. 3rd but unfortunately we were notified by the post office that all parcels will be delayed due to this natural disaster.

Your patience is much appreciated. If you have any concerns, please contact us through eBay message so that we can respond promptly. Our thoughts are with you.

（五）物品收到后退货换货的问题

1. 关于退货

示例：当买家收到东西不满意并提出退货要求时，如果你接受退货。

问题：

Hello，seller，I don't like the goods you send to me，can I return?

回答：

Yes，we accept return or exchange. Please send your item back to：

×××，×××，200001，Shanghai，China

We will refund（excluding the postage）you via PayPal once I receive your parcel.

2. 关于换货

示例：当买家要求换货时，如果你接受换货。

问题：

Hello，seller，I don't like the goods you send to me，can I barter?

回答：

Sure，you can send it back for exchange. Please send your item back to：

×××，×××，200001，Shanghai，China

We will send you a new one after receiving your parcel. Please be aware that you must bear the cost of return shipping and re-send shipping.

Thanks for your understanding and any other questions feel free to let me know.

（六）客户投诉产品质量的问题

示例：买家收到货，发现质量有问题。

问题：

Hello，seller，I have received the goods you send to me，but I found that it is with a bad quality.

回答：

I am very sorry to hear about that. Since I did carefully check the order and the package to make sure everything was in good condition before shipping it out，I suppose that the damage might have happened during the transportation. But I'm still very sorry for the inconvenience this has brought you. I guarantee that I will give you more discounts to make this up next time you buy from us. Thanks for your understanding.

提醒卖家付款模板

Much appreciate your purchase from us，but we have not received your payment for that item yet.

As a friendly reminder，the instant payment is very important. The earlier you pay，the sooner you will get the item.

Please make your payment as soon as possible, so we can send you the item in time. If you have any problems during paying, or if you don't want it any more, please feel free to let us know. We can help you to resolve the problems or cancel our transaction.

Thanks again and looking forward to hearing from you soon!

实训三　了解文化差异

实训目的

了解各国风俗习惯、风土人情、文化传统等的差异或冲突，掌握各国的文化特点，为更好地开展跨境电子商务打下坚实的基础。

实训内容和步骤

一、实训内容

查阅资料，了解各国文化特点，并归纳总结，完成表3-1。

表3-1　各国的文化特点

国家	文化特点
英国	
美国	
法国	
西班牙	
……	

【实训提示】

可以选择5个国家进行跨文化特点的研究。

二、实训步骤

（1）打开百度搜索引擎，逐一输入各个国家名称，如"美国文化特点"，将搜索结果填入表3-1中。

（2）可以去图书馆查阅相关跨文化差异的资料。

小　结

本项目任务一介绍了客户服务理念和客户服务流程；任务二介绍了客户服务沟通的原则与技巧；任务三介绍了售前、售中、售后的邮件沟通技巧，让读者在学习理论知识的同时，学会如何与客户沟通来促成交易。其中，客户服务沟通的原则与技巧、邮件沟通技巧是本项目的重点内容。掌握上述知识才能做好跨境电子商务的客户服务工作，及时有效地与客户沟通将会极大地提高商品成交率。

[**客户服务**] 客户服务（Customer Service）是指一种以客户为导向的价值观，广义地说，任何能提高客户满意度的内容都属于客户服务的范畴。跨境电商客户服务是指通过各种通信方式了解客户需求，帮助客户解决问题，促进网店产品销售的业务活动，包括售前咨询、订单处理、售后咨询等。跨境电商企业一般都设有专职的客户服务岗位，简称客服。

[**客户需求**] 客户需求是指客户的目标、需要、期望及愿望。在商业活动中，只要涉及供应者与需求者，则需求者的相关要求都称为客户需求。客户需求往往是多方面的、不确定的，需要我们去分析和引导。

一、单项选择题

1. 当买家投诉收到的货物与描述不相符时，下列说法错误的是（　　）。
   A. 如果卖家能够提供清楚的文件来证明货物的说明是恰当的，卖家可以得到平台的保护
   B. 当卖家提供的文件能说明问题时，索赔则可能会按对卖家有利的原则进行
   C. 如果买家投诉收到的货物为二手货，而卖家在产品描述中已经清楚地说明该物品为二手货，卖家可以得到平台的保护
   D. 当卖家产品描述正确，而买家因为期望值等问题不想要了时，平台可做全额退款处理

2. 当买家发起"未收到货物"纠纷时，如果货物处于在运途中，卖家的处理方式为（　　）。
   A. 卖家应该积极主动地同买家沟通
   B. 卖家应该告诉买家货物仍然在途中，希望他耐心等待
   C. 卖家应该先要求买家撤销投诉
   D. 以上选项都对

3. 关于下列询盘回复的时间，说法错误的是（　　）。
   A. 中国香港、中国台湾、日本、韩国、澳大利亚马上回复
   B. 中东第二天回复
   C. 欧洲下午三点前回复
   D. 美国、加拿大及拉美国家，下午下班之前回复

二、多项选择题

1. 下列订单状态需要卖家跟进处理的有（　　）。
   A. 等待发货的订单　　　　　　　　B. 有纠纷的订单
   C. 等待确认收货的订单　　　　　　D. 买家申请取消的订单

2. 对于物流显示包裹已妥投的纠纷，卖家需要注意的是（　　）。
   A. 根据物流信息积极与买家协商解决问题，达成一致的解决意见
   B. 发货时确认订单相关信息：运输方式、地址
   C. 定期查看物流信息，跟踪实时物流，查看物流进展
   D. 积极提供发货底单证明，以便平台核对相关地址信息

3. 对于包裹原件退回的纠纷，卖家应该注意的是（　　）。
   A. 在出现包裹退回问题时，积极与买家沟通查看具体退回原因，若因买家原因导致包裹退回，需要在响应期限提供相关信息
   B. 积极与买家协商解决问题，达成一致的解决意见
   C. 在小包无运费订单下发生的包裹退回，运费将不做补偿
   D. 在有运费包裹退回的情况下，需要提供相应的运费发票

4. 在 eBay 平台，买家发起纠纷必须符合的条件是（　　）。
   A. 当买家投诉物品未收到时，必须在预计的物品投递到达时间之后
   B. 买家已经对物品付款
   C. 买家还未收到 PayPal 全额退款
   D. 当买家投诉物品与描述不相符时，必须有足够的时间确保物品已到达

三、简答和分析题

上海某出口商 A 向巴西买家出运了一单玻璃制品，买家收到货后，声称由于卖家未按其要求对货物进行包装，并且在包装上填写了 C 公司的信息，导致货物被当地海关扣押。巴西买家要求卖家退回货款，否则将提交纠纷至平台，试问卖家应如何处理？

推荐阅读

2020 中国出口跨境电商趋势报告

一、五大趋势演变，中国卖家从"野蛮生长"走向"精耕细作"

亚马逊全球副总裁、亚马逊全球开店亚太区负责人 Cindy Tai 表示："过去五年，中国卖家群体不断发展，已经成为向全球消费者提供优质选品的重要力量之一。中国出口跨境电商行业和卖家经历了从'野蛮生长'到'精耕细作'的演变。出口跨境电商正在成为中国外贸的重要支持力量，并正从外贸'新业态'成为外贸'新常态'。我们期望通过对中国出口跨境电商趋势的解读，为行业提供启发与借鉴，坚定数字化转型发展的信心，帮助更多企业把握发展机遇。"

报告显示，过去五年，全球跨境电商高速发展。疫情促使全球消费从线下转到线上，跨境电商行业的发展机遇与挑战并存。基于亚马逊相关数据和中国卖家调研，报告总结分享了过去五年中国卖家呈现出的五大显著趋势。

趋势一：卖家地域分布更广和类型更多元。卖家地域分布日益广泛，从珠三角、长三角不断向内陆延伸，海西经济区、中部地区、北部地区卖家规模快速增长。其中，长三角地区作为我国传统制造业集聚地，过去五年卖家增速最快，卖家规模增长达 9 倍；珠三角地区卖家规模增长达 6 倍，该地区产业集中、人才资源丰富，外贸基础成熟，孕育了目前全国最大规模的卖家群体；以福建为代表的海西经济区卖家日益活跃，卖家规模增长了 5 倍，在服装鞋靴、箱包、家具家饰、户外照明等品类竞争中表现出明显优势；华北、华中地区卖家逐步崛起，以北京为例，众多科技创新企业、传统知名品牌在全球初露锋芒。

与此同时，卖家的类型也更加多元。过去五年不仅涌现出很多知名的互联网原生品牌，如出门问问、安克等，传统制造企业、传统外贸商、传统知名品牌等也不断加入出口跨境电商行业，开拓新的业务增长机会，如科沃斯等。

趋势二：全球布局加速。卖家国际化拓展步伐加快，并不断寻求多样化的商业机会。据亚马逊全球开店中国卖家调研显示，近六成卖家已同时运营两个以上亚马逊海外站点，82%的卖家计划在现有基础上拓展新的站点。在加速布局全球的过程中，卖家不仅考虑美国、欧洲等成熟站点，也积极布局中东、澳洲、新加坡等新兴站点。此外，随着亚马逊企业购（Amazon Business）业务的发展，卖家积极尝试商业采购的新模式。调研显示，已有近 50% 的卖家同时面向消费者与企业及机构买家。值得注意的是，更广泛的全球布局、更多样化的商业模式，不仅为卖家打开新的增长机遇，也有效提升了企业的抗风险能力。

趋势三：品牌意识增强。随着出口跨境电商行业逐步转向"精耕细作"，卖家更关注业务的长期发展，在产品开发、品牌注册与构建、品牌保护等方面持续投入。在产品开发方面，借助亚马逊海外站点消费者的一手反馈，卖家有效改进产品设计、提高产品质量，并指导新品研发，涌现出很多深受欧美消费者喜爱的产品，如 Orolay 的爆款羽绒服等。在品牌注册与构建方面，卖家利用跨境电商提供的轻量化方式打造国际品牌，在关注品牌注册的同时创建自己的品牌故事，如泽宝。据亚马逊数据显示，2017—2019 年间，在亚马逊上完成品牌注册（Brand Registry）的中国卖家数量增长就高达10倍。亚马逊通过品牌注册、Transparency program、project Zero 等多项实用的工具和服务帮助卖家保护品牌。据亚马逊数据显示，全球已经有超过20万个品牌参加了品牌注册。

趋势四：产品创新提速。随着全球消费者需求更加多元和细化，中国卖家不断丰富选品，并逐步从标准化产品转向更高价值、更多元、更具个性化的产品。其中，厨房、家居、服装等品类销量增长显著；户外、运动、家装等品类选品不断丰富；消费电子、家居用品等品类紧跟潮流趋势，更多融入"智能"元素，推出智能手环、智能音箱、智能扫地机器人等产品，很多卖家创新地开发了结合亚马逊 Alexa 技术的智能产品。

趋势五：响应能力升级。过去五年，卖家对海外环境与消费者需求变化的快速响应能力不断升级，能够快速识别全球消费趋势走向并灵活调整选品策略，尽显柔性供应链优势。疫情期间，中国卖家及时为全球消费者提供了高品质的防疫物资和生活必需品，在居家生活、远程办公等新场景驱动下，为海外消费者提供了家居、厨房用品、个护健康、室内运动、宠物、园艺等高需求产品。

二、创新云端模式，探索"后疫情"时代的突围之道

直采大会是亚马逊全球开店年度旗舰活动之一，已经与中国（杭州）跨境电子商务综合试验区联合主办了三届，过去两年也得到了杭州市江干区人民政府的支持，旨在帮助卖家和制造企业更好地对接。今年受疫情影响，直采大会首次通过创新的云端模式搭建线上直接对接的桥梁，帮助优质制造企业和卖家抓住数字化转型和发展机遇。

直采大会为期3天，邀请超过100家优质制造企业参展，与数万优质中国卖家直接对接，并汇集亚马逊"专家"、大卖及行业重量级大咖在线分享。通过云论坛、在线直采、线上咨询三大核心板块全面解析行业、选品、转型的数字机遇，解答卖家最关心的热点问题，提供选品、物流、仓储、税务、营销等全方位的实操性指导，帮助卖家破局发展。

三、携手政府及行业持续创新，为外贸发展注入数字化新动力

过去五年，亚马逊全球开店与各地政府、行业机构合作，通过跨境电商园等模式在产业带开发、产业集群建设、品牌出海、人才培养等多个方面取得显著成果，帮助不同区域的中国卖家转型和发展，拓展全球业务。杭州跨境电商园于江干区钱塘智慧城投入使用一年来，有效推动杭州及周边地区出口跨境电商产业发展。2020年7月，亚马逊全球开店与浙江省商务厅签署合作备忘录，推出"新外贸扶持计划"，促进浙江省10个市、50多个产业带扶持传统外贸企业转型与升级。

疫情期间，为帮助卖家复工复产解决人才难题，亚马逊全球开店携手杭州、宁波、厦门等地高校和政府，推出"亚马逊全球开店101·时代青年计划"2020云招聘会和实习实训两大项目，促进校企跨境电商专业人才高效对接。

未来，亚马逊还将持续投入创新，从业务模式、人才培育等层面深化本地服务，并从品牌打造、运营能力提升、产品合规等层面帮助卖家不断提升在国际市场的核心竞争力，携手卖家取得业务发展。

（资料来源：亚马逊发布的《从新业态到新常态——2020中国出口跨境电商趋势报告》）

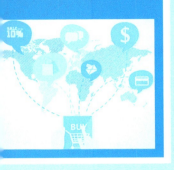

项目四
全球速卖通平台实操

学习目标

1. 熟悉全球速卖通平台注册流程
2. 掌握全球速卖通平台产品发布方法及规则
3. 掌握全球速卖通平台运费模板设置
4. 了解全球速卖通平台营销推广工具
5. 了解全球速卖通平台纠纷处理

建议学时：16学时

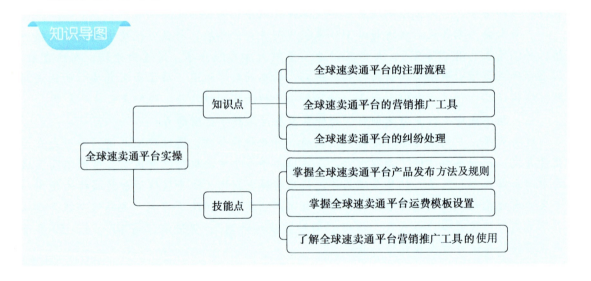

项目导入

全球速卖通平台是阿里巴巴旗下跨境电商零售平台，成立于2010年，拥有世界18个语种站点，覆盖全球220多个国家和地区，2017年海外成交买家超过1亿，是中国最大的跨境出口B2C平台之一。

2019年3月，全球速卖通平台在俄罗斯推出在线售车服务。俄罗斯消

全球速卖通平台账户注册

费者可以直接在全球速卖通平台上一键下单,支付预付款,到指定线下门店支付尾款即可提车。目前,俄罗斯、美国、西班牙、巴西和法国是全球速卖通平台的五大交易国,占据平台 2/3 的交易额;电脑办公、消费电子、家具、家居园艺、母婴、美容健康、鞋类、精品珠宝、玩具等 22 个热门消费类目,占据平台 90% 的交易额。

国内卖家如何利用全球速卖通平台呢?首先就是要在全球速卖通平台上有一个店铺。与国内淘宝平台相似,我们可以把宝贝编辑成在线信息,通过全球速卖通平台发布到海外。我们也可以足不出户,用全球速卖通后台的淘代销工具将淘宝平台上的产品搬家至全球速卖通平台,销往海外。和淘宝平台一样,我们只须打个电话快递就会上门取货,类似国内的发货流程,只不过是通过国际快递将宝贝运送到全球买家手上。

任务一 全球速卖通平台账户注册

一、注册认证

(一)登录首页

输入网址 https://sell.aliexpress.com,登录全球速卖通首页,点击"加入速卖通",进入注册页面,如图 4-1、图 4-2 所示。

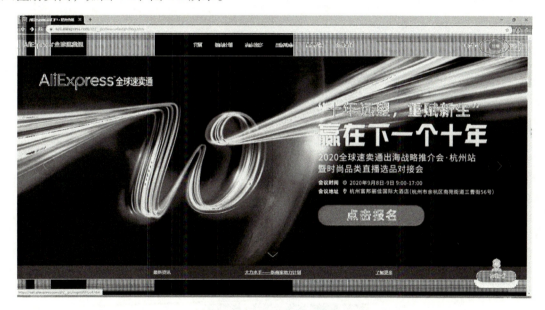

图 4-1 全球速卖通首页

图4-2 全球速卖通注册页面

(二) 填写信息

依次完成注册信息的填写,信息必须真实有效,避免后期引发不必要的麻烦,如图4-3所示。

图4-3 填写注册信息页面

(三) 激活账号

提交注册信息后,全球速卖通官方要求验证手机账号和邮箱账号,根据提示依次完成验证,进行账户激活,如图4-4、图4-5所示。注册成功后的页面如图4-6所示。

图 4-4　填写需要绑定的手机账号页面

图 4-5　填写需要绑定的邮箱账号页面

图 4-6　注册成功页面

（四）登录账号

账号注册成功后，就可以首次登录账号了，登录页面如图 4-7 所示。

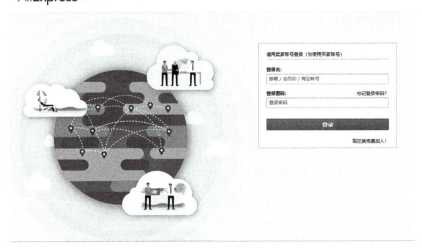

图 4-7　全球速卖通登录页面

二、账户信息完善

完成认证后，将收到系统发来的信息，提醒接下来的操作事宜。图 4-8 为登录入口页面，图 4-9 为账号和密码输入页面。

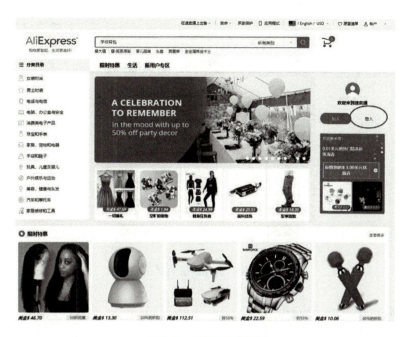

图 4-8　从主页面登录

图 4-9　输入账号和密码页面

三、身份认证

为了帮助卖家更清晰、快速地了解需要更新的认证资料，完成身份认证，相关操作流程及注意事项参见图 4-10（选择认证方式）、图 4-11（提交认证信息）、图 4-12（支付宝扫码认证）和图 4-13（提供公司信息）。

图 4-10　选择认证方式页面

图 4-11　提交认证信息页面

图 4-12　支付宝扫码认证页面

图 4-13　提供公司信息页面

（一）更新认证资料

通过身份认证后，就可以进行认证资料更新，具体操作步骤及注意事项如下：

进入"我的—设置—身份认证"后，如果个人卖家已经通过认证，页面就会出现"更新认证资料"按钮，点击后进入更新资料提交页面。个人卖家不可修改身份证号，可更新的资料包括"姓名""常住地""身份证正面照片""身份证反面照片""手持身份证正面照片""手持身份证反面照片""个体工商户营业执照""无需市场主体登记的声明与承诺书",点击"上传—从电脑中选取"按钮,选择要上传的图片,图片上传完毕后,点击"提交认证资料"即可,如图4-14所示。

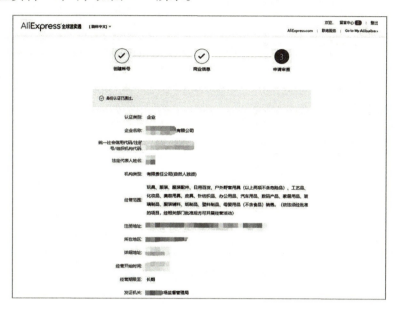

图 4-14　更新认证资料页面

注意:
上传图片资料期间,你可点击右侧示例图及注意事项文字提示语,或者直接点击"帮助"可直接链接至相关文章。

提交认证资料后,系统会显示"认证中",认证时间为5—7个工作日,卖家需要耐心等待,在此期间,卖家可以体验产品上传。

(二)申请经营大类

认证通过后,便可正式发布产品。发布产品之前,需要申请经营大类,具体操作如图4-15(签署服务协议)、图4-16(选择经营大类)、图4-17(确定经营大类)和图4-18(提供经营大类所需材料)所示。

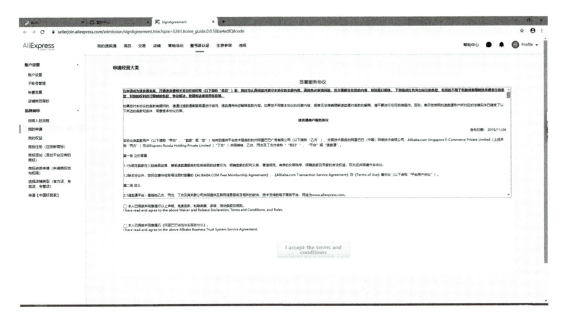

图 4-15 签署服务协议页面

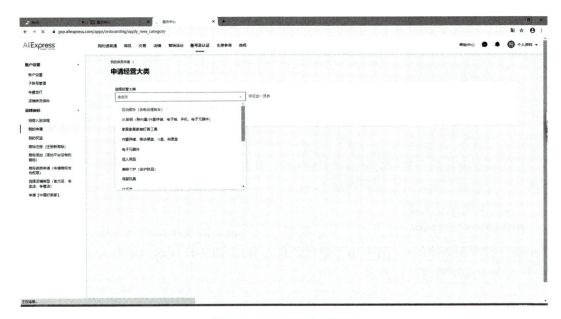

图 4-16 选择经营大类页面

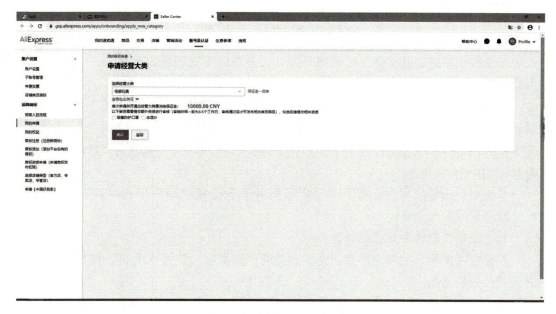

图 4-17 确定经营大类页面

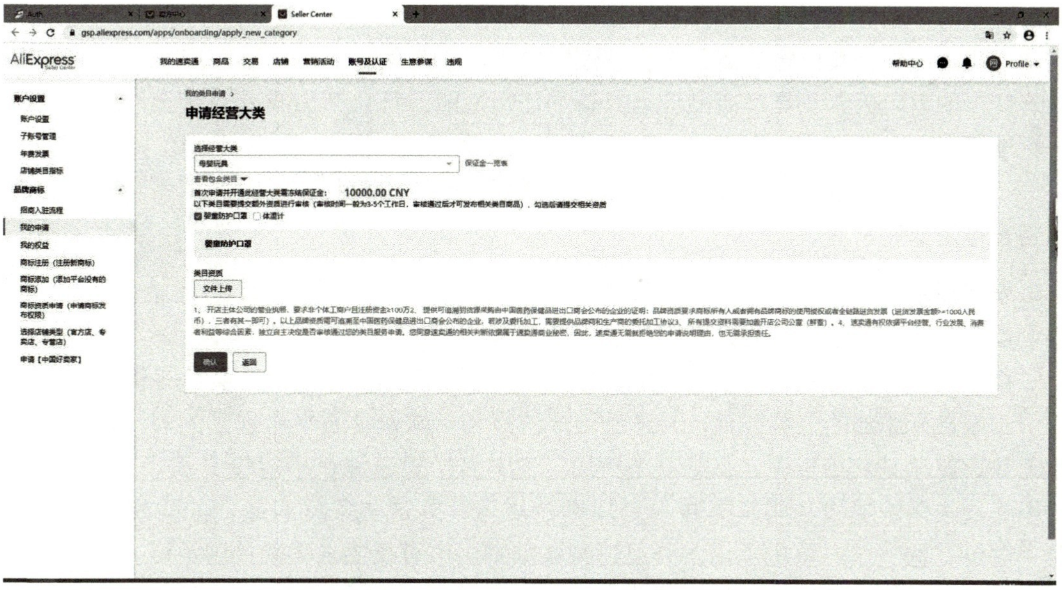

图 4-18 提供经营大类所需材料页面

知识拓展

全球速卖通平台规则

全球速卖通平台规则介绍

卖家在全球速卖通平台上的任何行为，应遵守阿里巴巴发布的各项网站规则。

卖家应遵守国家法律、行政法规、部门规章等规范性文件。对任何涉嫌违反国家法律、行政法规、部门规章的行为，本规则已有规定的，适用本规则；本规则尚无规定的，全球速卖通有权酌情处理。但全球速卖通对卖家的处理不免除其应尽的任何法律责任。

作为交易市场的卖方，卖家有义务了解并熟悉交易过程中平台对买家市场的规定，配合买家完成交易。

禁止发布禁限售的商品或信息。

卖家应尊重他人的知识产权，全球速卖通严禁卖家未经授权发布、销售侵犯第三方知识产权的商品。

卖家应恪守诚信经营原则，如及时履行订单要求、兑现服务承诺等，不得出现虚假交易、虚假发货、货不对版等不诚信行为。

卖家应履行商品如实描述义务，卖家在商品描述页面、店铺页面、站内信、贸易通通信系统等所有全球速卖通提供的渠道中，应当对商品的基本属性、成色、瑕疵等必须说明的信息进行真实、完整地描述。

卖家应保证其出售的商品在合理期限内可以正常使用，包括不存在危及人身和财产安全的危险因素、具备商品应当具备的使用性能、符合商品或其包装上注明采用的标准等。

卖家不遵守以上基本义务，全球速卖通保留处罚的权利，影响恶劣者全球速卖通将直接清退卖家。

友情提示：

卖家基本义务中有些关键字眼在这里需要解释一下。

卖家应对商品的基本属性、成色、瑕疵等必须说明的信息进行真实、完整地描述。

卖家自行添加的免责条款，若违反法律法规和全球速卖通平台规则的规定，则这些条款无效，如"请勿给差评，否则不予售后""本店拒绝差评，不能接受者不要购买"等；若不违反法律法规和全球速卖通平台规则的规定，则这些条款有效，如卖家为了招揽生意，明示"假一赔万"的承诺，一旦违背条款则买家有权要求卖家兑现承诺。

卖家对商品的描述与其实际提供的商品或服务存在明显偏差时，可能会被判定商品"描述不符"投诉成立：卖家向买家传递的所有与商品本身有关的信息。例如，卖家就商品本身（颜色、尺寸、品牌、款式、型号等）、邮费、发货情况、交易附带物件向买家描述的内容；对于存在瑕疵的商品，卖家应事先如实描述，且如实描述需要清晰醒目，不能存在刻意隐藏或含糊不清的描述。

全球速卖通平台规则涵盖了注册、经营等多项详细规定，如果要顺利安全地完成交易，收取货款，一定要对详细规则有一个全面的了解。

活动实训

进入全球速卖通网站，单击"速卖通规则"，在显示的相关系列平台规则中，从最开始的注册规则开始阅读。图 4-19 为全球速卖通平台规则。

图 4-19　全球速卖通平台规则

卖家在全球速卖通所使用的邮箱、店铺名中不得包含违反国家法律法规、涉嫌侵犯他人权利或干扰全球速卖通运营秩序的相关信息。

除非全球速卖通事先同意，只有国内的卖家才可在全球速卖通注册卖家账户。国内的卖家不得利用虚假信息在全球速卖通注册海外买家账户，如全球速卖通有合理依据怀疑国内卖家利用虚假信息在全球速卖通注册海外买家账户，全球速卖通有权关闭买家会员账户，并有权对卖家进行处罚。

全球速卖通有权终止、收回未通过身份认证或在一年内连续 180 天未登录全球速卖通或 Trade Manager 的账户。

用户在全球速卖通的账户因严重违规被关闭，不得重新注册账户；如被发现重新注册了账户，全球速卖通有权立即停止服务、关闭卖家账户。

卖家在全球速卖通注册使用的邮箱、联系信息等必须属于卖家授权代表本人，全球速卖通有权对该邮箱进行验证。

全球速卖通的会员 ID 在账户注册后由系统自动分配，不可修改。

若卖家已通过认证（支付宝实名认证、身份证认证或全球速卖通要求的其他认证），则不论其全球速卖通账户开通与否，不得与个人身份信息取消绑定。

一个会员仅能拥有一个可出售商品的全球速卖通账户（全球速卖通账户所指为主账户）。

中国供应商付费会员若在 Alibaba 平台因严重违规被关闭账户，也不能再使用全球速卖通平台的相关服务或产品。

友情提示：

根据国家相关规定，全球速卖通注册邮箱、店铺名及域名不能使用或包含以下信息：

同中华人民共和国的国家名称、国旗、国徽、军旗、勋章相同或近似的；

同外国的国家名称、国旗、国徽、军旗相同或者近似的；

同政府间国际组织的旗帜、徽记、名称相同或者近似的；

同"红十字""红新月"的标志、名称相同或者近似的；

同第三方标志相同或者近似的，如中国邮政、中国电信、中国移动、中国联通、中国网通和中国铁通等；

带有民族歧视性的；

夸大宣传并带有欺骗性的；

有害于社会主义道德风尚或者有其他不良影响的；

县级以上行政区划的地名或者公众知晓的外国地名，不得作为店标，但是，地名具有其他含义的除外，已经注册的使用地名的店标继续有效；

带有种族歧视、仇恨、性和淫秽信息的语言，违背公序良俗的不良信息或令人反感的信息；

含有不真实内容或者误导消费者的内容；

其他涉嫌违反法律的内容。

任务二　全球速卖通平台产品上传处理

产品是由文字和图片组成的，详细的文字描述和清晰的图片更容易吸引买家的眼球。上传产品时需要填写如下信息：产品名称、产品简短描述、产品属性值、产品信息描述、产品销售信息、我的服务承诺、其他信息。

首先登录"商品—发布商品"页面，如图 4-20 所示。

图 4-20　商品发布页面

一、商品标题

一个好的商品标题包括以下要素：风格、颜色、款式、配饰、布料、促销消息、打包方式、是否支持代发货等，如 Brand new men' long sleeve shirt 100% cotton five colours 10 pcs per lot drop shipping。

撰写一个优秀的商品标题，需要选择好的关键词来组合，它是为商品做得最好的广告，也是激发买家兴趣的机会。添加一个有效的标题，为商品创建清晰、完整、可靠的第一印象，可以增加买家搜索、出价或购买的机会。图 4-21 为商品标题设置页面。

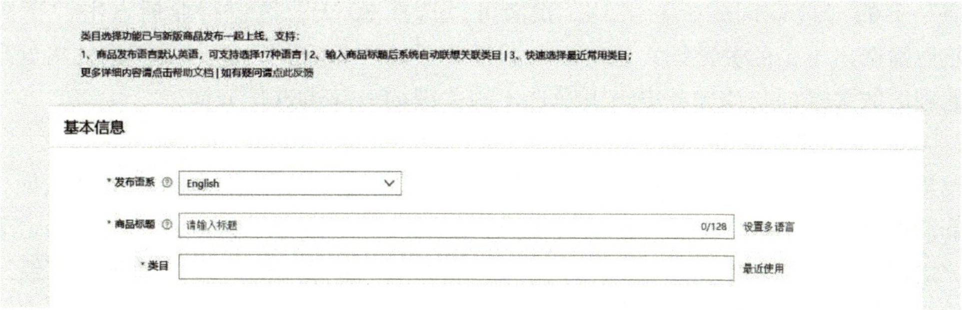

图 4-21　商品标题设置页面

（一）关键词选取原则

什么样的关键词能使商品更容易被搜索到呢？在电子商务中，商品关键词的选择是重中之重。因为绝大部分的客户都是通过搜索找到商品，进而产生兴趣，开始与卖家进行相关的接触。下面是选择商品关键词的几条原则：

1. 多样性原则

不同的客户搜索习惯会不一样，多样性原则就是为了满足不同客户的搜索习惯。例如，有些产品有多种叫法，尤其是化工品，有通俗叫法，有科学叫法，有化工词典的专业叫法；还有一些产品可能会有一些细节的差别，如有的喜欢用 machine，有的喜欢用 machinery，还有的喜欢用 equipment。

2. 长尾原则

长尾词的优势在于：第一，可以避开常规关键词那样的激烈竞争，独辟蹊径；第二，可以更精准定位到客户，一般认为，客户搜索时用的词越精准，就越是目标客户。

3. 精准为先原则

在资源有限的情况下，在做出选择时应以精准为先为原则。例如，由于某些原因，要选择一个或者几个词作为主关键词，将资源倾向于这些词时，就需要采用精准为先原则。

4. 以客户的搜索为选择的需要原则

这一原则实际上包含了前面三条原则，所有原则的出发点都是客户的搜索需要。客户根本不会搜索 A 关键词，你却做了大量 A 关键词的广告。所以，当你发现自己做了很多宣传，却没有流量，或者有了大量的流量却没有询盘时，你就要考虑一下：是不是关键词选得跑偏了，客户根本不用这个词；或者说虽然这个词有人搜索，却不是自己的产品；或者说选词过大，空有流量，没有精准定位。总之，你选择的并不是客户要搜索的。

5. 大小结合原则

这个原则是在满足了以上四条原则之后，在有余力的情况下执行的。其实就是第四条原则中提到的行业词、大词，这些词里面有可能有我们的潜在客户，如某些客户想扩产，加一条相近产品的生产线；某些贸易公司，做了一个产品，觉得利润不错，想做这一大类产品；等等。

（二）关键词选取具体步骤

1. 第一步：找词

平台提供多种找词、搜集关键词的渠道。其中，最为常见也是大家经常用到的是"数据纵横"下的"搜索词分析"工具。我们可以选择30天，选定行业后点击"下载"按钮，然后筛选出不错的关键词；也可以下载近7天的"飙升词"进行关键词的再处理，把经过处理后的关键词与原先各渠道下筛选出的关键词一起再进行分词。

2. 第二步：搜集与整理词

搜集关键词有很多渠道，如平台推荐词、搜索下拉框词、直通车选词工具找词、产品页底部的关键词、Google AdWords工具找词及第三方找词软件找词等。把所有渠道下搜集到的关键词，依据两大原则"产品描述一致"和"产品相关性"进行筛选，将经过两轮筛选后得到的词进行分词，再按照特定顺序进行标题撰写。

3. 第三步：标题撰写必须考虑产品所处的竞争环境

在现实生活中，若是在线下开店，需要考虑选址附近的人流量、租金成本、是否有同类店、周边主要人群消费情况、具体地段等因素。在电商平台的世界里，每个关键词代表着一种商业环境，搜索热度越高的词，竞争越激烈，因为搜的人多，使用它的对手也多，所以就要挑选合适的商业环境，在产品"弱小"时，可多选择精准词。

有些类目的产品偏实用型，如工具、照明、玩具、安防等类目，用户存在实际需求，不像服装、帽子、眼镜等类目的产品解决买家对"美""时尚"……这类实际看不见偏虚功能的需求。故这些类目下的产品标题中的关键词要与产品匹配，描述一致即可。

> **温馨提示**
>
> 在实际撰写标题时，仍然会遇到许多问题，以下几点需要重点关注：
> （1）标题要写满，有限空间要覆盖尽可能多的与产品有关的词，曝光量高的词数越多，越有利于增加曝光。
> （2）可多借用热搜精准词或属性词。
> （3）标题只是一种引流载体，没有必要把搜索曝光量低的过错"赖"在它身上，影响标题曝光的因素有多种，要逐一分析辨别。
>
> 活动是势，是热点，我们可以借势营销，但不管如何选择报名产品，活动前如何优化，终归是需要良好的运营策略做铺垫。在大促活动前，对于产品，需要注意以下几点：
> （1）产品本身的信息要写全、写好。
> （2）产品转化不要忽略详情页优化。
> （3）营销与活动要配合着一起做，只靠单一的营销或单一的活动效果有限。
> （4）产品快速出单后要规划好后续的推广工作。

在商品标题设置完成后，可以按照以下方式选择类目：

（1）在类目列表中手动选择。

（2）输入类目名称或拼音首字母进行搜索。

（3）输入英文商品关键词，如MP3。

（4）从最近使用的10个类目中选择，如图4-22所示。

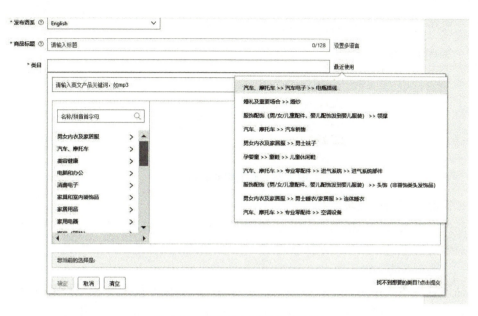

图 4-22　商品细分类目选择页面

二、商品基本属性

在发布商品页面填写信息时可随时点击"保存"。已保存的该条商品信息可以在"商品管理—草稿箱"中查看、编辑或删除。信息全部填写完毕后点击"提交",提交前支持预览。

注意：

若点击"提交"时有任何必填属性未填写,页面左侧会显示红色"必填项不能为空"的提示列表,每个未填写的必填属性下方也会出现红色"必填项不能为空"的提示。点击某条提示即可定位到对应版块,如图 4-23 所示。

图 4-23　商品信息详情填写页面

提交成功后,就会进入后台审核,如图 4-24 所示。

图 4-24　商品提交成功页面

三、商品详细描述版块

商品发布编辑版块包括基本信息、价格与库存、详细描述、包装与物流和其他设置,下文重点介绍详细描述版块的基础操作。

(一) 商品详描介绍

商品详细描述简称商品详描,是卖家对商品进行的全方位展示,是买家从点击到购买的至关重要的一环。据平台数据显示,装修了无线详描的商品成交转化远高于没有装修无线详描的商品。尤其对于非标商品来说,更多更高质量的详描展示,有助于提升买家的黏性及停留时长,商品详描编辑器选择页面如图 4-25 所示。

图 4-25　商品详描编辑器选择页面

(二) 两种装修工具

全球速卖通平台提供两种装修工具:新版编辑器和旧版编辑器。

新版编辑器在无线端的展示更友好,同时提供了视频等工具,推荐使用,但是操作上需要更精细和更多的时间投入。

旧版编辑器,老卖家对它比较熟悉,全球速卖通平台在这次升级中,将旧版编辑器继续展示在页面上，方便卖家装修。但旧版编辑器的无线端展示不如新版编辑器友好，新旧两版编辑器的操作页面如图 4-26 所示。

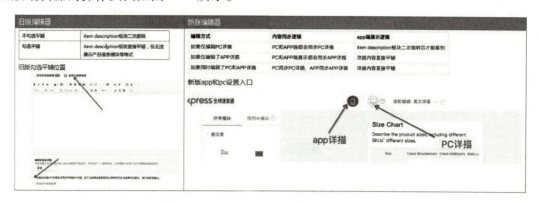

图 4-26　新版和旧版编辑器操作页面区别

（三）App 端编辑器展示逻辑（图 4-27）

图 4-27　App 端编辑器展示逻辑

四、商品基本信息版块

基本信息版块包括商品标题、类目、商品图片、产品视频、产品基本属性。

（一）商品标题

标题是让买家搜索到商品并吸引其点击进入商品详情页面的重要因素。一个优秀的商品标题应该包括准确的产品关键词、能够吸引买家的产品属性、服务承诺及促销语。整个商品标题的字数不应太多，尽量准确、完整、简洁，应保持在 128 个字符以内（如果标题是复制粘贴的，建议放入记事本去除格式后填写）。

标题可设置 17 种语言（含英文），系统提供自动翻译功能（注：一旦设置了其他语言，则不直接同步英文，且有地球符号提醒）。

（二）类目

展示进入商品发布页面前已选择的类目，也可以在商品发布页面重新选择类目，或者选择最近使用的某个类目（系统显示最近使用过的 10 个类目）。类目申请页面如图 4-28 所示。

图 4-28　类目申请页面

（三）商品图片

商品的图片要能够全方位、多角度地展示商品，这样才能提高买家对商品的兴趣。

> **温馨提示**
>
> 图片要求：5 M 以内，JPG、JPEG 格式；横向与纵向比例 1∶1（像素大于 800×800）或 3∶4（像素大于 750×1 000），且所有图片比例一致。产品主体占比建议大于 70%，风格统一，不建议添加促销标签或文字。切勿盗图、避免使用涉嫌禁限售或侵犯他人知识产权的图片，以免受网规处罚。发布图片的规则可参考商品图片发布规则、图片盗用规则等。一款商品可同时上传最多 6 张图片，可通过电脑上传或者从图片银行选择。

（四）营销图

营销图又称第 7 张图，仅服饰行业类目下才会展现，非必填。若已上传营销图，则在搜索或者推荐 List 中展示营销图；若未上传，则默认展示商品图片的第一张主图，如图 4-29 所示。

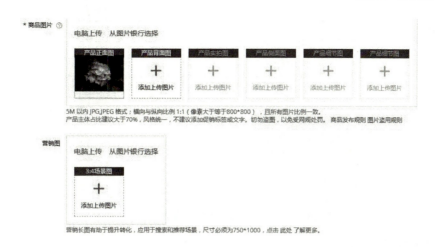

图 4-29　提交商品所需图片素材页面

（五）产品视频

2 GB 以内，AVI、3GP、MOV 等格式。建议视频长宽比与商品主图保持一致，时长在 30 s 以内。上传的产品视频会展示在前台商品主图区域，建议上传产品视频，可提高用户转化。

> **注意：**
> 基本信息版块中的产品视频无论是 PC 端还是 App 端，都展示在主图区域，如图 4-30 所示。
>
>
>
> 图 4-30　基本信息版块产品视频上传页面

商品详描版块中也可以添加产品视频，且 PC 端和 App 端可以单独设置。

（六）产品基本属性

产品基本属性是买家选择商品的重要依据，分为必填属性、关键属性、非必填属性（系统有展示，但无特别标注）、自定义属性（补充系统属性以外的信息）。建议详细准确填写产品属性，完整且正确的产品属性有助于提升产品曝光率。产品基本属性填写页面如图 4-31 所示。

图 4-31　产品基本属性填写页面

五、商品包装与物流版块

商品包装与物流版块包括发货期、物流重量、物流尺寸、运费模板、服务模板，如图 4-32 所示。

（一）发货期

发货期从买家下单付款成功且支付信息审核完成（出现发货按钮）后开始计算。

假如发货期为 3 天，订单支付信息在北京时间星期四 17：00 审核通过（出现发货按钮），则必须在 3 日内填写发货信息（周末、节假日顺延），即要在北京时间星期二 17：00 前填写发货信息。若未在发货期内填写发货信息，系统将关闭订单，货款全额退还给买家。建议及时填写发货信息，避免出现货、款两失的情况。请合理设置发货期，避免产生成交不卖的情况。

图 4-32　商品包装与物流版块设置页面

（二）物流重量

准确填写产品包装后重量和包装后尺寸，避免因填写错误而造成运费损失和成交率降低。

自定义计重：当完整填写自定义计重信息后，系统会按照设定计算总运费，忽略产品包装尺寸；对于体积重大于实重的产品，请谨慎选择和填写，可以计算出体积重后再填写。

（三）物流尺寸

长（cm）×宽（cm）×高（cm）。

（四）运费模板

只有在填写了物流重量和物流尺寸的情况下才可以选择运费模板。可选择已创建的运费模板或者直接点击"新建运费模板"跳转至新增运费模板页面。

（五）服务模板

可以选择"新手服务模板"或者已创建的服务模板。

商品管理功能调整介绍

一、产品说明

商家发布商品后，可在"商品管理"页面对商品进行基础管理操作，如搜索或者查看商品状态，对商品进行单个编辑或者批量操作。全球速卖通平台自 2019 年 7 月 1 日起陆续进行商品管理功能升级，下面具体介绍相关的改动点。

二、具体改动点

（一）业务下线

涉及的具体业务有爆款监控功能、回收箱、人工翻译任务、品牌属性批量修改（可通过导出表格修改品牌属性）。

（二）业务调整

1. 批量上传

"批量上传"功能从商品管理页面的左侧移到右上角；批量上传中的历史批量发布记录会全部清除，不迁到新版中，如图 4-33 所示。

图 4-33　"批量上传"功能调整后的页面

2. 搭配套餐

"搭配套餐"功能从"商品管理"移到"营销活动—店铺活动"，如图 4-34 所示。

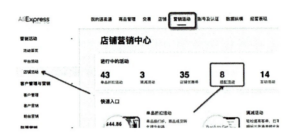

图 4-34 "搭配套餐"功能调整后的页面

3. 商品管理页面功能调整

（1）状态选项变更。

商品管理状态栏的顺序调整为：正在销售、草稿箱、审核中、审核不通过、已下架，如图 4-35 所示。

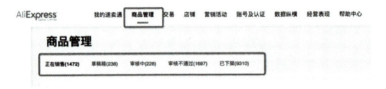

图 4-35 商品管理状态栏调整后的页面

（2）筛选项微调。

① 新增筛选项：类目、运费模板。

② 去掉筛选项：产品类型、到期时间。

③ 保留筛选项：ID、名称、SKU 码，在筛选项右侧。

④ 翻页变更到底部。

⑤ 支持复选（可同时设置多个维度进行商品筛选），如图 4-36 所示。

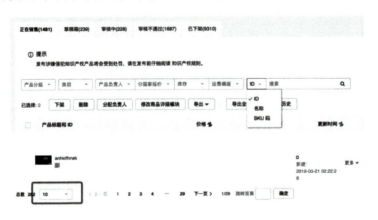

图 4-36 商品筛选项调整后的页面

（3）批量操作区。

① 保留操作项：下架、删除、分配负责人、修改商品详描模块。

② 批量修改变更为两个核心区块：商品区块（标题）和价格库存相关 SKU 区块。

③ 选择商品时支持翻页选择商品，且可以预览筛选商品的明细。

④ 新增"导出全部"，用于一次导出 1 000 个商品，如图 4-37 所示。

图 4-37　导出商品页面

（三）创建产品信息模块

产品信息模块是一种新的管理产品信息的方式，商家可以为产品信息中的公共信息（如售后物流政策等）单独创建一个模块，并在产品中引用。如果需要修改这些信息，只需要修改相应的模块即可，模块除了可以放置公共信息外，还可以放置关联产品。具体操作步骤如下：

（1）登录"我的速卖通"，选择"商品管理—产品信息模块"。

（2）点击"新建模块"，选择模块类型（关联产品模块或自定义模块）。

（3）输入模块名称。

① 若选择关联产品模块，勾选要关联的产品，点击"提交"即可（注：只能输入英文，至少勾选 1 个关联产品，最多可勾选 8 个）。

② 若选择自定义模块，这里通常可以填写一些公共信息，如公告、活动信息、售后物流政策等。在编辑器中输入相关内容，点击"提交"即可（注：自定义模块的内容是需要通过审核的，只有审核通过的自定义模块才能被使用）。产品信息模块设置页面如图 4-38 所示。

图 4-38　产品信息模块设置页面

温馨提示

（1）最多可创建 50 个产品信息模块（包括审核中、审核退回）。

（2）产品信息模块限制为 5 000 个字符，如果超出，则建议不要直接从外部网页复制内容进来，避免带来无效字符。

任务三　全球速卖通平台运费模板设置

一、运费模板设置流程

点击"产品管理"，如图 4-39 所示。

图 4-39　产品管理页面

登录"产品管理"页面后，在页面左下侧的模板管理中找到"运费模板"，点击进入后进行设置，如图 4-40 所示。

图 4-40　运费模板页面

二、运费模板设置常见问题及其解决方法

（一）运费模板中是否可以设置优先顺序？

暂时无法对设置的运费模板进行排序，若需要将常用的运费模板设置优先级，建议设置为默认模板，点击"设为默认"即可生效，如图 4-41 所示。

图 4-41　默认模板设置页面

（二）为什么活动中的产品修改后运费模板却不生效？

为了提升活动期间买家的购物体验，编辑运费模板不会对参加活动的产品生效（即只有在活动结束后才会使用修改后的运费模板）。

> 📢 **温馨提示**
>
> 　　店铺单品折扣活动按照新的运费模板生效，平台活动会用报名时的营销快照，即平台活动中修改了运费模板，该场活动不会生效，运费模板还是按照报名锁定的运费模板展示。

（三）运费模板可以设置多少个？

为满足商家不同的需要，目前运费模板的设置数量暂不受限制。

（四）产品前台为什么不展示我设置的物流方式？

如果产品前台没有展示你设置的物流方式，请按照以下步骤核实：

（1）是否属于特定国家的禁运品，查看具体禁运品明细。

（2）是否超出了选择的物流寄送限制（重量校验、金额校验），查看详情。

（3）是否是发往美国超过 5 美元、发往俄罗斯超过 2 美元的产品，查看具体规则。

（4）运费模板是否修改过，活动中产品绑定的运费模板与你在后台看到的实时的运费模板是不同的，查看活动绑定运费模板逻辑。

（五）同一个产品可设多个运费模板吗？

不可以，同一个产品只能设置关联一个运费模板。

（六）运费模板修改后多久生效？

运费模板修改后最晚会在 24 小时内同步。

> 📢 **温馨提示**
>
> 　　（1）如果修改了运费模板，对应产品的运费模板也会自动更新。
> 　　（2）平台活动中的产品需要等活动结束后才会更新相应的运费模板。

（七）运费组合可以添加多少个？

目前，自定义运费模板中可添加最多 50 个运费组合。

可以点击"商品管理—运费模板—新增运费模板"，根据想要设置的运费方式，点击"自定义运费"设置运费组合，如图 4-42 所示。

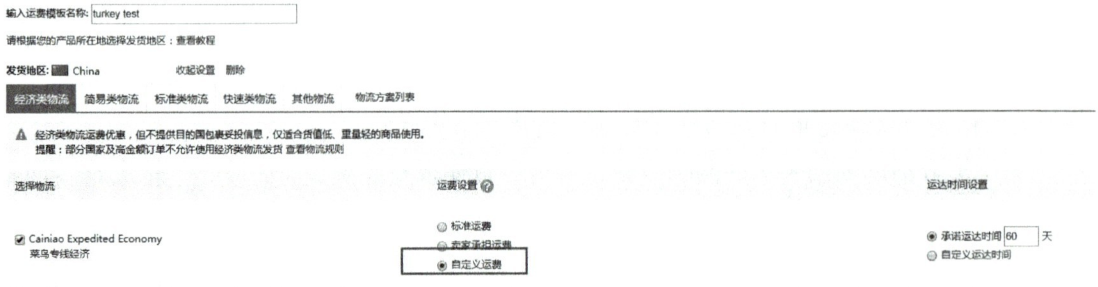

图 4-42　自定义运费页面

进入运费组合设置页面后,选择国家或地区,设置运费类型为"自定义运费",可以选择"按重量设置运费"或者"按数量设置运费",结合实际需求进行操作。

> **温馨提示**
>
> 这里可以增加多个类型,设置运费组合的具体操作如图 4-43 所示。
>
>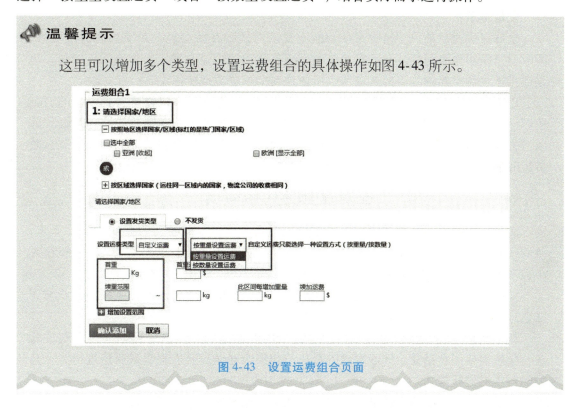
>
> 图 4-43 设置运费组合页面

通过设置自定义运费,可以实现对一部分国家的买家下单免运费,对其他国家的买家下单收取运费,以限制一部分国家的买家购买。

同时,也可以根据购买件数来设置运费。例如,希望设置购买 5 件内运费为 20 美元,后续每增加一件运费增加 5 美元,可以点击"自定义运费"选择国家或地区后,再点击"自定义运费",首重最低采购量设置为 1,首重最高采购量设置为 5,首重运费设置为 20,每增加产品数设置为 1,续加运费设置为 5。

全球速卖通物流

全球速卖通只支持卖家使用航空物流方式,包括 UPS、DHL、FedEx、TNT、EMS、顺丰、中国邮政、中国香港邮政及全球速卖通日后指定的其他物流方式。

卖家发货所选用的物流方式必须是买家所选择的物流方式,未经买家同意,卖家不得无故更改物流方式。

卖家填写发货通知时,所填写的运单号必须真实并可查询。

卖家如果以航空小包方式发货,必须进行挂号。

过去 33 天内小包"未收到货"纠纷大于 2 笔且小包"未收到货"纠纷率大于 15%的卖家会员，全球速卖通有权限制其使用航空大小包。

友情提示：

全球速卖通目前只支持卖家使用航空物流方式和在线交易，对交易有时限要求，同时对交易额也有限制。海运是传统国际贸易常用的物流方式，所需时间比较长，也是适用于大额交易的物流方式，所以不适合在全球速卖通使用。

小包"未收到货"纠纷率计算方法：过去 33 天内针对小包物流方式发货的订单中"未收到货"的订单数（买家提起退款的订单数－买家主动撤销退款的订单数）除以过去 33 天内针对小包物流方式发货的订单数（买家确认收货的订单数＋买家确认收货超时的订单数＋买家提起退款的订单数）。

全球速卖通纠纷处理

卖家发货并填写发货通知后，买家如果没有收到货物或者对收到的货物不满意，可以在商业快递发出后 6~23 天内、EMS/顺丰/快递专线发出后 6~27 天内、航空大小包发出后 6~39 天内申请退款。买家提交退款申请时纠纷即生成。

如果买卖双方协商一致，则按照双方达成的退款协议进行操作；如果买卖双方无法达成一致，则提交至全球速卖通进行裁决。

如果纠纷提交至全球速卖通，全球速卖通会根据双方提供的证据进行一次性裁决，卖家需要同意接受全球速卖通的裁决；如果全球速卖通发现卖家有违规行为，会同时对卖家进行处罚。

纠纷提交至全球速卖通进行裁决后的两个工作日内，全球速卖通会介入处理。

如果买卖双方达成退款协议且买家同意退货，买家应在达成退款协议后的十天内完成退货发货并填写发货通知。

任务四　全球速卖通平台营销推广工具——灵犀推荐

随着经济全球化的逐步深入，跨境电商平台越来越多，全球速卖通平台是阿里巴巴旗下跨境小额外贸在线交易平台，将我国中小卖家的产品销往全球。要想吸引更多的国外消费者通过全球速卖通平台交易，中小卖家就要付出更多的努力去进行推广。很多卖家花费了很高的成本进行了站内推广，却没有达到应有的效果，原因是在操作过程中忽略了很多细节点。本任务以全球速卖通平台店铺站内营销活动为基础，探讨如何有效进行站内推广以提升卖家销量，从而达到提升店铺知名度、推广产品和增加贸易机会的目的。

一、灵犀推荐

灵犀推荐是全球速卖通广告新推出的一款功能，旨在帮助商户更好地获取站内流量，赢得对用户的营销机会。区别于直通车的搜索广告，灵犀推荐是在 AliExpress 各端的推荐场景下出现，如商品详情页的 more to love 推荐位，不需要用户有主动的搜索行为，是一种有效获取更多曝光，提升店铺影响力，从而更好地建立品牌认知并促成转化的一项广告产品与服务。灵犀推荐推广入口页面如图 4-44 所示。

图 4-44　灵犀推荐推广入口页面

商家使用灵犀推荐时的具体操作步骤如下：

第一步：添加商品。选择要推广的商品，可以单选，也可以多选，如图 4-45 所示。

图 4-45　添加商品页面

第二步：设置预算和出价。根据计划设置推广商品的预算与基础出价，建议参考平台建议出价；建议设置 App 出价高于 PC 出价 20%，如图 4-46 所示。

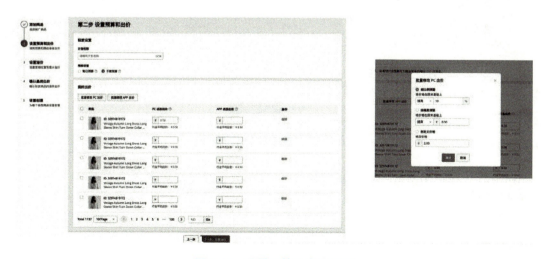

图 4-46　设置预算和出价页面

第三步：设置营销位置和受众溢价。选择你的计划在什么资源场景里出现，并根据需要对想获得的人群设置溢价以便抢占人群，如图 4-47 所示。

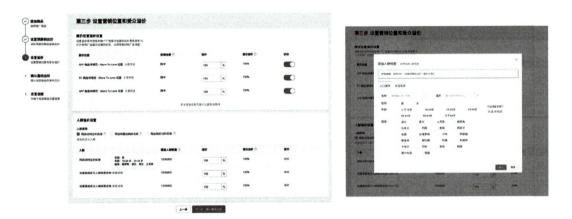

图 4-47　设置营销位置和受众溢价页面

第四步：确认最终出价，如图 4-48 所示。

图 4-48　确认最终出价页面

第五步：设置创意。为商品选择合适的展示图，从而吸引更多人群点击与进店，如图 4-49 所示。

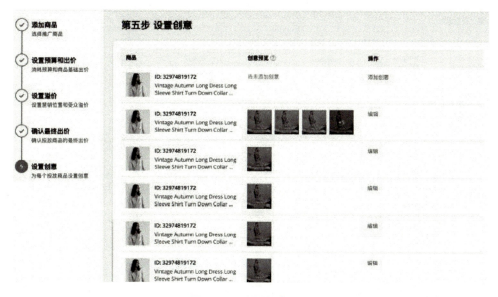

图 4-49　设置创意页面

第六步：推广溢价修改。根据资源位分析，优化广告投放资源位并设置相应溢价，如图 4-50 所示。

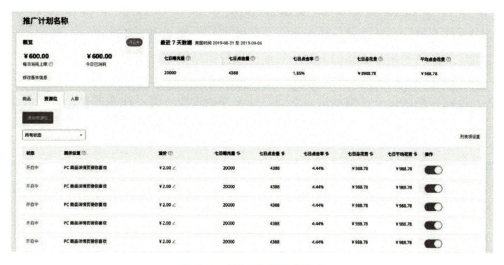

图 4-50　推广溢价修改页面

第七步：智能人群推广。根据人群分析，优化广告投放人群的相应溢价，如图 4-51 所示。

图 4-51　智能人群推广页面

二、常见问题及其解答

（一）推荐广告如何收费？

答：推荐广告是按点击扣费，只有在用户看到你的商品且对其感兴趣，产生了点击行为时，我们才会扣费。

（二）系统是如何给消费者推荐我的商品的？

答：系统会根据你选择投放的资源位与人群定向，筛选出对你推广商品感兴趣、近期关注你推广的商品的相似商品的人群，对他们进行商品推荐，以帮助你获得目标用户。

（三）推荐广告需要添加关键词吗？

答：推荐广告区别于搜索场景，无须添加关键词投放。值得注意的是，曾经搜索过你推广商品关键词的用户也有可能在推荐场景下收到你的灵犀推荐广告。

（四）这个广告可以给我带来什么？效果怎么样？

答：推荐广告区别于搜索场景这类带有直接转化目的的场景，更强的作用是影响用户，打造品牌影响力。但是，经过我们调优之后，推荐场景下的点击与转化不弱于搜索场景。

（五）怎么去用这个产品？

答：查看视频教程。

（六）灵犀推荐与直通车的商品推荐有什么区别？

答：灵犀推荐是在直通车的商品推荐的功能上升级而来的独立投放入口，可以帮助商户获得更多推荐场域的流量。两者在本质上是一样的，直通车的商品推荐预计会下线，建议使用灵犀推荐。

（七）为什么我刷不到我的广告？

答：灵犀推荐的推荐场域流量接入在不断扩展的过程中。每个新的广告位置不是一下子就全量上线，而是会按照一定的节奏逐步放量，这也意味着不是每一次进入相应广告位置一定可以刷到广告。

此外，广告的曝光是竞争之后胜出的结果，系统会选择最有可能转化的商品给到用户。因此，也不是一刷到广告，就能看到自家的广告。

建议商户直接看转化指标，会更加直观。

（八）为什么我的消耗一直在增加，但是其他数据显示为 0？

答：消耗是实时显示的，如果超过日预算，结算时扣费不会超过日预算。结算时间为第二天下午 3 点（美国时间当天 0 点）。其他的数据是在第二天下午 3 点开始计算，一般会在第三天上午 9 点显示在后台。

（九）推广的产品既在灵犀推荐的推广计划中，又在直通车的推广计划中，同时投放的话，会都扣费吗？

答：目前，灵犀推荐与直通车是按点击分开收费，如果你的商品同时在灵犀推荐与直通车中投放，且均被用户看到并点击，则会分开收费。

（十）为什么我有些按钮点不动？

答：可能是你使用了安装了广告屏蔽插件的浏览器，建议使用 Chrome 浏览器。如果还是不行，请及时通过钉群联系客服或通过客服渠道反馈。

任务五　全球速卖通平台纠纷处理

一、买家提起退款/退货退款申请

（一）买家提交纠纷的原因

（1）未收到货。

（2）收到的货物与约定不符。

（3）买家自身原因。

（二）买家提交退款申请时间

买家可以在卖家全部发货 10 天后申请退款。若卖家设置的限时达时间小于 5 天，则买家可以在卖家全部发货后立即申请退款。

（三）买家端操作流程

在提交全球速卖通纠纷页面中，买家可以看到选项"Only Refund"和"Return & Refund"，选择"Only Refund"就可以提交仅退款申请，选择"Return & Refund"就可以提交退货退款申请。提交退款/退货退款申请后，买家需要描述问题和解决方案及上传证据。买家提交纠纷后，客服会在 7 天内（包含第 7 天）介入处理。

二、买卖双方协商

买家提起退款/退货退款申请后，需要卖家确认，卖家可以在纠纷列表页面看到所有的纠纷订单。快速筛选区域展示关键纠纷状态："纠纷处理中""买家已提起纠纷，等待您确认""等待您确认收货"。对于卖家未响应过的纠纷，点击"接受"或"拒绝并提供方案"按钮进入纠纷详情页面，如图 4-52、图 4-53 所示。

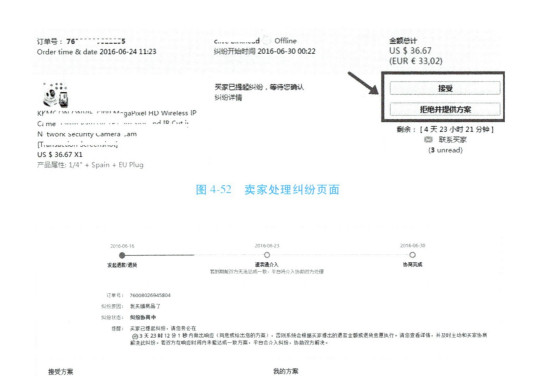

图 4-52 卖家处理纠纷页面

图 4-53 全球速卖通纠纷详情页面

进入纠纷详情页面后,卖家可以看到买家提起纠纷的时间、原因、证据及买家提供的协商方案等信息。当买家提起纠纷后,卖家需要在 5 天内接受或拒绝买家提起的纠纷,若逾期未响应,系统会自动根据买家提出的退款金额执行。建议卖家在协商阶段积极与买家沟通。

买家提起的退款申请有以下两种类型:

(1) 仅退款:卖家接受买家方案时,系统会提示卖家确认退款方案,若卖家同意退款申请,则买卖双方达成退款协议,系统会按照双方达成一致的方案执行退款操作,如图 4-54 所示。

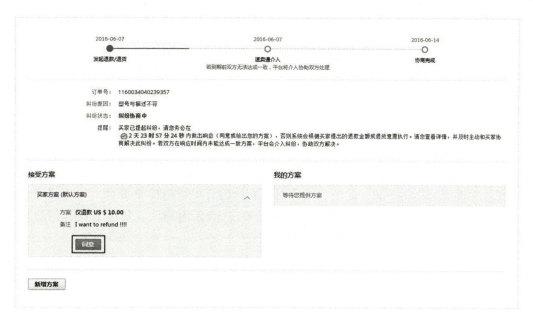

图 4-54　买家提起仅退款方案页面

（2）退货退款：若卖家接受买家方案，则需要卖家确认退货地址，退货地址默认是卖家注册时填写的地址（地址需要全部以英文来填写），若地址不正确，则点击"修改退货地址"，如图 4-55 所示。

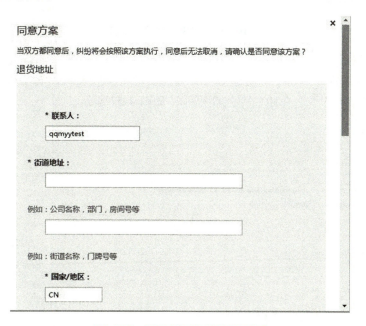

图 4-55　卖家填写退货地址页面

三、平台介入协商

买家提交纠纷后，客服会在 7 天内（包含第 7 天）介入处理。全球速卖通平台会参看案件情况及双方协商阶段提供的证据给出方案。买卖双方在纠纷详情页面可以看到买家、卖家、平台三方的方案。纠纷处理过程中，纠纷原因、证据、方案均可随时独立修改（在案件结束之前，买卖双方如果对自己之前提交的证据、方案等不满意，可以随时进行修改）。买卖双方如果接受对方或者平台给出的方案，可以点击接受此方案，此时，买卖双方对同一方案达成一致，纠纷完成。一旦纠纷完成就进入赔付状态，买卖双方就不能再进行协商。

四、退货流程

如果卖家和买家达成退货退款协议，买家必须在 10 天内将货物发出（否则款项会打给卖家）。买家退货并填写退货运单号后，卖家有 30 天的确认收货时间，如果卖家未收到货物或者对收到的货物不满，此时，卖家可以直接将订单纠纷提交平台。纠纷部门会联系买卖双方跟进处理（注：买家退货后，卖家需要在 30 天内确认收货或者提起纠纷，逾期未操作，系统默认卖家收货，执行退款操作）。

（一）买家退货操作（图 4-56）

图 4-56　买家退货操作页面

（二）卖家确认收货操作

若买家已经退货并填写了退货运单号，则需要等待卖家确认，卖家可以进行"确认收到退货""放弃退货""上升仲裁"三项操作，如图 4-57 所示。

图 4-57　卖家处理买家退货页面

（1）卖家需要在 30 天内确认收到退货。若卖家确认收到退货并同意退款，则点击"确定"按钮，全球速卖通平台会退款给买家，如图 4-58、图 4-59 所示。

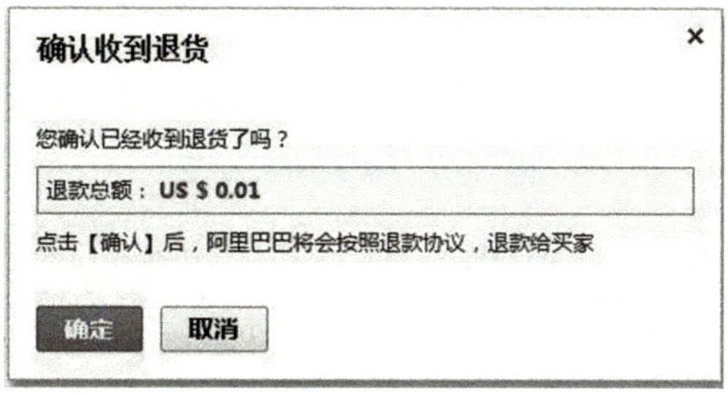

图 4-58　卖家确认收到退货操作页面

图 4-59　卖家确认收货纠纷完成页面

（2）若卖家在接近 30 天的时间内没有收到退货或者收到的退货有问题，卖家可以点击"上升仲裁"按钮，将纠纷提交至平台进行裁决（图 4-60）。平台会在 2 个工作日内介入处理，卖家可以在纠纷详情页面查看状态及进行响应。平台裁决期间，卖家也可以点击"撤销仲裁"按钮，撤销纠纷裁决（图 4-61）。

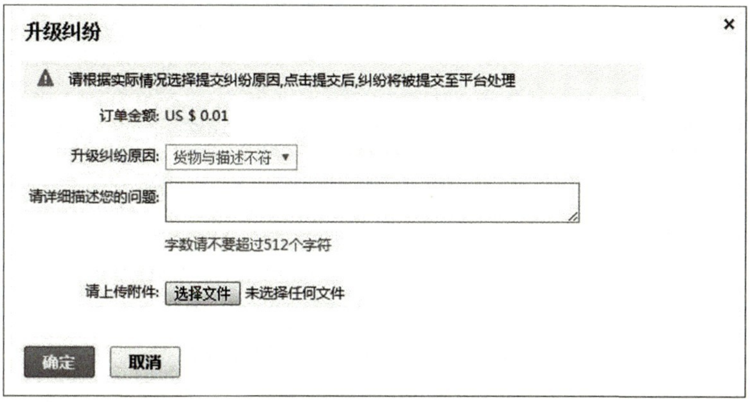

图 4-60　升级纠纷页面

图 4-61　撤销仲裁页面

（3）若 30 天内卖家未进行任何操作，既未确认收货，也未提交纠纷裁决，系统会默认卖家已收到退货，自动退款给买家。

五、无忧物流纠纷

选择全球速卖通无忧物流发货的订单，买家发起未收到货纠纷后，卖家无须响应，直接由平台介入核实物流状态并判责。但是，非物流问题引发的纠纷，仍然需要卖家自行处理。无忧物流纠纷处理流程如图 4-62、图 4-63 和图 4-64 所示。

图 4-62　无忧物流纠纷处理页面（1）

图 4-63　无忧物流纠纷处理页面（2）

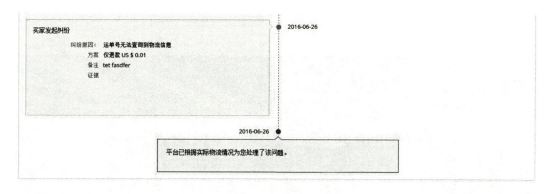

图 4-64　无忧物流纠纷处理页面（3）

实训四　全球速卖通平台账户注册和产品发布实操

实训目的

了解全球速卖通平台操作，能够正确进行账户注册和产品发布，掌握其特点，为更好地开展跨境电子商务打下坚实的基础。

实训内容和步骤

一、实训内容

利用学校现有的实训软件，在全球速卖通平台练习账户注册和产品发布。

【实训提示】

在操作过程中需要找出符合市场热卖特征的产品，可以通过"生意参谋—数据纵横"查看相关数据。在店铺运营的前期阶段，联盟营销是一个有用的渠道，它按成交金额收费，相比于直通车回报更高。

二、实训步骤

（1）输入网址 https://sell.aliexpress.com，登录全球速卖通首页，点击"加入速卖通"，进入账户注册页面并完成注册，如图 4-65 所示。

图 4-65　全球速卖通首页

（2）完善个人及公司信息，如图 4-66 所示。

图 4-66　完善个人及公司信息页面

（3）选择产品相应类目并发布产品，如图 4-67 所示。

图 4-67　选择产品相应类目并发布产品页面

小　结

本项目任务一介绍了全球速卖通平台注册流程和前期基本工作；任务二介绍了全球速卖通平台产品发布方法及规则；任务三介绍了全球速卖通平台运费模板设置；任务四介绍了全球速卖通平台营销推广工具；任务五介绍了全球速卖通平台上常见的纠纷处理。掌握上述知识才能把握全球速卖通平台的基本运营规则。

知识拓展

1. 全球速卖通平台买家多久可以提起纠纷？

根据设置的运达期限，发货时间小于 5 天的，买家可以立即提起纠纷，主要是针对商业快递；发货时间大于 5 天的，发货后的第 5 天买家即可提起纠纷，主要针对大小包。有些国家的物流情况比较特殊，如俄罗斯可以单独设置 90 天运达。

2. 全球速卖通平台买家响应纠纷的时间为多久？

卖家拒绝协商的，买家可马上提交平台裁决；买家第一次提起退款申请的 15 天内买卖双方未协商一致且买家未撤销纠纷的，第 16 天即可提交平台裁决；退款申请原因为"货物在途"的，根据限时达时间自动提交全球速卖通平台裁决。

思考题

一、单项选择题

1. 阿里巴巴国际支付宝是（　　）。

A. 一种第三方支付服务

B. 一种支付工具

C. 无须绑定支付宝账户

D. 已经拥有国内支付宝账户，仍须再申请国际支付宝账户

2. 下列关于国际支付宝的说法，正确的是（　　）。

A. 收款须预存款项　　　　　　　　B. 先收款，后发货

C. 线下支付，直接到账　　　　　　D. 收到了货款，才会通知卖家发货

3. 在发布产品的步骤中，首先是（　　）。

A. 准确填写产品信息　　　　　　　B. 设置合理的运费模板

C. 选择正确的产品类目　　　　　　D. 进行详细的产品描述

4. 如果选择打包出售产品，需要在产品价格信息中填入的价格为（　　）。

A. 每包的产品价格　　　　　　　　B. 每件的产品价格

C. 每打的产品价格　　　　　　　　D. 每批的产品价格

5. 下列选项错误的是（　　）。

A. EMS 运费计算标准以每 0.5 kg 为一个计费重量单位

B. EMS 运费计算标准以每增加 0.5 kg 为一个续重

C. EMS 运费计算标准每包货物的重量不能超过 30 kg

D. EMS 运费计算标准起重费用相对于续重费用较低

二、多项选择题

1. 全球速卖通的卖家主要分布在（　　）。

A. 西班牙　　　　B. 巴西　　　　C. 美国　　　　D. 俄罗斯

2. 一般产品有效期有（　　）。

A. 7 天　　　　　B. 14 天　　　　C. 30 天　　　　D. 60 天

3. 商品标题填写的方式是（　　）。

A. 描述清楚商品的名称、型号及一些关键的特征和特性

B. 符合海外买家的语法习惯

C. 切记避免虚假描述，以免影响商品的转化情况

D. 切记避免关键词的堆砌，以免引起搜索降权处罚

4. 更好的操作承诺运达时间，避免因未送达引起退款的方式是（　　）。

A. 设置多套运费模板　　　　　　　B. 设置不发货国家

C. 选择好货代　　　　　　　　　　D. 保持良好的买家沟通

5. 全球速卖通后台登录方式有（　　）。

A. 全球速卖通账号　　　　　　　　B. 注册手机

C. 全球速卖通用户名　　　　　　　D. 注册邮箱

三、计算题

1. 某公司拟从上海寄 21 kg 普通货包裹到德国，该公司选择某快递公司 A，其报价为：首重运费 260 元，每续重 0.5 kg 增加运费 60 元，燃油附加费 10%，折扣为 8 折。请问该笔货物的总运费为多少？

2. 某 7 kg 货物按首重运费 20 元、续重运费 9 元计算，该笔运费总额为多少？

项目五
敦煌网平台实操

 学习目标

1. 熟悉敦煌网平台注册流程
2. 掌握敦煌网平台产品发布方法及规则
3. 掌握敦煌网平台运费模板设置
4. 了解敦煌网平台营销推广工具
5. 了解敦煌网平台纠纷处理

建议学时：16 学时

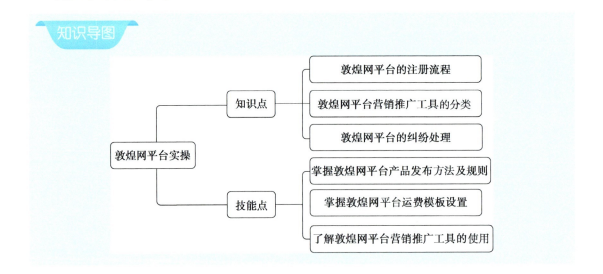

 项目导入

敦煌网是全球领先的在线外贸交易平台。其 CEO 王树彤是中国第一代电子商务创业者之一，1999 年参与创立卓越网并出任第一任 CEO，2004 年创立敦煌网。

敦煌网致力于帮助中国中小企业通过互联网将中国制造的商品销往世界各地，开辟一条全新的国际贸易通道，让在线交易变得更加简单、安

了解敦煌网

全、高效。

敦煌网是国内首个为中小企业提供 B2B 网上交易的网站。它采取佣金制，自 2019 年 2 月 20 日起对新注册的卖家开始收取费用，但只在买卖双方交易成功后收取费用。据 PayPal 交易平台数据显示，敦煌网是在线外贸交易额中亚太排名第一、全球排名第六的电子商务网站，其在 2011 年的交易规模就达到 100 亿元。

作为中小额 B2B 海外电子商务的创新者，敦煌网采用 EDM（电子邮件营销）的营销模式，低成本、高效率地拓展海外市场，自建的 DHgate 平台为海外用户提供了高质量的商品信息，用户可以自由订阅英文 EDM 商品信息，第一时间了解最新市场供应情况。2011 年，敦煌网在深圳设立华南总部并部署物流相关工作。2013 年，敦煌网推出了外贸开放平台，试水外贸 B2B "中大额" 交易，通过开放的服务集聚中大型的制造企业，最终引导它们在线上交易。

实现在线交易并从交易额中提取佣金盈利，是敦煌网与包括阿里巴巴在内的其他 B2B 电子商务平台最本质的区别。敦煌网的 "为成功付费" 打破了传统电子商务 "会员收费" 的经营模式，既减小了企业风险，又节省了企业不必要的开支。

任务一　敦煌网平台账户注册

一、注册认证

（一）登录首页

输入网址 https://seller.dhgate.com，登录敦煌网首页，点击 "轻松注册"，进入注册页面，如图 5-1 所示。

认真阅读供应商服务协议相关条款，点击 "同意协议"，如图 5-2 所示。

敦煌网注册规则

图 5-1　敦煌网首页

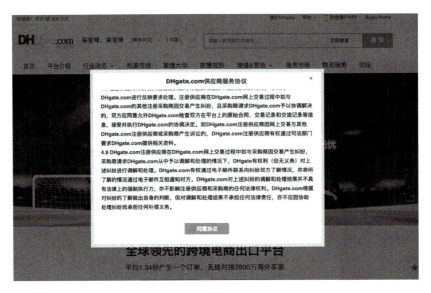

图 5-2　阅读供应商服务协议

（二）填写卖家注册信息

依次完成卖家注册信息的填写，信息必须真实有效，避免后期引发不必要的麻烦，如图 5-3 所示。

图 5-3　填写卖家注册信息页面

（三）激活账户

提交注册信息后，敦煌网官方要求验证手机账号和邮箱账号，根据提示依次完成验证，进行账户激活，如图 5-4、图 5-5 所示。

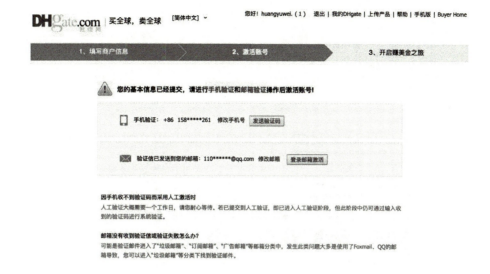

图 5-4 验证手机账号页面

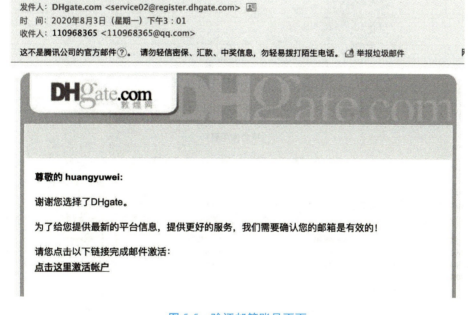

图 5-5 验证邮箱账号页面

二、缴纳平台使用费

账户注册成功后,将收到系统发来的信息,提醒后面的操作事宜,如图 5-6 所示。

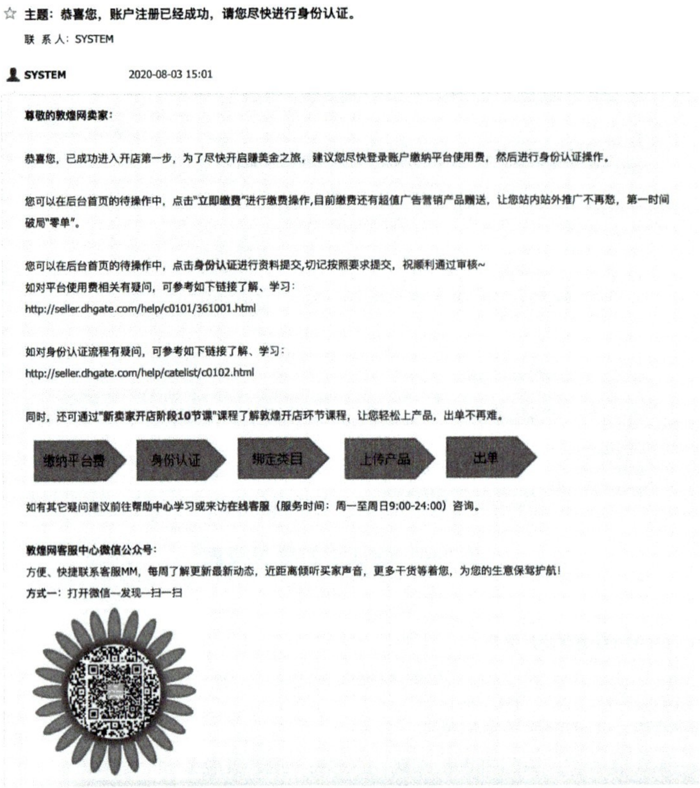

图 5-6 提示缴纳平台费页面

根据用户需求，对平台使用费进行付款，如图 5-7 所示。

图 5-7 对平台使用费进行付款页面

三、身份认证

为了帮助卖家更清晰、快速地了解需要更新的认证资料，完成身份认证，相关操作流程及注意事项参见以下内容。

(一)个人可更新认证资料(表 5-1)

表 5-1 个人可更新认证资料列表

卖家身份认证类型	提交资料类型	提交的身份认证信息	资料是否可更新
个人	信息填写	姓名	√
		身份证号	×
		常住地	√
	图片	身份证正面照片	√
		身份证反面照片	√
		手持身份证正面照片	√
		手持身份证反面照片	√
		个体工商户营业执照	√
		无需市场主体登记的声明与承诺书	√

备注:"个体工商户营业执照""无需市场主体登记的声明与承诺书"二选一上传。

(二)具体操作步骤

进入"我的 DHgate—设置—身份认证"后,如果个人卖家已经缴纳平台使用费,页面会出现"更新认证资料"按钮,点击后进入更新资料提交页面,如图 5-8 所示。

图 5-8 更新认证资料页面

点击"更新认证资料"按钮后,方可进行认证资料更新。个人卖家不可修改身份证号,可更新的认证资料如表 5-1 所示,点击"上传"按钮,再点击"从电脑中选取"按钮,选择要上传的图片,图片上传完毕后,点击"提交认证资料"即可,如图 5-9、图 5-10 和图 5-11 所示。

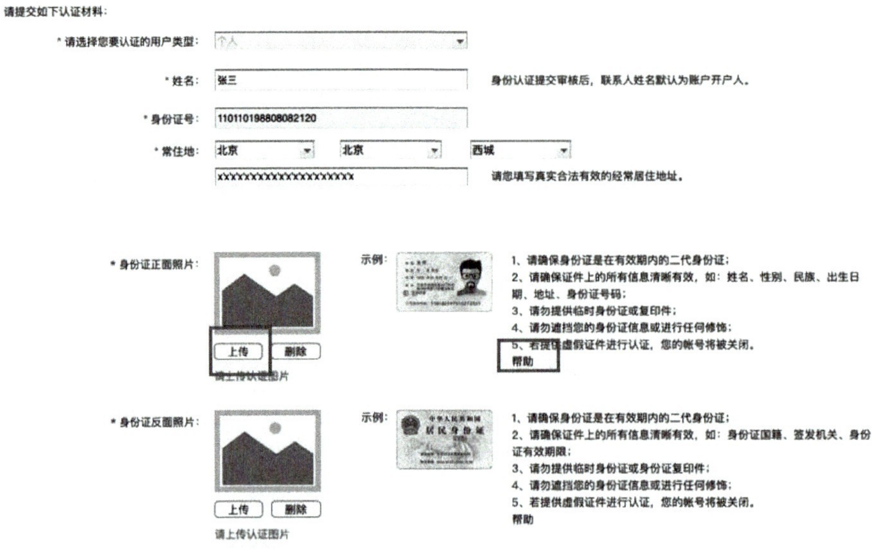

图 5-9　查看上传文件示例页面

图 5-10　从电脑中选取图片页面

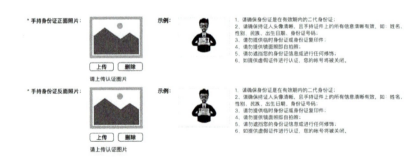

图 5-11　提交认证资料页面

提交认证资料后，系统会显示"认证中"，认证时间为5—7个工作日，卖家需要耐心等待。在此期间，卖家可以体验上传产品。认证通过后，产品便可正式发布，如图5-12所示。

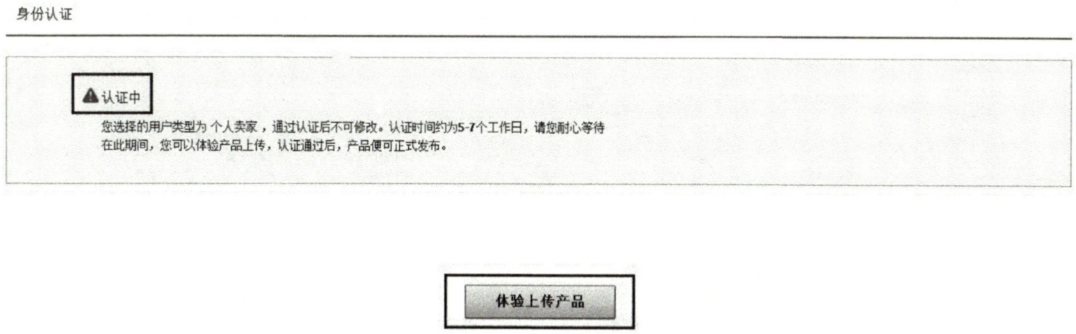

图5-12 体验上传产品页面

四、绑定经营品类

（1）进入"我的DHgate"页面，根据系统提示，点击"立即绑定"，进行经营品类绑定，如图5-13所示。

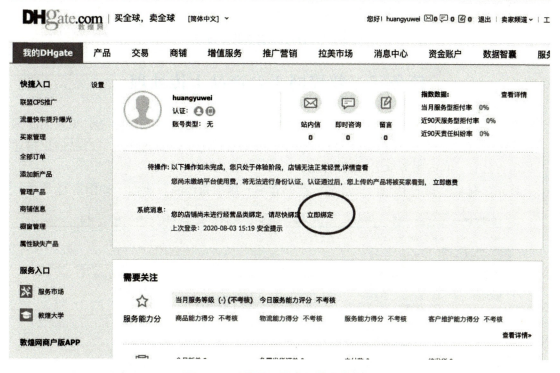

图5-13 系统提示绑定经营品类页面

（2）在"经营品类管理"页面，选择主营品类进行绑定，如图5-14所示。

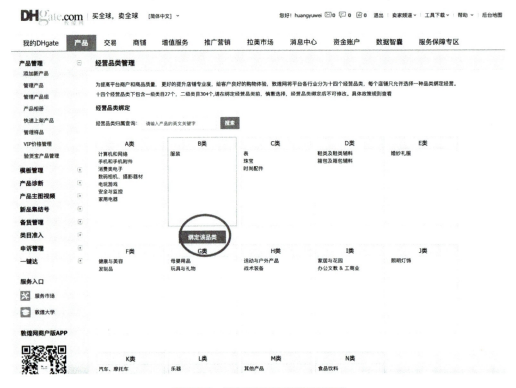

图 5-14　进行经营品类绑定页面

任务二　敦煌网平台产品上传处理

产品是由文字和图片组成的，详细的文字描述和清晰的图片更容易吸引买家的眼球。上传产品时需要填写如下信息：产品名称、产品简短描述、产品属性值、产品信息描述、产品销售信息、我的服务承诺、其他信息。

首先，登录"我的 DHgate—产品—产品管理—添加新产品"页面，如图 5-15 所示。

图 5-15　添加新产品页面

一、选择产品类目

点击"添加新产品"后,在上传产品页面选择需要的产品类目,如图 5-16 所示。

图 5-16 选择产品类目页面

二、填写产品信息

(一)产品基本信息

1. 产品标题

产品标题要清楚、完整、形象,最多可输入 140 个字符,如图 5-17 所示。

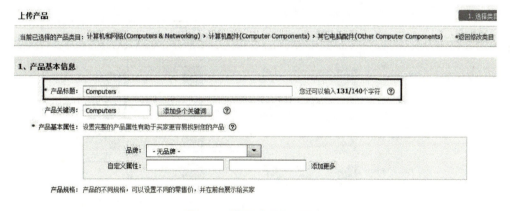

图 5-17 填写产品标题页面

2. 产品基本属性

在填写完"产品标题"和添加好"产品关键词"后,需要添加"产品基本属性",如图 5-18 所示。

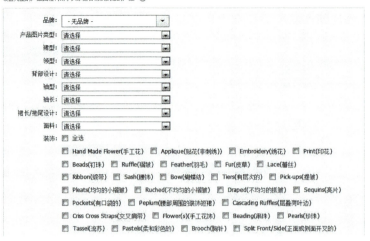

图 5-18 添加产品基本属性页面

3. 选择品牌

只须点击图 5-19 中的"选择品牌",就可以从中选择产品的品牌了。可以在"品牌搜索"框中输入品牌名称或者直接按照品牌的首字母在索引中进行搜索,从搜索结果中选择品牌即可。如果产品是没有品牌的,可以在其中选择"无品牌"。

图 5-19 选择品牌页面

选择了品牌(如"无品牌")后,可以在页面上查看到所选品牌的相关信息,如图 5-20 所示。

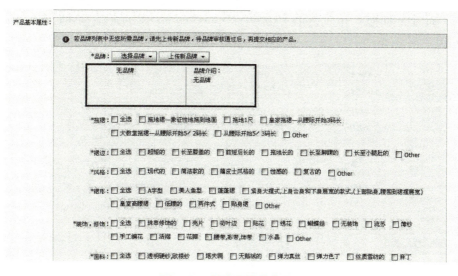

图 5-20 所选品牌信息页面

如果所上传的产品本身是有品牌的，而该品牌在"选择品牌"页面搜索不到，此时请先点击"取消"按钮，在退出"选择品牌"页面后，再点击"上传新品牌"，上传这个品牌，待审核通过后，该品牌才可以被引用到产品中。

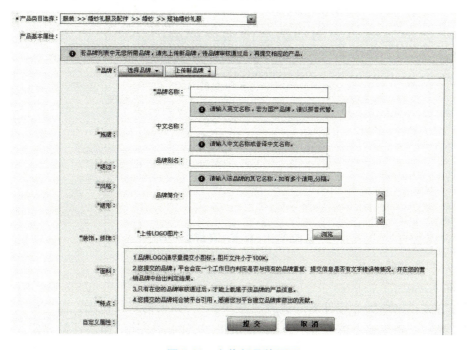

图 5-21 上传新品牌页面

提交新品牌时，需要填写品牌名称、中文名称、品牌别名、品牌简介、品牌 Logo 图片等信息，如图 5-21 所示。其中，品牌名称、品牌 Logo 图片为必填项。同时，品牌名称只能输入英文字符和数字，不能输入中文和全角字符。填写完毕以上信息后，点击"提交"按钮即可。所提交的新品牌将进入平台系统等待审核，只有审核通过后，该品牌才能被引用到产品中。此时，在"我的 DHgate—我的产品—经营品牌"页面中也生成了一条记录，如图 5-22 所示。

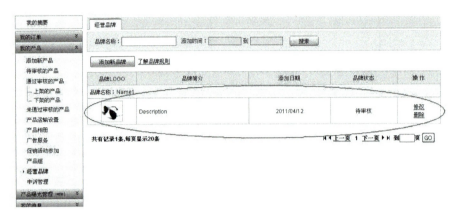

图 5-22　提交新品牌页面

4. 产品规格

可以对不同规格的产品设置不同的零售价，并在前台展示给买家，如图 5-23 所示。

图 5-23　设置产品规格页面

（二）产品销售信息

1. 销售方式

销售方式可以选择"按件卖"或者"按包卖"。如果选择按包卖，需要输入每包产品的数量。其中，销售计量单位为"件"，也可以在右侧选择其他销售计量单位，如图 5-24 所示。

图 5-24　选择销售计量单位页面

选择其他销售计量单位后，会出现双、套、打等单位。

2. 备货状态

备货状态可以选择"有备货"或者"待备货"。其中，在有备货状态下，可以选择备货所在地、备货数量、备货期（有备货的产品备货期小于等于 4 天）；在待备货状态下，可以设置客户一次最大购买数量，并且备货期可以设置 1—60 天，详细内容如图 5-25 所示。

图 5-25　设置备货状态页面

备货期：卖家确认执行订单至成功发货的天数，此项由卖家自定义，这里不含国际运输时间。

3. 产品价格区间

在敦煌网，卖家可以对同一种产品的不同数量区间设置不同的报价，如图 5-26 所示。

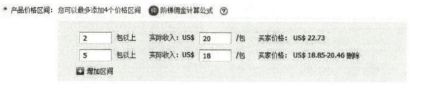

图 5-26　设置产品价格区间页面

如果同一种产品还有不同的规格，卖家还可以对不同规格的产品在不同的数量区间设置不同的价格，如图 5-27 所示。

图 5-27　设置不同规格产品价格区间页面

销售状态：即这个规格的产品是否展示到卖家页面来销售，如果暂时没有此规格的产品，那么可以选择"不可销售"。

实际收入：即产品实际的销售价格，由卖家填写。实际收入是卖家最后收到货款的金额。

买家价格：即买家所看到的价格，是系统根据实际收入和类目佣金自动计算出来的价格。将鼠标放到"佣"字上，可以查看该类目的佣金率，如图5-28所示。

图 5-28　查看佣金率页面

商品编码：卖家可以为产品设置商品编码，以区分不同厂家、不同类目、不同规格的产品。

（三）产品内容信息

1. 产品图片

用真实、生动的图片展示产品，上传产品之前要准备好图片。上传图片可以选择从"本地上传"或者从"相册上传"，如图5-29所示。

图 5-29　上传产品图片页面

上传产品图片时，同一产品最多可以上传8张图片。建议在上传图片时，尽量从相册中选取，这样可以使你的产品更高效地通过审核。

2. 产品组

为方便管理产品，卖家可以创建产品组，将同一类别的产品添加到同一个产品组中，如图5-30所示。

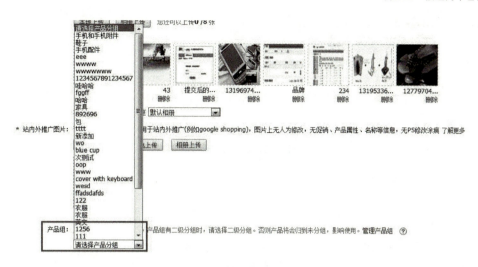

图 5-30　创建产品组页面

3. 产品简短描述

在产品简短描述中，卖家应尽可能多地输入一些可以让买家在查找物品时搜索到的词语。可以输入中文标点符号，系统会自动转化成英文标点符号，最多可输入 500 个字符，如图 5-31 所示。

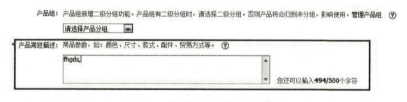

图 5-31　添加产品简短描述页面

4. 产品详细描述

在产品详细描述中，卖家可以将产品名称和规格说明中不能涵盖的产品信息进一步详细地展示给买家，将买家比较关注的产品特色、功能、服务、包装及运输信息等展示出来，让买家可以一目了然地、尽可能多地了解产品相关信息；还可以通过一些个性化的描述展现自身的专业性，如制作模板、使用敦煌网相关产品的站内链接，向买家展示更多的相关产品，进行自我促销，引起买家的兴趣。

在产品详细描述中，有 8 万个字符空间，支持 HTML 语言，但不能出现敦煌网以外的链接，禁止出现任何形式的联系方式，如邮箱地址、公司网址、Skype 账号等。

考虑到敦煌网面对的都是国外买家，所以需要卖家使用英文填写一切产品信息，以便买家在搜索产品时可以准确地了解产品的各种情况。卖家也可以点击产品详细描述页面右侧的"在线翻译"，将产品信息翻译成英文，如图 5-32 所示。

图 5-32　在线翻译页面

（四）产品包装信息

1. 包装后重量

此处输入重量，如图 5-33 所示。

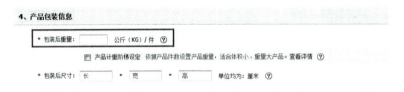

图 5-33　输入包装后重量页面

考虑到部分产品的包装后重量不是完全按照产品的数量等比增加，平台对包装后重量比较大、体积比较小的产品，特别提供了自定义重量计算功能，如图 5-34 所示。

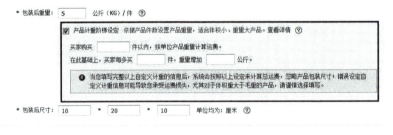

图 5-34　产品计重阶梯设定页面

2. 包装后尺寸

（1）在如图 5-35 所示的页面中输入产品的长、宽、高。

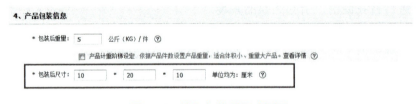

图 5-35　输入包装后尺寸页面

（2）美观、精细的包装既能够保护商品安全到达目的地，也能够赢得买家的信任。商品包装有以下三个步骤：

① 包装。如果有多件商品，要把每件商品分开放置，为每件商品准备充足的缓冲材料（如泡沫板、泡沫颗粒、皱纹纸等）。需要注意的是，颗粒缓冲材料在运输过程中可能

会移动,所以,在选用颗粒材料时,一定要压紧压实。

② 打包。使用一个新的坚固的箱子,并使用缓冲材料把空隙填满,但不要让箱子鼓起来。如果是旧箱子要把以前的标签移除,而且一个旧箱子的承重力会打折扣,需要确保它足够坚固。

③ 封装。用宽大的胶带(封箱带)来封装,不要用玻璃胶。封装好后,再用封箱带把包装拉紧(封箱带用十字交叉的方法拉紧,如果是胶带至少6厘米宽)。

运送前,卖家应该和承运公司确认所运送的商品不会违反法律法规和承运公司的规定,因为部分货物在运输中是不安全的,如液体、烟花等。如果货物体积太大或者包装材料特殊,可能需要支付额外的费用。

(3) 商品包装材料介绍。

① 商品外包装材料(表 5-2)。

表 5-2 商品外包装材料介绍

材料名称	图片	备注
纸箱		价格便宜,重量轻;选购时要注意,以结实不容易变形为宜;适合做有一定体积的商品或者一次运送多件商品的外包装
气泡信封		使用方便,抗震荡,非常适合做轻小商品的外包装
快递信封		普通信封,重量几乎可以忽略,适合做价值低且不怕压碰的商品的外包装

② 商品内包装材料(表 5-3)。一切有弹性且不影响公共卫生和买家印象的物品都可以作为内包装材料,如泡沫塑料、充气袋、报纸、气泡膜等。需要注意的是,一定要将商品压紧,避免其在运输过程中发生震荡,否则内包装就失去了其效用。

表 5-3　商品内包装材料介绍

材料名称	图片
泡沫塑料	
充气袋	
气泡膜	
报纸	

（4）商品包装注意事项。

① 避免使用太大或表面有印刷物的箱子：跨国运输中不要使用太大、表面印有太多图案或者全部是图案的箱子。

② 避免使用坏的、容易变形或不坚固的箱子：不要使用坏了的箱子，虽然可以使一只箱子再次发挥作用，但是货物可能会因此在运输过程中受到损坏。同样，也不要使用容易变形或不牢固的箱子。

③ 避免使用劣质的填充物：不要用碎纸机里的废纸或其他劣质的材料来填充箱子里的空隙，如果填充物质量不好，它们很可能无法起到缓冲的功效。

④ 避免在箱子和商品间留下任何空隙：如果留有空隙，商品会在其间来回晃动，这样会使空隙变得越来越大，缓冲材料将难以发挥缓冲功效，商品可能会因此损坏。

⑤避免使用任何形状奇怪的包装：如使用圆筒状的包装盒子或袋子，可能会在运输中滚落卡车或集装箱。形状样式奇特的盒子或袋子，可能会在运输中给货物带来不必要的麻烦。

⑥避免使用信封寄送商品：不要使用信封寄送有价值或易碎的商品。实践证明，使用信封寄送商品，它可能被卡在信件分拣机里，而且商品不会受到任何有效的保护。

⑦地址应当书写详细准确：不要使用铅笔、水笔来书写地址，它们可能在运输过程中变得模糊不清。

（五）设置运费

如果是第一次上传产品，需要创建一个运费模板。在设置好相关信息之后，直接勾选模板即可。

（六）其他信息

产品有效期是指产品成功提交那天起到产品停止在网上展示那天止的时间段，有效期默认为 90 天，如图 5-36 所示。

图 5-36　设置产品有效期页面

任务三　敦煌网平台运费模板设置

一、与运费相关的名词解释（表 5-4）

表 5-4　与运费相关的名词解释

序号	关键词	说明
1	自定义模板页面	由卖家自行设置的运费模板，在该页面中卖家可以管理自定义的运费模板列表，修改、复制、删除运费模板
2	推荐模板页面	对长期卖家已发货的订单进行分析，给出不同行业中使用最多的物流方式 TOP 排名，供卖家在设置模板中选择物流方式时参考
3	添加运费模板	创建一个新的运费模板，由卖家自行设置运费
4	标准运费	平台按照物流服务提供商给出的官方报价；卖家也可以为不同国家设置不同的标准运费折扣；平台会在官方报价的基础上加入卖家折扣计算出运费后展示给买家
5	免运费	由卖家自行承担运费，展示给买家的是 Free Shipping
6	仓库运费	DHgate 与第三方合作的仓库，仓库提供了较优惠的运费报价
7	自定义运费	由卖家自行定义的运费，可根据买家购买数量设置运费；购买越多，运费越优惠

续表

序号	关键词	说明
8	不发货	卖家对某些国家或地区设置不发货,这些国家或地区内的客户将看不到运用了该运费模板的商品
9	下载报价	只支持下载物流方式含有"仓库运费"的报价,标准运费的报价通过官网查看

二、设置运费模板

（一）登录运费模板管理页面

登录"我的DHgate—产品—运费模板管理—运费模板",进入运费模板管理页面。如果是新卖家且未设置过运费模板,将看到如图5-37所示的引导内容。

图5-37　运费模板管理页面

（二）添加运费模板

登录"我的DHgate—产品—运费模板管理—添加运费模板",进入添加运费模板页面,如图5-38所示。

图5-38　添加运费模板页面

在添加新运费模板时,"运费模板名称"和"选择物流并设置运费"为必填项,如

图5-38中的①②所示。填写完毕后,点击"保存并添加"按钮,才能保存并生成新的运费模板。

(三)设置运费

在"添加运费模板"页面中,点击"选择并设置",进入运费设置页面。

(1)如果设置的物流方式中含有标准运费,则将显示如图5-39所示的运费设置内容。

图5-39 设置运费页面(含有标准运费)

针对该物流的配送国家或地区,可以设置运费类型为免费运、标准运费、自定义运费、不发货,平台要求一个国家或地区只能设置一种运费类型。

标准运费折扣设置:支持对不同国家或地区设置不同的标准运费折扣,如图5-40所示。

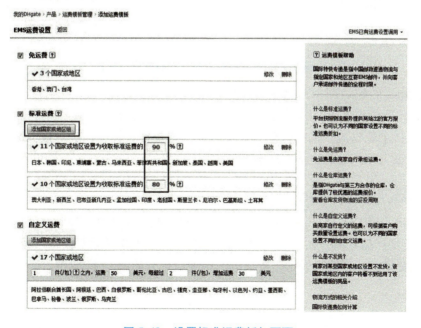

图5-40 设置标准运费折扣页面

剩余国家快捷处理：可以选择某一项运费类型，对设置后剩余未处理的国家进行一键处理，如图 5-41 所示。

图 5-41　剩余国家快捷处理页面

（2）如果设置的物流方式中含有仓库运费，则将显示如图 5-42 所示的运费设置内容。

图 5-42　设置运费页面（含有仓库运费）

针对该物流的配送国家或地区，可以设置运费类型为免费运、仓库运费、自定义运费、不发货，平台要求一个国家或地区只能设置一种运费类型。

① 只支持下载物流方式中含有"仓库运费"的报价，标准运费的报价通过官网查看。

② 只有设置完该物流全部配送国家或地区的运费类型，"确定"按钮才会变更为有效可点击状态。

（四）产品编辑页的运费设置

登录"我的 DHgate—产品—产品管理—管理产品—上架的产品"，点击"添加新产品"，进入新增产品页面，在第 5 项"设置运费"下的"选择运费模板"下拉框中，选择要使用的运费模板，系统将展示运费模板的详细信息，如图 5-43 所示。

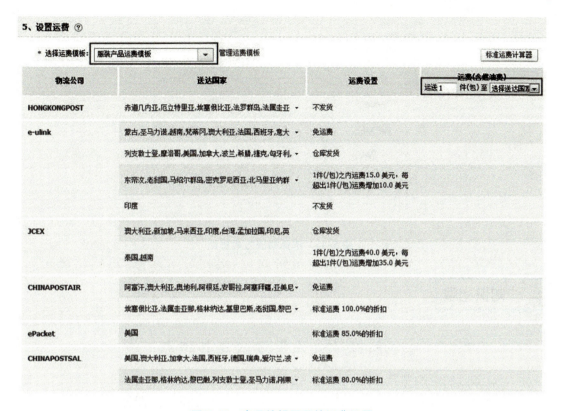

图 5-43　产品编辑页面的运费设置

（五）产品最终页面的运费显示

产品最终页面将显示已设置运费模板的商品的运费计算结果，如图 5-44 所示。

图 5-44　产品最终页面的运费显示

点击"Shipping Cost"一行中的 ▾ 图标，弹出的页面中会显示可选择的物流方式，包括物流公司、是否可查询物流信息、运送时间、运费的明细，如图 5-45 所示。

图 5-45　选择物流方式页面

国际物流的主要方式及其特点

一、国际物流的主要方式

国际物流主要有国际快递、国际平邮、国际空运、国际海运四种方式。

（1）国际快递：走快递报关途径，通过空运方式运输，包括：

① 商业快递：TNT、UPS、DHL、FedEx，统称四大快递。

② 国际邮政速递：中国 EMS、新加坡 EMS、USPS（美国邮政）、Parcel Force（英国邮政）。

③ 专线：通过航空包舱方式运输到国外，通过合作公司进行目的国派送，如 Equick、燕文专线等。

（2）国际平邮：国际小包、邮政大包。

（3）国际空运：走正式报关途径，通过空运方式运输。

（4）国际海运：走正式报关途径，通过海运方式运输。

二、国际物流主要方式的特点

1. 国际快递

（1）国际快递的共同特点。

① 比较适合 100 kg 以下的货物运输。

② 承运货物为文件、样品、货样广告品等没有商业价值的货物。

③ 航空方式，门到门服务。

（2）国际快递的不同特点。

国际快递除了具有上述三个常见共同特点外，EMS 和四大快递也有一些不尽相同的地方，具体如下：

EMS 的特点：

① EMS 是直达各国，然后清关派送，因此转运时间不稳定。
② EMS 单件一般不能超过 30 kg。
③ 无燃油附加费。
④ 无偏远地区收费。
⑤ 目的地单独的通关渠道。
⑥ 0.5 kg 以下的包裹按照文件计费。
⑦ 不计抛重，按照实重收费。
⑧ 查货服务不是很好。
⑨ 包装收费。
⑩ 擅长私人地址派送，但是网络覆盖较少。
⑪ 价格浮动较大，不稳定。
⑫ 按首重+续重方式计费。

四大快递的特点：
① 四大快递收取 10%~25% 不等的燃油附加费，一般一个月更新一次收费标准。
② 四大快递收取偏远地区附加费。
③ 四大快递计算体积重量，体积重量=长（cm）×宽（cm）×高（cm）/5 000，与实际重量相比取较高值。
④ 服务的稳定性：
a. FedEx 和 UPS 的优势航线为美洲地区，转运稳定性好；
b. TNT 和 DHL 的优势航线为欧洲、中东、非洲地区，西欧国家主要目的地的转运时间为 2 天；
c. 四大快递公司在亚太地区的服务差别不大。
⑤ 通过各洲的中转操作中心中转货物，因此转运时间比较稳定。
⑥ 单件重量一般不能超过 70 kg。
⑦ 走商业快递清关渠道。
⑧ 查货服务相对较好。
⑨ 包装免费。
⑩ 服务覆盖网络较大，尤其是 DHL 和 UPS。
⑪ 价格浮动不大，相对稳定。
⑫ 20 kg 以下按首重+续重方式计费，20 kg 以上按每千克计费。

2. 中国邮政大包

（1）中国邮政大包是中国邮政推出的一种普通包裹服务，有以下三种服务方式：
① 中国邮政航空大包（CHINA POST AIR），是利用航空邮路优先发运的服务方式，它到达目的国的时间是 10—15 个工作日。
② 中国邮政空运水陆路大包（CHINA POST SAL），是指利用国际航班剩余运力运输，在原寄国与寄达国国内按水陆路邮件处理的服务方式，它到达目的国的时间是 15—20 个工作日。
③ 中国邮政水陆路大包（CHINA POST SUR），是指全部运输过程利用火车、汽

车、轮船等交通工具发运的服务方式，它到达目的国的时间比较长，需要1—2个月，运费也比较便宜。

（2）中国邮政大包的货物包装要求。

① 重量要求：大于2 kg，小于30 kg（个别国家最大重量不能超过20 kg）。

② 体积要求：

a. 单边≤1.5 m，长度+长度以外的最大横周≤3 m（此最大规格是30 kg货物）；

b. 单边≤1.05 m，长度+长度以外的最大横周≤2 m（此最大规格是20 kg货物）。

（3）中国邮政大包的优势。

① 中国邮政大包的运费比较低，不计算体积重量，适合发轻抛货物。

② 没有偏远地区附加费，相对于其他运输方式（如EMS、DHL、UPS、FedEx、TNT等）来说，中国邮政大包服务有绝对的价格优势，采用此种发货方式可最大限度地降低成本，提升价格竞争力。

③ 中国邮政大包交寄相对方便，可以到达全球各地，只要有邮局的地方都可以到达。

④ 中国邮政大包方便、快捷，采用单一的运单，并由公司统一打印，减少了客户的麻烦。

⑤ 中国邮政大包提供包裹的追踪查询服务，包裹离开当天可以在中国邮政网站上查询到信息，且有全程跟踪。

⑥ 中国邮政大包的清关能力较强，如俄罗斯、阿根廷、巴西等国家走中国邮政大包的通关稍好一些。

温馨提示

（1）中国邮政大包可以到达200多个国家，对时效性要求不高且重量大或体积大的货物，可选择使用此方式发货。

（2）运单号填写规则：13位字符，以CP开头、CN结尾，中间为数字；后台发货方式需要选择：CHINA POST AIR或CHINA POST SAL。

3. 国际小包

（1）重量在2 kg以内，外包装长、宽、高之和小于90 cm，且最长边小于60 cm，通过邮政空邮服务寄往国外的小邮包，可以称为国际小包。

（2）国际小包分为普通空邮（Normal Air Mail，非挂号）和挂号（Registered Air Mail）两种。前者费率较低，邮政不提供网上跟踪查询服务；后者费率稍高，邮政提供网上跟踪查询服务，但跟踪信息比较少。

目前，常见的国际小包服务有：中国邮政小包、新加坡邮政小包、香港邮政小包。

(3) 国际小包的优点。

① 全球化：国际小包可以将产品送达全球几乎任何一个国家或地区的客户手中，只要有邮局的地方都可以到达，大大扩展了外贸卖家的市场空间。

② 简便性：国际小包交寄方便，且计费方式全球统一，不计首重和续重，大大简化了运费核算与成本控制。

③ 成本低：相对于其他运输方式（如 EMS、DHL、UPS、FedEx、TNT 等）来说，国际小包服务有绝对的价格优势。

(4) 国际小包的缺点：时间长、货物跟踪困难、丢包率较高。

4. 国际空运

(1) 分为到门服务和到港（Airport）服务。

(2) 适用于重量超过 100 kg 的货物，根据具体情况而定。

(3) 出口发货人需要提供出口报关单据，如果发货人自身不能提供的话，需要找外贸窗口提供。

(4) 对货物的重量和尺寸没有严格限制，一般不能超过 3 m×2 m×1.5 m。

(5) 液体、颗粒、粉末等货物需要提供非危鉴定。

(6) 可以根据货物转运时效，灵活选择航班。

(7) 目的地收货人需要提供清关文件，通常要缴纳关税和增值税。

(8) 国家进出口限制货物，需要按照海关要求提供相应的单证（AQIS）。

(9) 适用于价值较高、对转运时间有要求、需要出口退税的货物。

5. 国际海运

(1) 分为拼箱和整箱服务。

(2) 海运货物一般至少要 1 CRM 起运。

(3) 转运时间长，货物破损概率大。

(4) 出口和进口都需要提供报关单证，目的地收货人要缴纳关税和增值税。

(5) 一般适用于对时间要求不高、单价不是很贵的货物。

(6) 对于危品限定不是很严格。

任务四　敦煌网平台营销推广工具

敦煌网的营销推广工具很多，本任务将详细介绍以下八种：定价广告（含 Banner 广告位、站内展位和促销展位三种类型）、展示计划、定向展示推广、自动广告系统、流量快车、视觉精灵、Google shopping 推广和骆驼客 CPS 推广。

一、定价广告

(一) 定价广告介绍

1. 定价广告的分类

定价广告是敦煌网整合网站资源，为敦煌网卖家倾力打造的一系列优质推广展示位，分布于网站的各个高流量页面，占据了页面的焦点位置，以图片或者橱窗等形式展示。定价广告仅对敦煌网卖家开放，买家可以在"敦煌产品营销系统"平台上购买。图 5-46 是敦煌网定价广告的三种类型。

图 5-46　定价广告的三种推广展位

定价广告三种推广展位的展示位置和投放形式如表 5-5 所示。

表 5-5　三种推广展位的展示位置和投放形式

广告类型	展示位置	投放形式
Banner 广告位	主要分布在网站首页、各类目频道首页、产品列表及买家后台首页等超高流量页面，同时广告位于页面的醒目位置，拥有很好的展示效果和点击率	1. 以图片形式展示，更能吸引用户的眼球 2. 适合进行店铺宣传、品牌推广和大规模促销
站内展位	主要分布在网站首页和各类目频道首页等超高流量页面	1. 专门的单品和店铺展示橱窗，贴合买家的浏览习惯，获取更精准点击 2. 适合进行店铺宣传和打造单品爆款
促销展位	分布在网站的各种促销活动页面，季节性和主题性强，针对最适合的群体展示	1. 按类目和产品特性定制化打造的展示界面和橱窗展位，最全面地展示产品，赢取流量和转化 2. 适合进行新品促销和打造单品爆款

2. 投放定价广告的优势

（1）展示位置明确，容易让买家看见，展示周期长。

（2）多方位展示，流量大、覆盖面广。

（3）面向全站买家、类目精准买家人群。

（4）迅速提升店铺和热销产品的曝光量，可打造店铺品牌效应。

3. 定价广告的报价

在不同的时期价格会有波动，可以在购买时看到准确的价格。

4. 定价广告展位图片使用规范

（1）图片中不能显示文字和价签。

（2）图片中不能有水印。

（3）图片背景必须是白色或浅色，主体颜色为白色时可加简单背景（背景颜色杜绝使用纯黑、大红及其他鲜亮颜色）。

(4）图片主体选择产品或跟产品相关事物。

(5）需要提供分辨率高的图片，不要模糊和变形。

(6）图片格式仅限 JPG 格式。

(7）图片大小不能超过 1 M。

（二）Banner 广告位图片使用规范

1. 图片尺寸和容量限制

每个 Banner 广告位对图片的尺寸和容量都有严格的限制（各限制条件可以在上传图片的位置看到），具体如表 5-6 所示。

表 5-6　Banner 广告位图片尺寸和容量限制

页面	广告位	宽度/像素	高度/像素	容量/K
首页	焦点图 5/6	990	440	15
	焦点图 6/6	990	440	15
Editor Picks（首页单品）	Banner1—12	235	294	15
Featured Sellers（首页单品）	Banner1—18	产品图 135×135	Banner 图 488×150	15
买家后台	Banner1—3	188	108	15
卖家推荐 DCP5	Banner1—5	100	118	15
卖家推荐 DCP3	Banner1—3	318	123	15
列表页	Listing 左侧	190	250	15
	Listing 横幅	480	50	15
	通用通栏	990	50	15

2. 图片颜色规范

(1）尽量以淡色系为主，色彩干净、明亮，图案简洁，避免使用花哨的背景。

(2）颜色整体统一，不要为吸引眼球，大面积使用较浓重的颜色。

3. 图片内文字规范

(1）尽量使用 Helvetica 字体，优点是字体易辨识，易读性高。

(2）尽量使用系统自带字体，避免出现版权问题，推荐使用 Arial、Verdana 字体。

(3）使用大于 16 号的字体，建议采用图片方式独立设计展现。

(4）相同类型的文字内容，最好采用相同的字体样式。

4. 图片布局规范

图片的常规布局有以下几种：

(1）左字右图（图 5-47）。

图 5-47　左字右图布局

（2）左图右字（图 5-48）。

图 5-48　左图右字布局

（3）文字在中间（图 5-49）。

图 5-49　文字在中间布局

（4）文字在上角（图 5-50）。

图 5-50　文字在上角布局

（5）其他表现方式。

在符合规范的基础上，可以在图片中加入更多设计的元素，以达到吸引浏览者的目的，如图 5-51 所示。

图 5-51　其他表现方式的图片

（三）站内展位分布

1. 网站首页

专指敦煌网的买家首页，首页共有 11 个站内展位，集中在 Best Selling Items 和 Featured Sellers 两个栏目中。

（1）Best Selling Items 广告位。从左到右分别为：Best Selling 1，Best Selling 2，Best Selling 3，Best Selling 4，Best Selling 5，如图 5-52 所示。

图 5-52　Best Selling Items 广告位

（2）Featured Sellers 广告位。从左到右、从上到下分别为：Featured Sellers 1，Featured Sellers 2，Featured Sellers 3，Featured Sellers 4，Featured Sellers 5，Featured Sellers 6，如图 5-53 所示。

图 5-53　Featured Sellers 广告位

2. 类目首页

类目首页是指各类目的频道页，敦煌网的大部分一级类目和二级类目都会有频道首页。每个类目首页上的 Best Sellers 栏目中的 5 个展位和品牌专区中的 15 个展位均为站内展位。各类目首页之间独立出售广告，二级类目首页不会继承其上级类目首页的广告。

（1）Best Sellers 广告位。从上到下分别为：Best Sellers 1，Best Sellers 2，Best Sellers 3，Best Sellers 4，Best Sellers 5，如图 5-54 所示。

图 5-54　Best Sellers 广告位

（2）品牌专区广告位。从上到下、从左到右共有 15 个位置，如图 5-55 所示。

图 5-55　品牌专区广告位

（四）促销展位分类

促销展位是指敦煌网各种促销页面上的橱窗展示位。促销展位按照不同促销方式分为新品促销展位、热卖促销展位、折扣促销展位三类。

（1）新品促销展位：以应季新奇特产品为主题的推广活动页面展示，如 http：//www.dhgate.com/promotion/all/china-made-sku-special.html。

（2）热卖促销展位：以爆款、出单多的产品为主题的推广活动页面展示，选品时会重视近期出单量，如 http：//www.dhgate.com/promotion/all/olympic-items.html。

（3）折扣促销展位：以降价、打折产品为主题的推广活动页面展示，只有同意活动要求的折扣才能报名参加，如 http：//www.dhgate.com/promotion/all/crazydeals.html。

> **温馨提示**
>
> 促销展位根据促销活动主题、推广类目而定，均须通过定价广告投放方式报名，多为单品推广，符合活动规定并通过工作人员审核和筛选，即可参加。

二、展示计划

（一）展示计划介绍

展示计划是敦煌网提供的一种广告投放形式，系统根据产品的特性精准投放，采用按点击收费的形式，性价比高，适合优质单品的推广。展示计划的产品展示位置有以下几种。

1. 类目页的产品展示位（图 5-56）

图 5-56　类目页的产品展示位

2. 列表页下方的产品展示位（图 5-57）

图 5-57　列表页下方的产品展示位

3. 最终页第一屏展示位（图 5-58）

图 5-58　最终页第一屏展示位

4. Buyer 登录后的 My DHgate 首页展示位（图 5-59）

图 5-59　Buyer 登录后的 My DHgate 首页展示位

5. Hot Selling 栏目优先推荐展示位（图 5-60）

图 5-60　Hot Selling 栏目优先推荐展示位

（二）展示计划广告的收费方式

展示计划广告的收费方式为按点击收费（CPC）。参加展示计划并被成功展示的产品会按照展示期间的点击量收费，每次点击的价格为 1.5 敦；另外，国内 IP 点击不计费，国外同一 IP 产生的多次点击按一次计算，有效杜绝了恶意刷点击行为。

（三）适合加入展示计划的产品和加入产品展示计划的优势

已经在网站上展示的产品都可以加入展示计划。展示计划是系统分析用户的购买需求后，再选取用户最可能购买的产品进行展示，所以为了得到更多的展示机会要尽量选择高质量的产品加入计划：热销程度、好评率、近期销量、描述完整度等都是选品的参考标准。

加入产品展示计划具有以下优势：

（1）精准投放：基于成熟的用户购买分析机制，将卖家的产品展示给最具购买意向的用户。

（2）高性价比：按照真实点击收费，让卖家的每一笔消耗都物有所值。

（四）加入展示计划的方法

进入敦煌产品营销系统，在导航栏上点击"展示计划投放"，进入展示计划投放页面，如图 5-61 所示。

图 5-61　展示计划投放页面

选择要参加展示计划的产品(可多选),如图 5-62 所示。

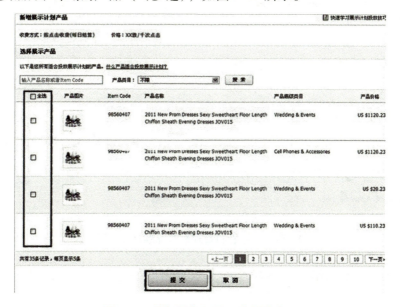

图 5-62　选择要参加展示计划的产品

店铺产品太多时,可以使用"一键操作"工具进行投放,如图 5-63 所示。

图 5-63　一键投放页面

如果信息填写无误，显示提交成功，如图 5-64 所示。

图 5-64　成功提交展示计划页面

提交完成后，可以在展示计划投放页面的"我的展示计划产品"栏目中查看和管理已提交展示计划的产品，如图 5-65 所示。

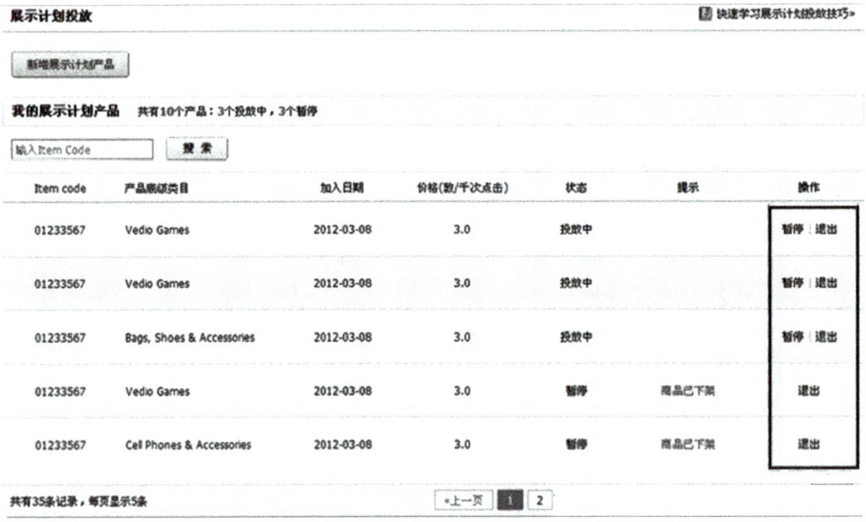

图 5-65　查看和管理展示计划产品页面

可以使用"一键操作"工具对全部展示计划产品进行暂停、启动、退出操作，如图 5-66 所示。

图 5-66　一键操作管理页面

（五）每日投放预算的使用方法

设置每日投放预算可以让投放者更好地控制展示计划投放成本，每天的展示计划花费不会超出所设置的每日投放预算。

当日展示计划消耗达到卖家所设置的预算后，系统会暂时停止卖家所有展示计划产品的展示，第二天系统会重新开始展示计划产品的展示；当日展示计划消耗达到预算被暂停展示后，卖家也可以通过增加单日投放预算得以在当天能够继续展示。

每日投放预算不能低于 50 个敦煌币；未设置每日投放预算的卖家，系统会默认设置为 50 个敦煌币。

（六）展示计划投放规则

产品加入展示计划后即时生效，变成“投放中”状态；投放中状态的展示计划产品会进入推荐队列，系统会按照推荐算法把产品推荐到合适的位置进行展示。

（推荐算法是通过分析买家购买行为、各类目/关键词下的产品特性、下单率关联性等因素，计算出在每个被曝光的推荐位上最可能产生购买的展示计划产品。）

当每日展示计划的消耗达到设置的当日预算后，系统会将卖家的展示计划产品从当日的推荐队列中撤出；当敦煌币账户余额小于 0 时，卖家所有的展示计划产品会自动变成“暂停”状态。

（七）查看参加展示计划的数据报表

登录敦煌产品营销系统，在“数据报表—展示计划报表”中查看，当天的投放数据会在第二天凌晨更新。展示计划报表共有两种：投放明细和产品报表。

1. 投放明细

在投放明细中，可以查看所选时段内展示计划产品每天的投放信息，包括当天的浏览量、点击量和点击率；同时可以查看展示计划产品每天的敦煌币花费情况，包括每天的敦煌金币、敦煌券的花费；也可以查看每天的明细，如图 5-67 所示。

投放时间：近一个月　从：2012-02-20　到 2012-03-20　搜索

日期	浏览量	点击量	点击率	敦煌币花费(数)	敦煌券花费(数)	合计花费(数)	明细
2012-03-16	45897	3000	5.7%	2200	600	2800	查看
2012-03-17	45897	3000	5.7%	2200	600	2800	查看
2012-03-18	45897	3000	5.7%	2200	600	2800	查看
2012-03-19	45897	3000	5.7%	2200	600	2800	查看
2012-03-20	45897	3000	5.7%	2200	600	2800	查看

图 5-67　查看展示计划投放明细页面（某一时间段）

在每天的投放明细中，可以查看当天被展示过的展示计划产品的投放信息及在什么位置被展示，如图 5-68 所示。

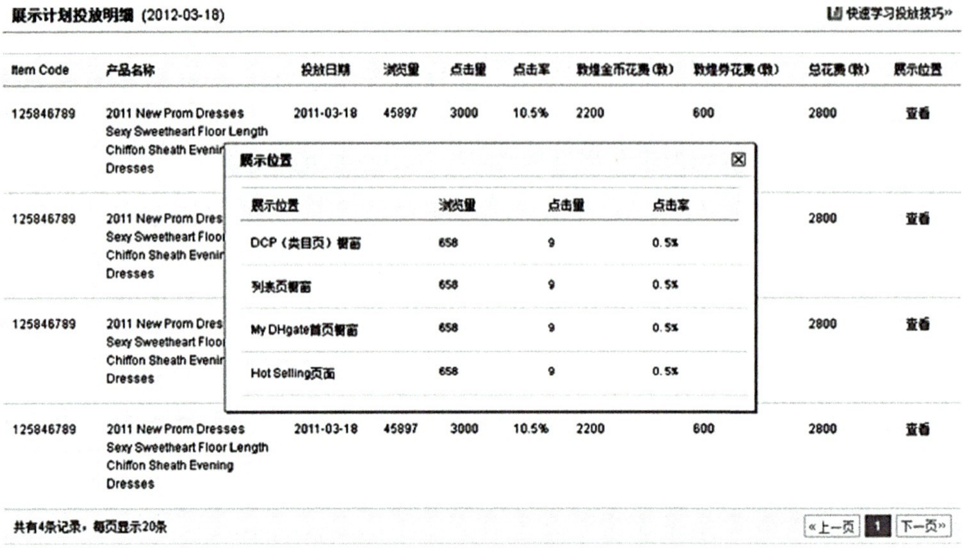

图 5-68 查看展示计划投放明细页面（某一天）

2. 产品报表

在产品报表中，可以查看某个时段内参加展示计划的各个产品的表现，包括展示次数、浏览/点击数据、花费数据等，如图 5-69 所示。

图 5-69 查看展示计划产品报表页面

（八）退出展示计划的方法

在展示计划投放页面的"我的展示计划产品"栏目中查看和管理已提交展示计划的产品，如图 5-70 所示。

图 5-70　退出展示计划页面

共有三种可能出现的操作：

（1）暂停：暂停正在投放的产品。

（2）启动：启动已被暂停的产品。

（3）退出：将产品退出展示计划。

设置暂停投放后即时生效，变成"暂停"状态；当敦煌币余额不足时，所有展示计划内产品都变成"暂停"状态，充值足够金额后，需要手动启动投放。

三、定向展示推广

（一）定向展示推广介绍

定向展示推广系统是帮助有潜力的优质卖家、优质产品额外获得更多展示曝光的引流系统。依托敦煌网庞大的买家浏览记录与购买行为分析，构建出最贴近买家购买兴趣的产品计算模型，推荐最符合买家购买意向的产品，精确展现在目标客户浏览网页的醒目位置上，为卖家带来定向巨额流量，精确锁定目标客户。

1. 定向展示推广的扣费规则

（1）定向推广类型实际扣费＝下一名的出价×下一名的质量得分/你的质量得分 +0.01×敦煌币。

（2）精准推广（展示计划）类型实际收费：1 次点击 1.5 敦（敦煌币）。

注：产品展示不收费，国内点击不收费，仅在产生国外点击时扣费（国外同一 IP 重复点击按一次扣费）。

2. 定向展示推广的展示位

（1）定向展示推广：定向展示推广的重点计划和快捷计划的推广产品，可以轻松获得关键词，并在类目买家产品搜索结果页右侧（高曝光展示位）进行展示，如图 5-71 所示。

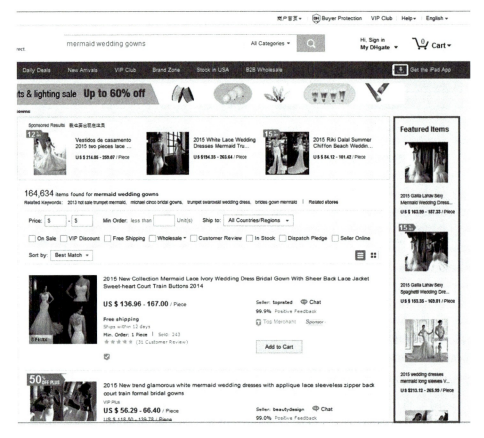

图 5-71 定向展示推广的展示位

（2）精准展示推广（展示计划）：将享有在 DHgate 首页、搜索结果页、产品最终页、My DHgate 首页、Hot Selling 栏等高流量展示位展示的机会。

（二）操作指南

进入定向展示推广页面，有以下两个入口：

入口 1：登录敦煌产品营销系统，在导航栏中点击"定向展示推广"，如图 5-72 所示。

图 5-72 定向展示推广页面（从敦煌产品营销系统进入）

入口 2：进入"我的 DHgate—推广营销"，点击敦煌产品营销系统列表中的"定向展示推广"标签,如图 5-73 所示。

图 5-73 定向展示推广页面(从我的 DHgate 进入)

1. 精准展示推广(展示计划)操作指南

对于没经验、没时间、人力不足,又迫切希望大量引流的新卖家,推荐使用精准展示推广(展示计划),操作简便,获取精准客户群体,新卖家还可享受特殊扶持。

(1)一键投放。进入定向展示推广页面,点击"展示计划",如图 5-74 所示。

图 5-74 进入展示计划页面

设置单日投放预算,如图 5-75、图 5-76 所示。

图 5-75 设置单日投放预算页面

图 5-76 填写单日投放预算页面

点击"一键操作"按钮，将店铺内所有产品轻松加入展示计划，或者启动所有已暂停的产品，确保所有产品都已有效加入展示计划中，如图5-77所示。

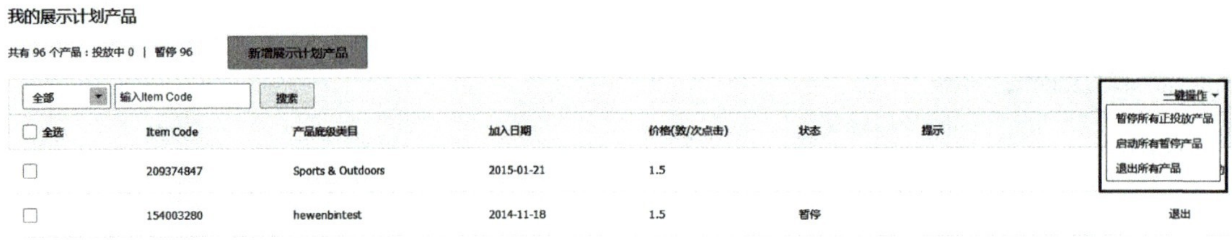

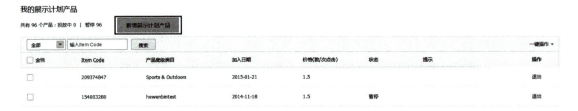

图 5-77 一键投放页面

（2）逐一投放。点击"新增展示计划产品"，将产品逐一加入展示计划，如图5-78所示。

图 5-78 新增展示计划产品页面

单选或多选产品后，点击"暂停/启动/退出"按钮进行投放管理，如图5-79所示。

图 5-79 展示计划投放管理页面

2. 定向展示推广（快捷推广/重点推广）操作指南

对于具有一定电商经验、对行业趋势有一定了解、对当前买家浏览搜索行为有一定认识的卖家，推荐使用定向展示推广（快捷推广/重点推广），为店铺中的产品量身定制独一无二的推广计划。

（1）进入定向展示推广页面，点击"新建推广"，创建定向展示推广计划，如图5-80所示。

图 5-80　新建推广页面

（2）选择待新建的推广计划类型：快捷推广计划或重点推广计划，如图 5-81 所示。

图 5-81　选择新建推广计划类型页面

（3）为推广计划添加产品：快捷推广计划可添加多个产品，重点推广计划只能添加一个产品，如图 5-82 所示。

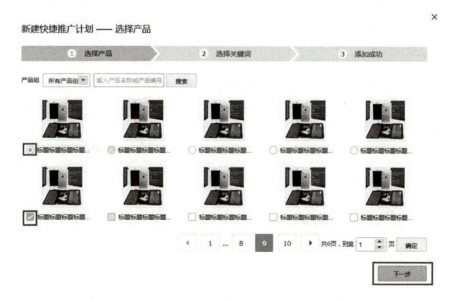

图 5-82　选择产品页面

（4）为推广计划中的所选产品批量添加关键词，如图 5-83 所示。

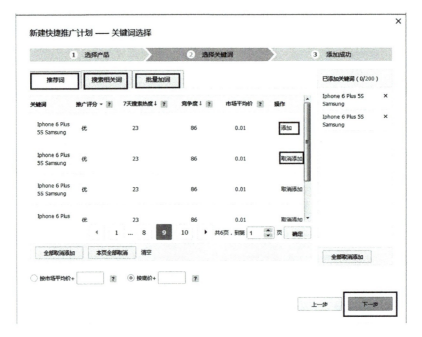

图 5-83　选择关键词页面

> **温馨提示**
>
> （1）推荐词：系统自动根据推广计划内产品本身特性而筛选出的关键词。
> （2）搜索相关词：通过手动输入关键词，系统根据关键词特性匹配度筛选出的关键词。

（5）关键词添加完成后，进入关键词出价环节，如图 5-84 所示。

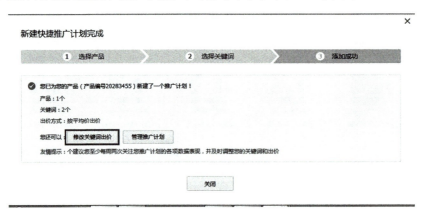

图 5-84　进行关键词出价页面

点击已添加关键词列表后的出价文本框，修改关键词出价，如图 5-85 所示。

图 5-85　修改关键词出价页面

> **温馨提示**
>
> 默认位置与产品名称、产品质量和关键词匹配度、出价等有关，为了获得靠前的推广位，卖家可以优化产品名称或者修改关键词出价。
>
> 推广评分是对卖家推广的商品在该关键词下的推广质量的衡量，分为"优""良""—"三档：
>
> （1）如果推广评分为"优"，表示有资格进入搜索结果首页右侧位置，但是否实际进入，还要取决于出价人数和卖家的出价情况。
>
> （2）如果推广评分为"良"，说明推广评分较差，没有资格进入搜索结果首页右侧位置。卖家需要通过更换关键词或者优化商品信息等方法，将推广评分提升为优，并设置有竞争力的价格，以增加进入搜索结果首页右侧位置展示的机会。
>
> （3）如果推广评分为"—"，表示推广评分很低，无法参与正常投放，卖家需要为这样的词添加相关的商品，或者删除这些低推广评分的词。

为了更好地保证卖家的推广效果，建议卖家定期对所推广产品的信息描述进行优化，同时选择正确的推广行业，以持续提升产品推广评分，并设置具有竞争力的出价，如图 5-86 所示。

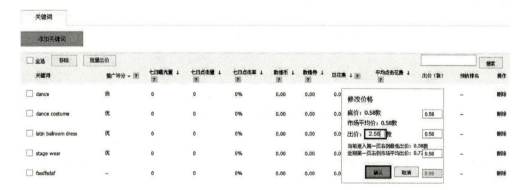

图 5-86　调整出价页面

（6）在同一页面点击计划每日消耗上限栏紧跟的"设置"按钮，设置每日消耗预算。默认每个推广计划预算为 100 敦煌币/日，可根据实际情况调整，如图 5-87 所示。

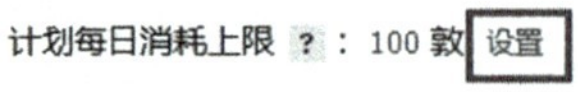

图 5-87　设置推广计划预算页面

这样，该组定向推广计划就设置完毕了。

（7）对已建立的定向推广计划进行优化，点击"推广管理"，如图 5-88 所示。

图 5-88　推广管理页面

选择待优化的推广计划，如图 5-89 所示。

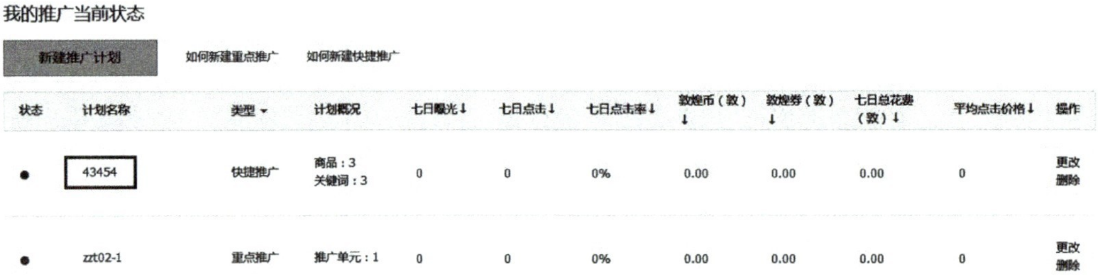

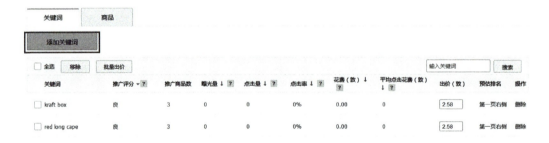

图 5-89　选择待优化的推广计划页面

点击"添加关键词"，如图 5-90 所示。

图 5-90　添加关键词页面

在按计划和按行业找到的系统自动推荐的关键词列表上方的筛选框内自定义勾选高流量、高转化、高点击和运营经理热推条件，多维度筛选关键词进行投放，如图 5-91 所示。

图 5-91 系统推荐关键词页面

温馨提示

按计划找词：系统通过与推广计划中产品带有的核心关键词进行匹配，推荐热搜关键词。

按类目找词：系统通过识别推广计划中产品所属的一级类目，推荐该类目下热搜关键词。

也可以自定义进行全站相关关键词搜索，并勾选高流量、高转化、高点击和运营经理热推条件，多维度筛选关键词进行投放，如图 5-92 所示。

图 5-92 自定义关键词页面

点击确认投放后，可以选择继续添加关键词，也可以回到调价页面为关键词调价，如图 5-93 所示。

图 5-93　添加关键词完成页面

（三）数据报告

1. 账户报告

可选择不同时间段、不同类型子计划内商品的曝光量、点击量、点击率、花费、平均点击花费信息，通过图表展示，并可导出数据。

账户报告展现每个推广计划的成果，有助于卖家及时调整和优化推广策略，如图 5-94 所示。

图 5-94　账户报告页面

2. 商品报告

可筛选不同时间段、不同推广方式、不同类型子计划内商品的曝光量、点击量、点击率、花费、平均点击花费信息，通过图表展示，并可导出数据。

商品报告详列每件商品一段时间内的曝光和点击情况，有助于卖家及时从推广方式、推广类型及商品标题与图片角度进行优化，找到最适合的商品推广方式，如图 5-95 所示。

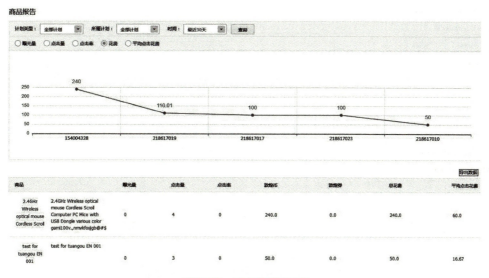

图 5-95　商品报告页面

3. 关键词报告

可筛选不同时间段、不同类型子计划所属单元中关键词的曝光量、点击量、点击率、花费、平均点击花费信息，通过图表展示，并可导出数据。

关键词报告反映所投关键词在一段时间内的热度，有助于卖家及时调整投放的关键词，提高被搜索概率，掌握买家的搜索趋势、风向、意向和兴趣，如图 5-96 所示。

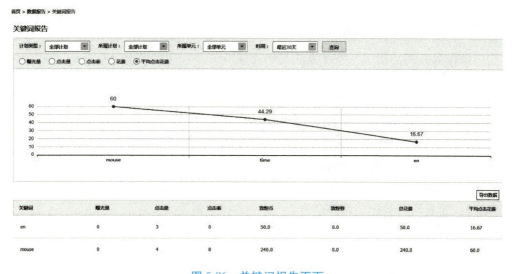

图 5-96　关键词报告页面

4. 精准推广报告

可选择不同时间段、精准推广计划内商品的曝光量、点击量、点击率、花费、平均点击花费信息，通过图表展示，并可导出数据。

精准推广报告展现每一件产品的曝光和点击情况，有助于卖家及时优化产品标题与图片，增加曝光率，获取点击，如图 5-97、图 5-98 所示。

图 5-97　精准推广报告页面（投放明细）

图 5-98　精准推广报告页面（产品报表）

四、自动广告系统

（一）自动广告系统介绍

敦煌网自动广告系统是在原敦煌网推广营销体系之上，整合站内外优质广告资源，通过建立智能推广计划，实现全店商品一键投放；广告系统后台根据商品属性，结合敦煌网大数据，计算各渠道投放效果后进行预算分配，并由系统自动进行关键词智能匹配、自动出价、自动投放的智能广告计划。

（二）自动广告系统的优点

自动广告系统的优点可概括为三个字："简""全""优"。

简：操作界面简洁明了，操作方法简单易懂。

全：站内站外全域流量，全店商品一键投放。

优：机器计算效果优化，流量扶持成本优化。

（三）自动广告系统操作步骤

自动广告系统真正实现分3步可以把广告投放：

Step 1：设置广告预算，开启广告；

Step 2：系统自动进行全店商品广告投放（无须商家操作）；

Step 3：查看广告数据，调整广告。

（四）自动广告系统操作流程

1. 进入自动广告系统

登录"我的 DHgate—推广营销—敦煌产品营销系统—首页—自动广告"，如图 5-99 所示。

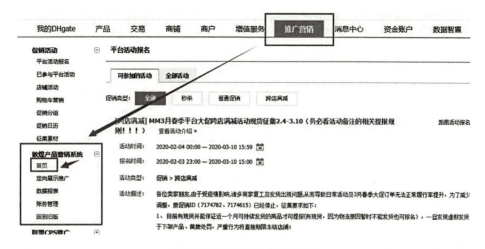

图 5-99　登录自动广告系统

2. 了解自动广告系统操作界面

系统默认全店商品加入投放计划，无须卖家手动添加或设置；广告计划可随时开启或暂停，如图 5-100 所示。

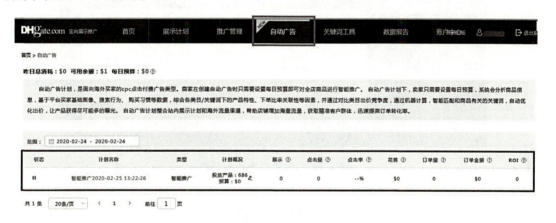

图 5-100　进入自动广告页面

3. 设置广告预算，开启自动广告计划

初次设置广告日预算，即可开启全店广告计划。日预算可修改，但每天仅以最后一次修改金额为准，第二天生效，如图 5-101 所示。

图 5-101 设置广告预算页面

建议合理设置广告预算，过低会影响广告投放效果。卖家无须担心广告费超出预算，广告系统只有在有效点击下才会进行扣款，修改广告预算页面如图 5-102 所示。

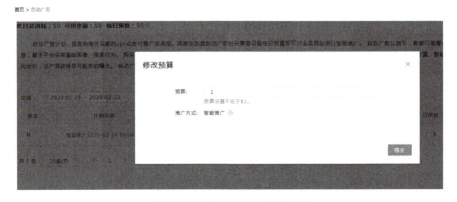

图 5-102 修改广告预算页面

4. 查看投放数据，调整投放产品

广告数据截止到查看前一天，调整时间范围可以查看不同周期内广告效果数据。广告状态为"主图可优化"时，卖家需要修改广告主图，如图 5-103 所示。

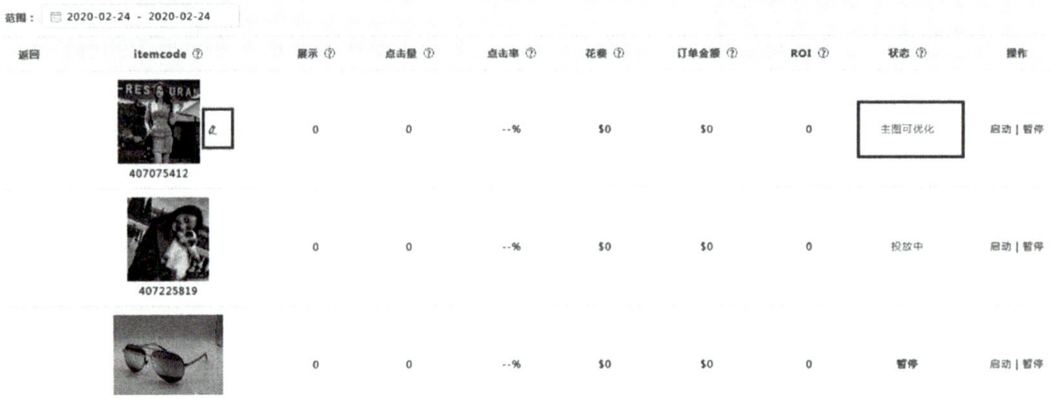

图 5-103 查看广告数据页面

点击修改图标,进入更换图片页面,可从商品主图中选择符合广告系统要求的图片(白底、清晰、产品完整、无非主卖产品的干扰、无 Logo 或水印、无敏感信息、无侵权信息、非拼图等),如图 5-104 所示。

图 5-104　更换商品主图页面

敦煌币操作详解

1. 什么是敦煌币?

敦煌币分为敦煌金币和敦煌券,目前主要用来投放广告。敦煌金币与敦煌券等值,与人民币兑换比例是 1∶1(1 元=1 敦),一旦到账均不能退款。敦煌金币为卖家充值购买;敦煌券为敦煌网赠送所得,附带有效期限。

2. 敦煌币能做什么?

敦煌币目前只能用来投放广告,如已经上线的竞价广告、展示计划,还可以购买数据智囊、视觉精灵等功能包。敦煌币作为敦煌网唯一的虚拟货币,以后还可以购买服务,如增值服务、诚信保证服务等。

3. 新推出的敦煌币与之前的敦煌币有什么区别?

与之前的敦煌币相比,新推出的敦煌币使用范围更广,如可以投放各种类型的广告,并且使用人群也更多,任何卖家只要购买就可以得到敦煌币进行使用。

以往的敦煌币只有通过赠送才能获得,并且只能用来购买服务。

4. 如何为敦煌币账户充值?

登录卖家后台,点击"推广营销—敦煌币管理",进入敦煌币管理页面,点击"充值敦煌币"按钮,如图 5-105 所示。

图 5-105　敦煌币管理页面

点击"充值敦煌币"按钮后，进入敦煌币充值页面，如图 5-106 所示。

输入要充值的金额（必须输入 10 的整数倍）后，点击"确认购买"按钮，进入支付方式选择页面，点击线上支付，选择银行进行支付，支付成功后，敦煌金币即时到账。

5. 如何查看敦煌币消费记录？

登录卖家后台，点击"推广营销—敦煌币管理"，在敦煌币管理页面的"敦煌币消耗明细"中，

图 5-106　敦煌币充值页面

可以查看每一天每一种类型广告的消耗，要查看消耗详细明细，点击"查看详情"后，进入对应的广告报表中查看，如图 5-107 所示。

图 5-107　查看敦煌币消耗明细页面

6. 为什么敦煌币账户会出现负值？

敦煌币账户出现负值，主要是投放广告导致的。敦煌网有一种广告类型叫展示计划，敦煌币可以用来投放该类广告，该种广告类型的特点是先投放后结算，一旦投放所产生的曝光点击量等超出正常水平，而当时账户的余额并不充裕，就会出现负值。

五、流量快车

（一）流量快车介绍

流量快车是敦煌网为卖家量身打造的强力引流工具，流量快车产品将会在搜索产品结果列表页中专属推广位置上高额曝光，并且无时间限制。

1. 流量快车产品展示位

流量快车产品会出现在产品类目列表页和关键词搜索列表页的第 4、7、10 位,卖家可以看到流量快车标识,产品所在的类目、关键词的相关度和产品质量决定了流量快车产品的排序,如图 5-108 所示。

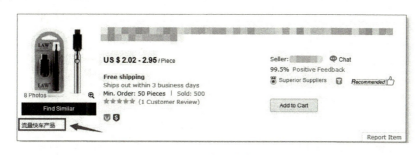

图 5-108 流量快车产品

2. 获取流量快车的途径

平台的商户都能免费获得一定数量的流量快车。商户可以自行选择审核通过的上架产品,添加为流量快车产品,从而获得搜索产品结果列表页的高流量。

(二)高效使用流量快车的建议

(1)优化产品图片,特别是首图。

(2)审视产品类目关联性,产品所有关键词是否符合行业发展。

(3)产品最终页关联营销版块设定,提高转化率。

(4)控制店铺整体纠纷、退款、好评率。

(5)分析行业特色、季节、产品表现等因素,密切关注流量快车产品的转化数据,根据实际表现,每周及时更新流量快车推广产品。

(6)流量快车产品将不再参加普通的产品排序,如果当前产品流量已经达到一定水平且排序位置很好,建议选择其他产品作为流量快车产品。

(三)获取更多数量流量快车的方法

卖家级别越高所获得流量快车的使用数量也越多;增值会员可根据会员类型获得专享流量快车使用数量,2020 版礼包内所含流量快车数量与卖家级别所获的流量快车数量,以及 2020 版流量包所含流量快车数量叠加。比如:

(1)通过 2020 版礼包获得 24 个流量快车,服务评分:不考核,有 3 个流量快车,那么卖家总共就有 27 个流量快车。

(2)通过 2020 版礼包获得 24 个流量快车,2020 版流量包获得 24 个流量快车,服务评分:不考核,有 3 个流量快车,那么卖家总共就有 51 个流量快车。

获取流量快车的具体规则如表 5-7 所示。

表 5-7　获取流量快车的规则

增值卖家专享	
铜骆驼礼包商户	24 个流量快车
银骆驼礼包商户	24 个流量快车
金骆驼礼包商户	36 个流量快车
智尊骆驼礼包商户	63 个流量快车
钻石礼包商户	36 个流量快车
白金礼包商户	24 个流量快车
黄金礼包商户	14 个流量快车
普通卖家可享	
服务能力分 96 分及以上	20 个流量快车
服务能力分 91—95 分	15 个流量快车
服务能力分 86—90 分	12 个流量快车
服务能力分 81—85 分	9 个流量快车
服务能力分 76—80 分	6 个流量快车
服务能力分 71—75 分	5 个流量快车
服务能力分 66—70 分	4 个流量快车
服务能力分 65 分及以下（包括不考核卖家）	3 个流量快车

（四）添加流量快车的操作流程

（1）进入"我的 DHgate—推广营销—流量快车"页面，如图 5-109 所示。

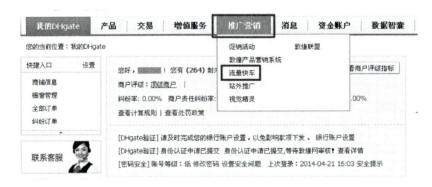

图 5-109　登录流量快车页面

（2）点击"添加产品"，选择要加入流量快车的产品，如图 5-110 所示。

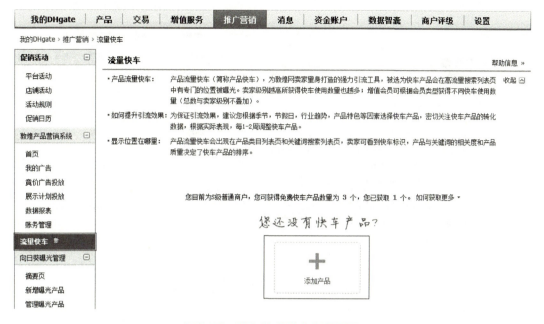

图 5-110 添加流量快车产品页面

（3）通过产品编号、产品名称、所设关键词、产品组等维度选择产品，提交后即可成为流量快车产品，如图 5-111 所示。

图 5-111 选择流量快车产品页面

密切关注流量快车产品的转化数据，根据实际表现，每周及时更新流量快车推广产品，如图 5-112。

图 5-112　更新流量快车产品页面

六、视觉精灵

（一）视觉精灵介绍

视觉精灵是敦煌网为商铺产品量身打造的强力引流工具，凡使用视觉精灵的产品，将在产品类目列表页和关键词搜索列表页突出显示。

1. 视觉精灵产品展示位

视觉精灵产品将会在产品类目列表页、关键词搜索列表页，以及卖家商铺页面中突出显示。

2. 视觉精灵产品突显效果购买

卖家可以选择购买底色、边框突显效果，也可以组合购买两种效果，如图 5-113 所示。

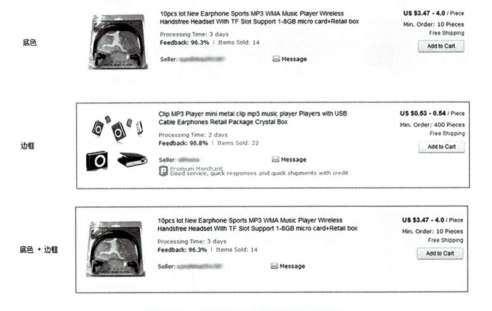

图 5-113　视觉精灵突显效果购买页面

（二）视觉精灵收费

每种突显效果的价格为 200 敦煌金币/周；如果购买两种突显效果，或购买 2 周、3 周的服务，可享受相应折扣。只有审核通过且上架的产品才能购买"视觉精灵"服务；购买后突显效果即时生效。

（三）购买视觉精灵

登录"我的 DHgate—推广营销—视觉精灵"页面后，卖家可以通过产品名称、产品编号直接查找产品，也可以通过产品组筛选来选择加入视觉精灵的产品，如图 5-114 所示。

图 5-114　选择视觉精灵产品页面

确定产品后，选择样式并设定时长，如图 5-115 所示。

图 5-115　选择样式和设定时长页面

（四）更换视觉精灵产品

每个卖家账号每个周期限购一次突显效果，在视觉精灵服务有效期内，卖家可以随时、任意更换推荐产品，点击"更换产品"按钮即可，如图 5-116 所示。

图 5-116　更换视觉精灵产品页面

然后，通过产品名称、产品编号直接查找要更换的产品，也可以通过产品组筛选来选择产品，如图 5-117 所示。

图 5-117　选择需要更换产品页面

更换完毕后,新产品突显效果立即生效。

(五)选品小技巧

(1)选品前,需要充分了解行业目录、行业所推广关键词及产品情况,借助视觉精灵突出显示功能,从而快速吸引买家眼球。

(2)保持视觉精灵产品在有效期内一直处于审核通过且上架状态,以便保证视觉精灵可以正常使用。

(3)由于视觉精灵是对产品做突出显示,建议卖家根据季节、节假日、行业趋势、产品特色等因素选择产品。

(4)建议卖家每天查看数据报表,密切关注产品的转化数据,及时更换视觉精灵产品,以便提高运行效率。

七、Google shopping 推广

(一)Google shopping 推广介绍

Google shopping 是 Google 旗下的一款比价产品,目的是让用户很容易进行购买研究,找到不同产品的功能和价格等信息,然后直接联系商家进行购买。产品信息以图片加文字及价格的方式展示给在 Google shopping 及 Google 上进行搜索的用户,如图 5-118 所示。

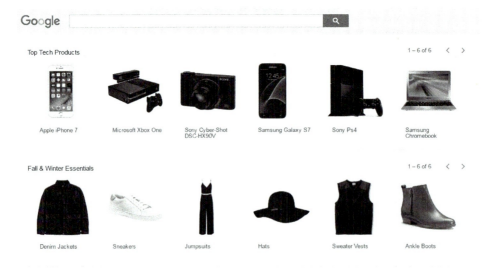

图 5-118　Google shopping 首页

DHgate 所做的 Google shopping 推广，就是将卖家店铺内的合格产品推广到 Google 中，以带来更多的优质买家。当用户在 Google shopping 页面搜索产品时，卖家的产品广告会出现在页面中。如果用户点击 Google 展示的产品图片，将会直接跳转至卖家的产品页面，如图 5-119、图 5-120 和图 5-121 所示。

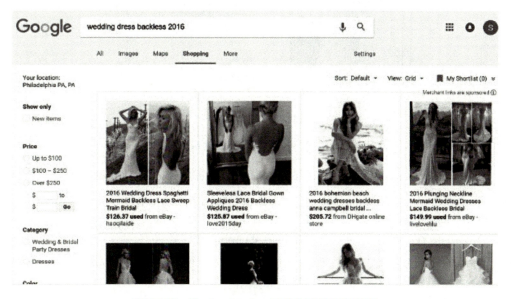

图 5-119　Google shopping 页面广告的展示形式

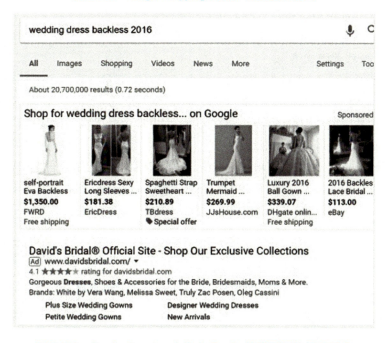

图 5-120　Google shopping 广告在 Google 搜索页面的展示形式

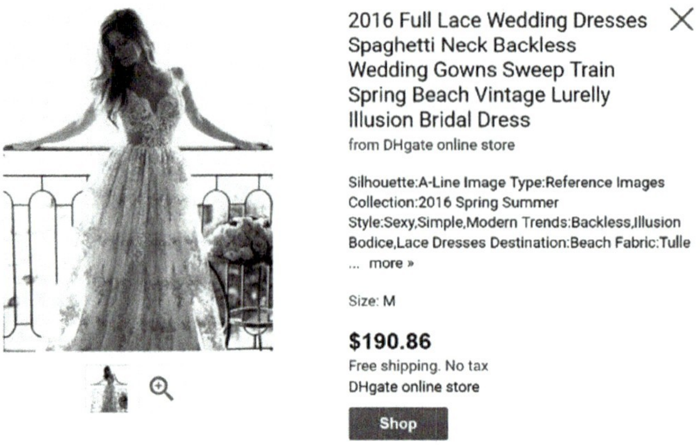

图 5-121 点击广告后的展示形式

Google 会根据产品的出价高低、标题、描述与搜索词相关性等决定卖家的广告能否被搜索触发展示。

（二）Google shopping 推广的优势

（1）Google 在海外市场份额高，Google shopping 推广效果好。

（2）卖家店铺内的合格产品推广到 Google 中，能够带来更多的优质买家，并通过多维度优化，为有潜力的产品带来更多曝光和点击。

（3）目标人群有较高购买倾向，成单率较高。

（4）相对于其他渠道，推广成本较低。

（5）产品以图片形式展示，更方便用户挑选。

（三）历史投放数据展示

DHgate 自投放 Google shopping 以来，获得了较好的流量。平均每天可以带来站外展示 500 万次以上，带来流量点击 10 万次以上。通过 Google shopping 来到 DHgate 购买的用户中，新用户占比高，成单率高。Google shopping 是表现十分优异的重要推广渠道。

（四）Google shopping 广告投放

为了让店铺获得更多曝光，DHgate 推出了 Google shopping 站外自主引流，卖家可以创建自己的 Google shopping 账户，掌控自己的 Google shopping 产品推广。具体操作流程如图 5-122 所示。

图 5-122 投放 Google shopping 广告操作流程

Google shopping 广告投放注意事项如下：

（1）遵循 Google shopping 政策。

① 上传没有任何水印、边框和文字的图片。

② 禁止推广违规产品，详情参见：http://seller.dhgate.com/help/c8009/343217.html。

（2）上传产品并设置出价。可以为全部产品设置统一出价，或者应用建议出价。

(3) 为想主推的热门产品或新品设定较高出价，以获得更多曝光机会。

(4) 提交尽量多的产品，产品量是投放的基础。提交的产品越多，有越多的机会触发展示。

(5) 不允许宣传售卖仿冒产品（包括产品带有品牌商标、Logo，盗用官方宣传图片），如被发现会有封停账户的风险。

(五) 投放优化需要了解的基本概念

(1) 点击（Clicks）：用户通过点击 Google shopping 的广告，进入网站的次数。

(2) 展示（Impression）：用户的搜索触发了广告的次数。

(3) 点击出价（Bid）：卖家愿意为用户的每次点击花费的最大费用。

(4) 平均出价（Avg. CPC）：卖家为每次点击花费的实际费用（实际花费会小于最高出价）。

(5) 花费（Cost）：卖家为广告所付的实际费用。花费＝获得点击数×平均出价（Cost＝Clicks × Avg. CPC）。

(6) 每日预算（Daily Budget）：设置每天预计的最高花费。

系统会在卖家的预算范围内尽可能多地展示卖家的广告。为了确保卖家的广告可以在极其受欢迎的那几天进行更多展示，卖家的每日预算会作为平均值来使用：在某一天，卖家的广告费用可能会超出每日预算（最多不超出 20%），但是在其他日期，卖家的广告费用会被限制在一个较低的金额，以弥补前面超额支出的费用。

例如，若卖家设置 100 美元的每日预算，每日的最终花费最多不会超过 120 美元。如果一个月内不改变每日预算，本月最终花费不会超过 100×30＝3 000（美元）。

(7) 剩余预算（Balance）：剩余预算即账户余额。账户余额＝充值费用＋补贴费用－实际花费。

(8) 加购物车（Conversion）：用户点击了广告，并将产品加入购物车的次数。

(9) 收益（GMV）：通过卖家账户的 Google shopping 广告进入卖家店铺并下单的总成交额。

(10) 直接收益（Direct GMV）：通过卖家 Google shopping 产品广告直接购买该产品的总成交额。

(11) 间接收益（Indirect GMV）：通过卖家 Google shopping 产品广告进入店铺，但并未购买该广告产品，而是购买了卖家店铺里其他产品的总成交额。

八、骆驼客 CPS 推广

(一) 骆驼客 CPS 推广介绍

骆驼客是敦煌网给卖家提供的一种新的营销工具。卖家可以给推手设定一定的佣金比例，让推手去帮助其分享商品链接，从而实现卖家、推手和买家的三方共赢。

(二) 骆驼客 CPS 推广操作

卖家可在卖家后台设置商品佣金；

推广生效后，推手可通过商品详情页分享商品链接到自己的社交媒体；

买家通过推手分享的商品链接完成购买后，推手和买家都可领取相应的佣金；

卖家可以在 DHgate 后台调节佣金比例。

（三）骆驼客CPS推广资金结算方式

买家支付后，系统就会按佣金比例把钱款划到推手和买家账户；

买家确认收货15天后，佣金可放款给推手和卖家的DHpay account；

若买家确认收货的15天内发生退货退款，则把卖家货款和推手佣金原路返还；

若买家确认收货的15天后发生退货退款，则卖家承担所有退款金额，推手无须退还佣金。

任务五　敦煌网平台纠纷处理

一、订单发货前

（一）发货前计算卖家责任退款率的情况

发货前退款原因及责任方认定：

（1）Items out of stock（断货）——卖家责任。

（2）Items not now required（不想要了）——买家责任。

（3）Seller concerned about customs seizure（担心海关扣关）——买家责任。

（4）Seller cannot ship order at this price and quantity（卖家不能按照订单的价格和数量发货）——卖家责任。

（5）Seller cannot ship items by desired method（卖家不能按照买家选择的发货方式发货）——卖家责任。

（6）Specifications not as requested（没有买家需要的尺寸、颜色、款式等）——卖家责任。

提示：发货前成交不卖申诉失败或超时未申诉计算责任退款率。

（二）发货前买家提交或关闭纠纷的方法

1. 发货前提交纠纷

（1）订单确认2小时内，买家可以直接在买家App端或PC端点击"Cancel Order"按钮，开启协议纠纷，无须卖家同意，订单自动取消，如图5-123、图5-124所示。

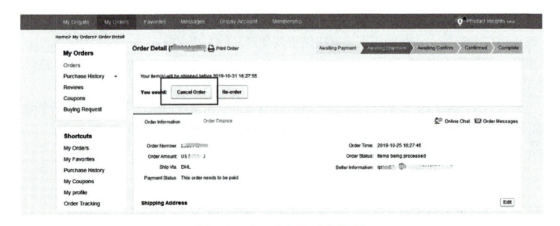

图5-123　Cancel Order按钮位置

图 5-124　取消订单操作页面（2 小时内）

点击"Cancel Order"按钮后，系统会再次确认，买家点击"Yes"按钮，订单即被取消，如图 5-125 所示。

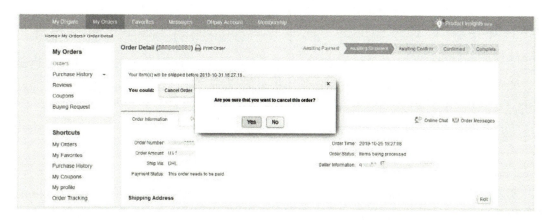

图 5-125　系统再次确认操作

（2）订单确认超过 2 小时后，买家如果想取消订单，需要点击"Request Refund"按钮，选择退款原因和退款金额后，点击"Submit Request"按钮即可，如图 5-126、图 5-127 所示。

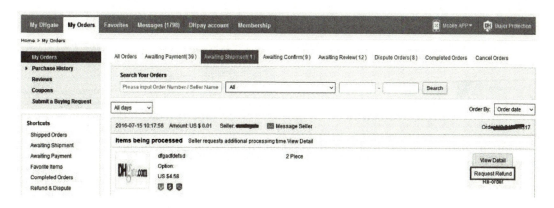

图 5-126　取消订单操作页面（2 小时后）

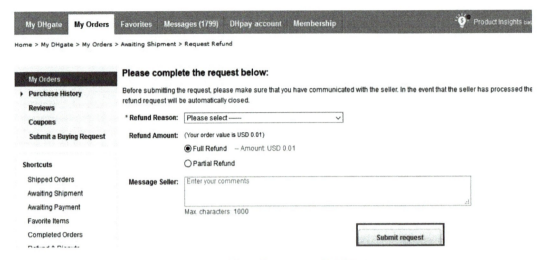

图 5-127　选择退款原因和退款金额页面

温馨提示

买家发起纠纷后，卖家有 7 天时间和买家协商，在此期间，卖家可以选择同意买家的协议、拒绝买家的协议、提交新的协议或者选择"我已备货"，备货期内填写发货记录。

2. 发货前关闭纠纷

买家开启发货前纠纷后，可以点击"Cancel Request"或者"Modify Request"取消或修改退款原因，如图 5-128 所示。

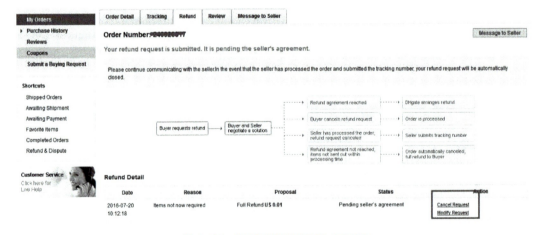

图 5-128　发货前纠纷处理入口页面

二、订单发货后

（一）发货后计算卖家责任退款率的情况

1. 买卖双方达成协议后计算责任退款率的情况（表5-8）

表5-8　买卖双方达成协议后计算责任退款率的情况

一级原因	二级原因		是否计算责任退款率
无理由退货 Receive well but need to return	不喜欢	I don't like it	否
	拍错	Order the product by mistake	
	其他原因	Other reasons	
未收到货 Item not received	货物仍旧在途	Package is still on the way	
	货物扣关	Package was intercepted by customs	
	妥投到错误地址	Package was sent to a wrong address	
	未按约定时间发货	Delayed shipping	
	部分包裹未收到	Partial delivered	
	发货方式不符	Wrong shipping method	
	收货晚	Got the item delay	
	货物退回	Package was returned back	
虚假运单号	虚假运单号	Invaid tracking number	是
货物与描述不相符 Item not as described	主要功能使用问题	Main function cannot be used	
	假货	Fake items	
	包装不符	Packed not as described	
	卖家不执行协议	Seller does not obey the agreement	
	卖家提供不了清关需要的文件	Item not received	
	品牌问题	Counterfeit goods	
	型号不符	Pattern not as described	
	填写发货信息有误	Item not received	
	尺寸不符	Size not as described	
	延迟发货	Item not received	
	数量不符	Missing items	
	旧的、使用过的产品	Used item	
	材质不符	Material not as described	
	款式不符	Style/logo not as described	
	细节不符	Design/style/logo not as described	
	配件不符（少配件、发错配件）	Missing parts	
	附属功能使用问题	Accessory function cannot be used	
	颜色不符	Colour not as described	

2. 纠纷专员介入后计算责任退款率的情况（表 5-9）

表 5-9 纠纷专员介入后计算责任退款率的情况

真实二级退款原因	
主要功能使用问题	旧的、使用过的产品
产品配件质量问题	材质不符
假货	细节不符
包装不符	虚假运单号［被平台处罚虚假运单号（排除申诉成功的数据）发货后虚假运单号申诉失败或超时未申诉计算责任退款率］
包裹无妥投信息，卖家无材料证据提交	货物与描述不相符
卖家不执行协议	超过备货期仍然未发货［被平台处罚成交不卖（排除申诉成功的数据）］
卖家原因拒绝执行	配件不符（少配件、发错配件）
卖家存在严重违规行为	附属功能使用问题
卖家提供不了清关需要的文件	颜色不符
卖家被处罚导致退款	产品包装破损（减去使用 DHLink 发货）
卖家账户被冻结	信用卡拒付撤款——标黄原因为未收到货（减去使用 DHLink 发货）
品牌问题	卖家全部发货，买家未（部分）收到货（减去使用 DHLink 发货）
型号不符	污渍、划痕、货物轻微破损（减去使用 DHLink 发货）
填写发货信息有误	货物严重破损（减去使用 DHLink 发货）
尺寸不符	货运公司将货物弄丢（减去使用 DHLink 发货）
延迟发货	货运公司运输信息显示不全（减去使用 DHLink 发货）
故意发错货给买家	货运公司原因导致货物退回（减去使用 DHLink 发货）
数量不符	货运公司无法邮递到此国家（减去使用 DHLink 发货）

（二）纠纷裁决中的重要时间节点

1. 协议纠纷响应

订单发货后，买家提交协议纠纷，卖家需要在 5 个自然天内进行响应（包括同意、拒绝、上传证据），过期系统将会自动按照买家方案执行订单。

2. 升级平台纠纷，提交证据

当订单升级为平台纠纷时，卖家有 3 个自然天提交证据，逾期将无法在系统上传证据。

3. 退货后，全额退款

如买卖双方达成退货后全额退款协议，买家需要在 7 个自然天内提供有效的退货运单号。在买家提供退货运单号后，卖家有 30 天的时间跟踪并查收退件，系统将在买家提供退货运单号后的第 15 天和第 20 天与卖家确认收货情况,如卖家点击确认收到退货,系统将即刻执行全额退款;如卖家未进行收货确认,同时也未提前反馈消息至平台,系统将默认卖家收到退货并执行全额退款。如买家未在 7 个自然天内提供退货运单号,系统会默认买家放弃协议并放款给卖家。

以上规则同样适用于退货的部分退款协议。

4. 重新发货

如买卖双方达成重新发货协议,卖家需要在 7 个自然天内履行协议内容重新发货并填写有效的重新发货运单号。在卖家提供重新发货运单号后,买家有 90 天的时间跟踪并查收货物,系统将在卖家提供重新发货运单号后的第 10 天和第 15 天和买家确认收货情况,如买家点击确认收到货物,系统将即刻放款;如买家未进行收货确认,同时也未提前反馈消息至客服或者纠纷专员,系统将默认买家收到货物并放款。如卖家未在 7 个自然天内填写有效的重新发货运单号,系统会默认卖家放弃协议并全额退款给买家。

5. 退货后,重新发货

如买卖双方达成退货后重新发货协议,买家需要在 7 个自然天内提供有效的退货运单号,在买家提供退货运单号后,卖家有 30 天的时间跟踪并查收退件,如买家未在 7 个自然天内退货并提供退货运单号,系统会默认买家放弃协议,并放款给卖家;如买家履行协议退货并在规定的 7 个自然天内提供退货运单号,卖家有 30 天的时间跟踪并查收退件。系统将在买家提供退货运单号后的第 15 天和第 20 天与卖家确认收货情况,如卖家点击确认收到退货,在卖家确认后的 7 天内,卖家需要履行协议重新发货并填写发货运单号。如卖家未进行收货确认,同时也未提前反馈消息至平台,系统将默认卖家收到退货,并要求卖家尽快填写重新发货的运单号。如卖家未在 7 天内重新发货,系统将默认卖家放弃协议并全额退款给买家。

备货期相关问题及其解答

1. 没有在备货截止日及时发货和填写运单号,系统会自动取消订单吗?

答:超过备货截止日未发货的订单,系统不会自动取消,目前只有超过承诺运单时间未发货的订单,系统才会自动取消,退款原因为"超过运达日期未发货"。建议卖家按照备货截止日及时发货,避免受到不必要的处罚。

2. 在什么情形下,系统会自动取消订单?

答:(1)备货期内,买家提交退款协议,保持与原流程一致,需要卖家在协商期内进行响应,超期未响应或未达成一致的,订单自行执行退款。

(2)备货期内,买家提交退款协议,当卖家选择"我已备货,不同意退款"时,超过备货期仍未发货,买家一旦再次发起退款申请,订单自行执行退款。

(3)备货期内,买家提交退款协议后又取消,订单超期未发货,超过备货期后买家一旦再次发起退款申请,订单自行执行退款。

（4）超过备货期，买家一旦发起退款申请，订单自动执行退款。

3. 订单超过备货期未发货，买家还可以发起退款申请吗？

答：订单超过备货期未发货，买家可以发起退款申请，且买家一旦发起退款申请，订单将会自动执行退款，退款原因为"超过备货期未发货"。

4. 在未发货时，承诺运达时间如何查看和计算呢？

答：可以在订单详细信息页面查看，名称为"运达时间"，该时间为卖家自己设置的承诺运达天数，如需要计算承诺运达截止日期，那么就是备货期+承诺运达天数。

5. 什么情况的退款订单计算成交不卖？

答：平台针对成交不卖的定义：买家付款后，卖家逾期未按订单发货或买家选择卖家原因取消订单，导致未发货的行为。

逾期未发货包括超过承诺运达时间不发货、协议退款未在协商期内达成一致、超过备货期买家发起退款申请等情形导致订单未发货的情况。

举例：订单 123456789，买家在 3 月 5 日下单，备货期（不含节假日）是 4 天，备货截止日为 3 月 11 日，承诺运达时间为 28 天，最大的承诺运达日期为 4 月 8 日。

（1）超过 4 月 8 日未发货，订单将自动执行退款，会计算成交不卖。

（2）买家在 4 月 8 日之前（3 月 12 日至 4 月 8 日已超备货截止日至承诺运达时间前）申请退款，订单将自动执行退款，会计算成交不卖。

（3）买家在 3 月 11 日之前申请退款，卖家在协商期未响应，或响应并拒绝后未提交新的协议内容，订单将自动执行退款，会计算成交不卖。

（4）买家在 3 月 11 日之前申请退款，卖家在协商期内响应并拒绝退款，选择已备货，但未在备货截止日发货，买家再次发起退款申请，订单将自动执行退款，会计算成交不卖。

6. 如果一笔订单中有多个商品，备货期和承诺运达时间如何计算？

答：备货期和承诺运达时间均取时间最长者。

7. 在发货前退款中，哪些情形会计算卖家的责任退款率？

答：发货前成交不卖申诉失败或超时未申诉计算责任退款率。

8. 发货后承诺运达时间如何查看和计算？

答：（1）备货期内发货，承诺运达时间为：填写运单号时间+承诺运达天数。

（2）超过备货期发货，承诺运达时间为：备货截止日+承诺运达天数。所以，卖家应及时安排发货，避免超期未发货，买家提交纠纷对卖家账户产生影响。

实训五 敦煌网平台营销推广实操

实训目的

能够设置平台活动，并运用店铺营销工具、流量快车等站内营销推广工具打造爆款产品、优化店铺，并进行站内营销推广。

实训要求

1. 在实训室完成学生分组实操
2. 设置店铺产品促销款
3. 设置店铺产品活动推广款，并为其保价、保量

实训内容和步骤

登录卖家后台，进入"推广营销—促销活动"页面，查看卖家可参加的平台活动、店铺活动等，如图 5-129 所示。

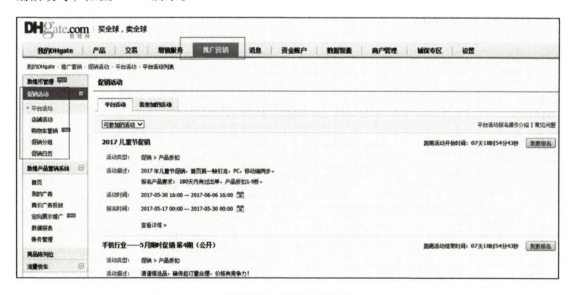

图 5-129 促销活动页面

一、平台活动

敦煌网会定期推出一些活动供卖家参与，若卖家对活动感兴趣，则可以单击"我要报名"按钮，如图 5-130 所示。

图 5-130　报名促销活动页面

查看是否有符合促销条件的产品，如果有，则勾选想参加活动的产品，并点击"下一步"按钮，如图 5-131 所示。

图 5-131　选择促销产品页面

为所选择的产品设置折扣（1—9 折）后，点击"提交"按钮，即可参加平台活动，如图 5-132 所示。

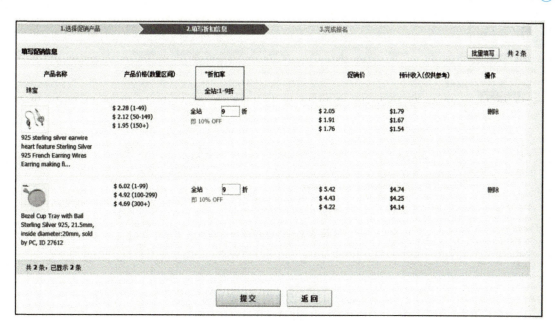

图 5-132　设置促销产品折扣页面

此外，卖家可以在"我参加的活动"中查找正在参与的平台活动，如图 5-133 所示。

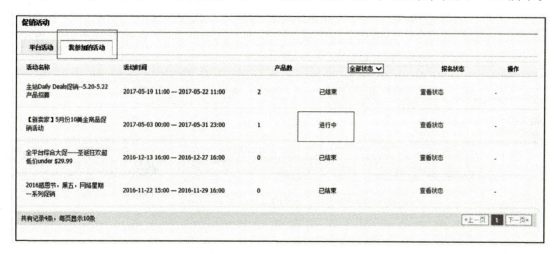

图 5-133　查找我参加的活动页面

二、店铺活动

敦煌网店铺也可创建"限时限量""满立减""全店铺打折""优惠券"活动，如图 5-134 所示。卖家可以根据自身产品推广情况设置活动，具体设置可参考全球速卖通平台店铺相关活动设置的操作步骤。

图 5-134　设置店铺活动页面

三、流量快车

登录卖家后台，点击"推广营销—流量快车"，查看现有卖家店铺的流量快车位置上限，基本上发布一个在线产品可获得 1 个免费快车位；发布 10 个在线产品可获得 2 个免费快车位；发布 30 个在线产品可获得 3 个免费快车位。此外，卖家级别越高获取的快车位越多。卖家可在已发布的产品里确定某个产品为"快车产品"，也可取消之前设为"快车产品"的产品，如图 5-135 所示。

图 5-135　设置流量快车产品页面

【实训成果】

站内优化页面、站内推广流程截图并存档。

小 结

本项目任务一介绍了敦煌网平台注册流程和前期基本工作；任务二介绍了敦煌网平台产品发布方法及规则；任务三介绍了敦煌网平台运费模板设置；任务四介绍了敦煌网平台营销推广工具，让学生对每一种营销推广工具都有一个基本的认知；任务五介绍了敦煌网平台上常见的纠纷处理。掌握上述知识才能把握敦煌网的基本运营规则。

知识宝典

[**敦煌币**] 敦煌币分为敦煌金币和敦煌券，目前主要用来投放广告。敦煌金币与敦煌券等值，与人民币兑换比例是1∶1（1元=1敦），一旦到账均不能退款。敦煌金币为卖家充值购买；敦煌券为敦煌网赠送所得，附带有效期限。

[**定价广告**] 定价广告是敦煌网整合网站资源，为敦煌网卖家倾力打造的一系列优质推广展示位，分布于网站的各个高流量页面，占据了页面的焦点位置，以图片或者橱窗等形式展示。定价广告仅对敦煌网卖家开放，买家可以在"敦煌产品营销系统"平台上购买。

一、单项选择题

1. 产品有效期是指产品成功提交当天起到产品停止在网上展示当天止的时间段，有效期默认为（　　）。
   A. 30天　　　　　　B. 60天　　　　　　C. 90天　　　　　　D. 120天
2. 对于产品包装，下列描述最准确的是（　　）。
   A. 避免使用样式奇特的盒子或袋子来包装
   B. 可以使用信封寄送物品
   C. 地址可以使用铅笔、水笔来书写
   D. 使用信封寄送物品，会受到有效的保护
3. 展示计划广告的收费方式为（　　）。
   A. 按点击收费　　　B. 按周收费　　　C. 按月收费　　　D. 按小时收费
4. 当敦煌币余额不足时，下列说法正确的是（　　）。
   A. 所有展示计划外产品还可以投放1天
   B. 充值足够金额后，平台自动启动投放
   C. 充值足够金额后，等待平台通知
   D. 充值足够金额后，需要手动启动投放

二、多项选择题

1. 卖家在敦煌网的登录名不得包含（　　）。

A. 违反国家法律法规、涉嫌侵犯他人权利或者干扰敦煌网平台运营秩序等相关信息

B. 不能含有敦煌网官方名称（DHgate）

C. 不能含有品牌词汇、名人姓名、联系方式

D. 用户名一经注册，则无法修改

2. 为顺利通过身份认证，保障交易安全，（　　）。

A. 填写的姓名将会默认为银行账户的开户人姓名

B. 注册人的姓名与身份证的姓名可以是两个人

C. 敦煌网有权终止、收回超过 1 年未登录敦煌网的账户

D. 注册用户名后，超过 120 天未完成手机验证和邮箱验证的账号，系统将自动视为放弃注册

3. 对于产品包装，应注意的是（　　）。

A. 避免使用太大或表面有印刷物的箱子

B. 避免使用坏的、易变形或不坚固的箱子

C. 避免使用劣质的填充物

D. 避免在箱子和物品间留下任何空隙

4. 在产品描述中，可以包含的信息有（　　）。

A. 付款方式　　　　B. 物流方式　　　　C. 售后服务　　　　D. 服务承诺

三、计算题

1. 创业者小王接到一笔来自法国的订单，客户购买了一双净重为 1.9 kg 的劳保鞋，打包后准备使用 EMS 快递寄往目的地，包装后重量增加了 0.2 kg，寄往法国首重费用是 280 元/0.5 kg，续重费用是 75 元/0.5 kg，折扣为五折，报关费为每票 4 元，试计算小王需要为该订单支付的费用总额。

2. 周先生打算把重量为 1.5 kg 的包裹寄往澳大利亚，首重费用是 210 元/0.5 kg，续重费用是 55 元/0.5 kg，折扣为四二折，报关费为每票 4 元，该笔货物费用总额为多少？

推荐阅读

敦煌网评价规则

➤ 什么是评价体系

Review 是收到商品后买家对卖家的整体服务和所购买的商品做出的反馈,包括了买家对整体服务的评价及对商品描述、沟通、物流、运费的交易评价,还包括了对已购买商品的评价和反馈;评价体系可以通过买家对卖家的有效评价,提升卖家的综合信用水平。卖家也可以通过买家的评价分数判断买家诚信度。

➤ 评价分类

订单评价:好评、中评、差评,根据三种评价分数计算好评率。

服务评价:实物描述相符程度、卖家的沟通容易程度、交付时间、运费,1星、2星、3星、4星、5星(1—5分)。

商品评价:1星、2星、3星、4星、5星(1—5分)。

➤ 订单评价计算方法

(1) 好评加1分,差评减1分,中评不计分。

(2) 评价分数计算公式为:评价分数=好评分数-差评分数。

(3) Review Score 为历史累计分数,没有时间限制。

提示:单个买家一周内给出的评价结果只能计算一次。例如,你的买家 Jack 在一周内给了您3个好评、1个差评、2个中评,那么对你的影响就是 3好评-1差评=2好评,2好评一周之内计算一次,也就是说,你的买家 Jack 在一周之内给你的好评分数为1分,此时你的好评分数增加了1分。

➤ 订单好评率计算方法

(1) 不同级别的买家,给出的评价加倍计算:所有 VIP 买家的评分翻一倍。因此,VIP 买家的评价将会加倍影响到卖家的好评率。

(2) 好评率计算公式:

$$好评率 = \frac{VIP好评 \times 2 + 普好评 \times 1}{(VIP好评 + VIP差评) \times 2 + (普好评 + 普差评)}$$

➤ 服务评价行业平均得分(即行业平均得分)计算规则

(1) 主营行业判定标准为:将卖家成交额最高(以确认订单的成交额为准)的一级类目判定为主营行业。

(2) 分数计算规则:

① 当卖家的主营行业得分大于等于同行业平均分时,计算规则为:卖家的店铺得分-同行业平均分。

② 当卖家的 Service Detail 得分小于等于同行业平均分时,计算规则为:同行业平均分-卖家的店铺得分。

平台将显示卖家的主营行业及其得分,同时显示卖家得分与行业平均值的差值(行业平均分数取 12 个月前的数据，每月刷新一次）。

➢ 商品评价

（1）商品评价是买家在订单完成后对所购商品的评价，包括对产品的打分（在 1—5 分之间）和一段简短的文字描述。

（2）商品评价是广大买家对所购商品的客观评价，能够帮助其他买家更加深入了解产品，也是卖家查看自己产品反馈信息的重要途径，可以帮助卖家更好地调整自己的产品线，剔除反馈不良的产品，增加广受买家欢迎的产品。

（3）如果多个买家都反馈某个产品有问题的话，建议卖家直接调整产品线，以免影响到店铺的其他产品。

（4）如果产品首图变更或产品被删除，相应的产品评价失效，不会再在产品最终页显示评价内容；如果产品下架，评价内容仍然保留，当产品重新上架后，原有评价仍会显示在产品最终页。

➢ 评价规则说明

（1）不同的订单状态，是否能留评价，是否能计分的规则如下表：

订单状态	是否可以写评价	是否计分
超期自动付款	是	是
买家确认收货	是	是
交易成功	是	是
交易关闭	是	是

（2）买家可在订单确认收货后 90 天内对卖家的商品和交易服务同时进行评价，超过 90 天订单评价系统默认好评，商品评价不自动好评。

（3）在买家给出卖家订单评价后 30 天内，卖家可以针对买家的此次交易行为进行评价。

（4）在买家给出卖家商品评价后，卖家可对买家给出的商品评价进行回复（仅限订单确认收货后 120 天内），该回复内容也会显示在产品最终页，其他浏览产品的买家也可以看到。

（资料来源：敦煌网官方网站）

项目六
亚马逊平台实操

1. 熟悉亚马逊平台注册流程
2. 掌握亚马逊平台产品发布方法及规则
3. 了解亚马逊物流及其操作流程
4. 掌握亚马逊平台营销推广工具

建议学时：16学时

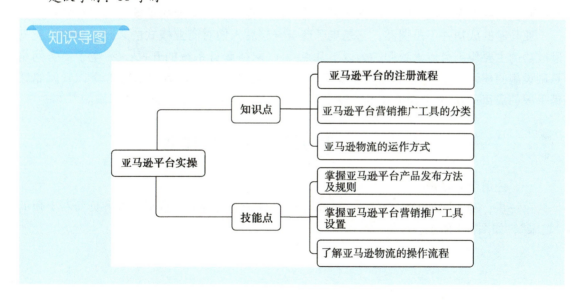

项目导入

亚马逊是全球最大的在线网络零售商，从1995年7月起开始运作其图书销售网站，目前业务范围已扩展到电器、玩具和游戏、DVD光盘及其他多种商品，还提供拍卖及问候卡片等服务。据相关统计显示，截至2019年4月，亚马逊上售卖的产品达到1.2亿种，最大的类别是图书（4 420万种），紧随其后的是电子产品（1 010万种），家庭和厨房（660万种）位列第三。亚马逊的旅程始于书籍，但随着时间的推移，它逐渐扩大了自己的产品组合,几乎囊括了所有类别。亚马逊的创始人贝索斯曾说过:"我们要创建一个前所未有的事物。"

自1995年第一本书在亚马逊网站上开售以来,亚马逊创造了一个又一个奇迹:1997年5月,公开上市;1998年11月,市值突破百亿美元;到1999年年底,客户覆盖160多个国家和地区;2001年度,营业收入达到5 900万美元,实现净利润500万美元。在客户规模上,每年都在以惊人的速度增长,1998年7月注册用户数为300万,到1999年9月注册用户数超过900万,2002年注册用户数有3 000万左右。截至2019年3月,有1.452亿移动用户访问了亚马逊应用,美国有1.03亿亚马逊Prime用户(2019年的估计值)。

2019年,亚马逊有超过250万个卖家,其中大约有2.5万个卖家的销售额超过100万美元,20万个卖家的销售额超过10万美元。虽然平台上的很大一部分销售是由一小部分卖家创造的,但是亚马逊提供了大量资源来优化小卖家的商店以助其获得成功。

在网络信息时代,客户消费是一种体验经济,用户的追随直接影响到企业的生存。亚马逊平台的业绩能节节攀升得益于其低廉的商品价格和优质的服务,为客户创造了方便舒适的网上购物环境,激发了众多消费者网上购物的热情。据相关调查显示,在最受欢迎的在线零售商中,亚马逊的客户服务堪称经典,亚马逊网站的浏览界面简洁,服务规章完善且细致。因此,无人匹敌的技术支持和成功的商业模式使亚马逊的市场规模不断扩大。

亚马逊的成功并不是偶然,它是电子商务兴起后人们对商业模式的又一次探索。亚马逊成功的主要原因可以大致归纳为以下几点:① 网络商务系统的开发;② 电子商务网络基础设施的建设;③ IT技术在电子商务系统中的应用;④ 亚马逊网站的建设;⑤ 网络营销手段的应用;⑥ 电子物流技术的应用;⑦ 电子银行与电子支付安全的保障。

任务一　亚马逊平台账户注册

一、注册个人账户

第一步:输入网址https://www.amazon.cn,登录亚马逊平台首页,点击页面右上角的"登录",如图6-1所示。

项目六 亚马逊平台实操

图 6-1 亚马逊平台首页

第二步：在弹出的下拉列表中选择"免费注册"，如图 6-2 所示。

图 6-2 进入免费注册页面

第三步：进入个人账户注册页面，依次填写姓名、手机号码、电子邮箱地址（可选）等信息，并设置登录密码，同时勾选"我已阅读并同意网站的使用条件及隐私声明"，完成后点击"继续"按钮，如图 6-3 所示。

第四步：根据提示信息，输入验证字符，完成后点击"继续"按钮，如图 6-4 所示。

第五步：进入验证手机号码页面，查看验证短信后，输入收到的验证码，完成后点击"验证"按钮，如图 6-5 所示。

图 6-3　填入注册信息页面　　　　图 6-4　填入验证字符页面　　　　图 6-5　验证手机号码页面

二、注册卖家账户

第一步：完成个人账户注册后返回亚马逊平台首页，在页面右上角"我的账户"下拉列表中选择"我要全球开店"，如图 6-6 所示。

图 6-6　进入卖家注册入口

第二步：进入亚马逊全球开店页面，选择需要注册的站点，完成后点击"马上开店"按钮，如图 6-7 所示。

项目六 亚马逊平台实操

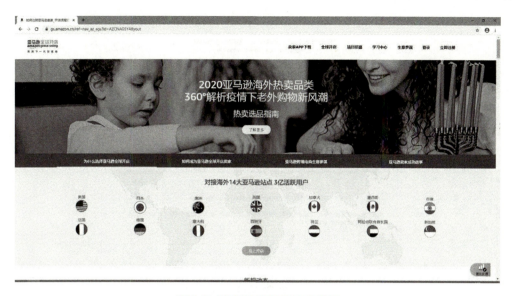

图 6-7 选择所需注册站点页面

第三步：进入卖家账户注册页面，点击"创建您的 Amazon 账户"按钮，如图 6-8 所示。

第四步：填写卖家账户注册信息，包括姓名和邮箱地址，设置登录密码，完成后点击"下一步"按钮，如图 6-9 所示。

第五步：进入验证电子邮件地址页面，前往注册邮箱中查收亚马逊官方发送的邮件后，输入收到的验证码，点击"创建您的亚马逊账户"按钮，如图 6-10 所示。

图 6-8 进入卖家账户注册页面　图 6-9 填写注册信息页面　图 6-10 验证电子邮件地址页面

第六步：阅读亚马逊服务商业解决方案协议和国际销售协议相关内容，在"公司地址"下拉列表中选择自己所在的国家或地区，完成后点击"同意并继续"按钮，如图 6-11 所示。

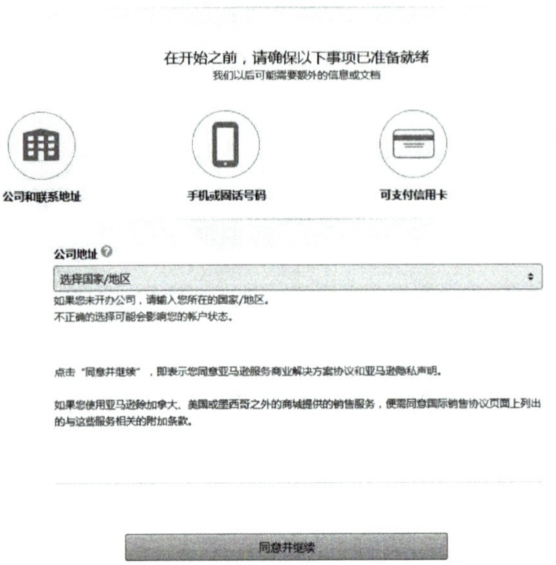

图 6-11　阅读协议及选择国家/地区页面

第七步：进入设置公司所在地、业务类型和名称页面，根据自己公司的实际情况在"业务类型"下拉列表中选择业务类型，并填写公司的英文名称（营业执照上公司名称的汉语拼音）和中文名称，并勾选"我确认我的营业地点和类型正确无误，同时我也了解此信息以后无法更改"，完成后点击"同意并继续"按钮，如图 6-12 所示。

图 6-12　设置公司所在地、业务类型和名称页面

第八步：进入填写公司信息页面，依次输入公司的注册号码、实际经营地址、主要联系人姓名，设置 PIN 接收方式（有短信和电话两种方式）并填写用于验证的电话号码，所有信息输入完毕并通过短信或者电话验证后，点击"下一步"按钮，如图 6-13、图 6-14 所示。

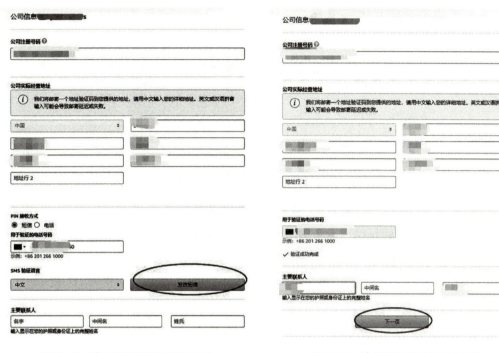

图 6-13　填写公司信息页面（1）　　　图 6-14　填写公司信息页面（2）

第九步：进入填写卖家个人信息页面，选择国籍和出生地并填写出生日期，填写身份证号码、有效期及身份证上显示的名称并选择签发国，填写居住地址、手机号码并选择 PIN 的接收方式（有电话和 SMS 两种），勾选"是企业的受益所有人""是企业的法人代表"两个复选框，如果公司的受益人只有法人一个，在"我已新增该公司所有的受益所有人"下选择"是"，否则就选"否"，完成后点击"保存"按钮，如图 6-15 所示。

第十步：输入付款信用卡信息页面，填写信用卡卡号、到期日、持卡人姓名，查看默认地址信息是否与信用卡账单地址相同，如不同，点击"添加新地址"，填写新地址信息后，点击"下一步"按钮，如图 6-16 所示。

图 6-15　填写卖家个人信息页面

图 6-16　输入付款信用卡信息页面

第十一步：进入填写店铺信息页面，包括店铺的名称、商品编码和品牌等信息，完成后点击"下一步"按钮，如图 6-17 所示。

图 6-17　填写店铺信息页面

第十二步：进入提交身份验证页面，由于企业和法人信息前面已经填过，这里只需要上传法人身份证正反面照片及公司营业执照照片即可，完成后点击"提交"按钮，如图 6-18 所示。

图 6-18 提交身份验证页面

第十三步：进入身份验证与地址验证页面，选择"实时视频通话"，完成后点击"下一步"按钮，如图 6-19 所示。

图 6-19 身份验证与地址验证页面

第十四步：选择一个日期和时间后，点击"下一步"按钮，确认视频通话验证预约，如图 6-20 所示。

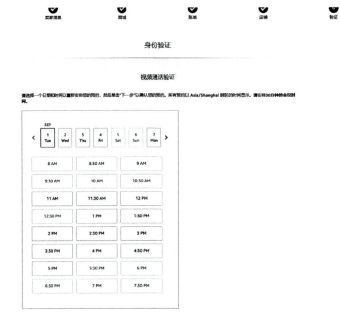

图 6-20 选择视频通话验证时间页面

第十五步：再次检查预约时间，并准备好相关文件，确认无误后点击"接受"按钮，如图 6-21 所示。

图 6-21 提交信息页面

第十六步：信息提交完成后，就可等待亚马逊官方联系验证信息，如图 6-22 所示。

图 6-22　完成流程等待验证页面

以上为亚马逊平台个人账户和卖家账户注册流程，官方验证信息完成并缴纳保证金之后即可发布产品。

任务二　亚马逊平台产品上传处理

亚马逊对卖家开放的品类达 20 多种，销售这些品类的商品无须获得亚马逊的事先审批。但某些品类只允许发布新商品；某些品类对商品质量有附加要求，需要卖家遵守。销售某些品类的商品需要得到亚马逊的事先审批，只有注册专业销售计划的卖家才可以出售这些品类的商品。亚马逊限制这些品类的销售，以确保卖家的商品满足质量要求、上线标准及品类的其他特殊要求。这些标准有助于提升顾客从亚马逊平台购买商品的信心。

一、无须审批商品的发布

无须事先审批的商品，卖家可以直接上传后发布。根据商品所属分类开始创建商品信息。如果要发布的商品较少，则适合使用"添加新商品"工具来逐个发布商品。如果是拥有专业账户的卖家且要发布的商品较多，则建议使用库存文件来创建和上传商品。下面分别介绍逐个发布商品和批量发布商品的流程。

（一）逐个发布商品

在卖家平台中选择"添加新商品"工具，点击创建新商品信息链接，系统将要求卖家对正在创建的商品进行分类。搜索商品名称，从推荐的选项中选择正确的分类，或者浏览可用分类列表，为商品确定具体分类，如图 6-23 所示。

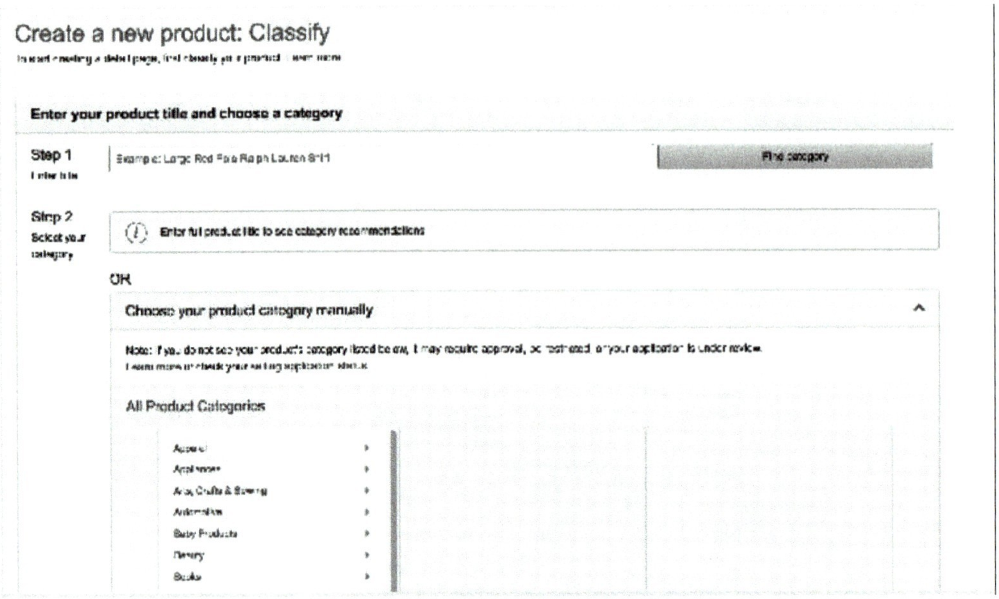

图 6-23　创建新商品页面

对商品进行分类后，系统将提示卖家输入商品信息。在页面顶部有七个选项卡，分别输入不同类型的商品信息，标有星号的字段为必填信息，如图 6-24 所示。

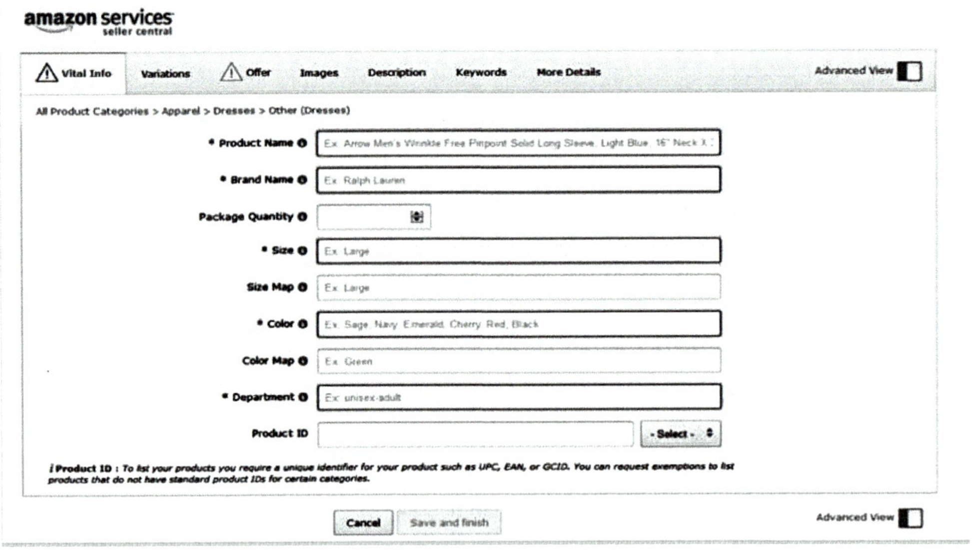

图 6-24　填写商品信息页面

此外，在亚马逊品牌注册计划中注册品牌后，卖家可以享有更高权限来为注册品牌商品编辑商品详情页信息。

（二）批量发布商品

要批量发布商品，卖家可以使用分类商品信息模板。要创建商品信息，卖家可以下载库存模板，在模板中填写商品信息，然后将文件上传到卖家平台。库存文件中包含分类特有的属性，这些属性可以让买家了解重要的商品信息，对于提供良好的买家体验十分关键。使用库存文件批量发布商品的具体操作如下：

第一步：在"库存"菜单中，选择"批量上传商品"选项，进入"下载库存文件"页面，如图 6-25 所示。

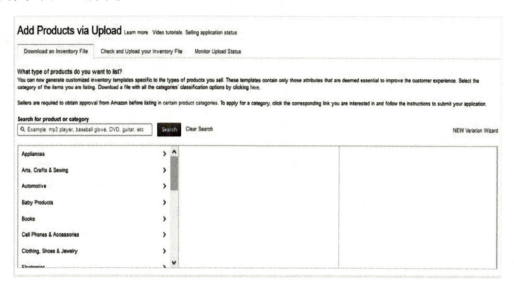

图 6-25　下载库存文件页面

第二步：选择"检查和上传您的库存文件"选项卡，卖家可以浏览填好的分类模板，确认信息无误后点击"上传"按钮，以此上传库存文件来创建商品信息，如图 6-26 所示。

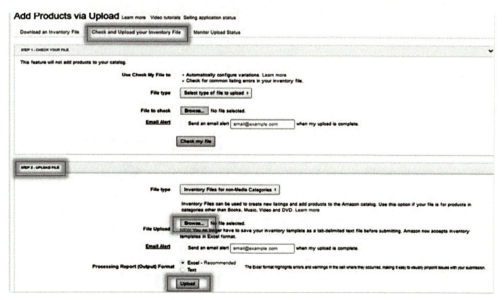

图 6-26　检查和上传库存文件页面

第三步：在"监控上传状态"选项卡中查看上传状态。在该选项卡下，卖家可以看到最近上传文件的列表、已上传商品信息数量、成功上传商品信息数量及上传错误的商品信息数量。如果卖家收到商品信息上传错误消息，可在页面右侧下载处理报告并查看错误原因，如图 6-27 所示。

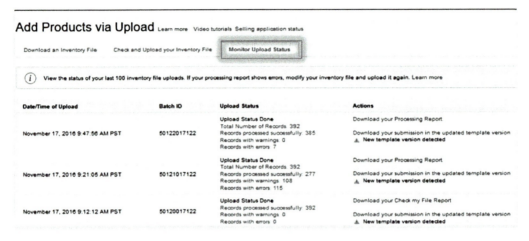

图 6-27　检查上传商品状态页面

二、需要审批商品的发布

对于某些品类的商品，卖家需要获得亚马逊的批准，才能在这些分类下销售商品。要确定哪些分类下的商品需要事先审批，可以按照以下步骤操作：

第一步：登录卖家平台，选择"添加新商品"工具。

第二步：在搜索框中输入卖家想要销售商品的名称。

第三步：找到与想要销售的商品相匹配的商品。

第四步：如果需要批准，则商品旁边会显示"适用商品限制"字样。

第五步：点击适用商品限制链接，将出现"申请批准"按钮，如图 6-28 所示。

图 6-28　确认商品是否准许销售页面

任务三　亚马逊物流

亚马逊物流（Fulfillment By Amazon，简称FBA），是指卖家将商品批量发送至亚马逊运营中心，由亚马逊负责帮助卖家存储，当商品销售后，由亚马逊完成订单分拣、包装和配送，并为这些商品提供买家咨询、退货等客户服务，帮助卖家节省大量的人力、物力和财力。亚马逊将第三方卖家库存纳入亚马逊全球物流网络，不仅可以提升用户体验和黏性，而且通过向卖家收取服务费也可以提高其收入。

一、FBA的概述

（一）FBA的优势

（1）提高Listing排名，帮助卖家成为特色卖家和抢夺购物车，有利于卖家获得客户信任，提高其销售额。

（2）多年丰富的物流经验，仓库遍布全世界，智能化管理。

（3）配送时效快，仓库大多靠近机场。

（4）使用当地语言为FBA商品提供7×24小时的专业客户服务。

（5）消除由物流引发的差评纠纷。

（6）对单价超过300美元的商品免除所有FBA物流费用。

（二）FBA的不足

（1）一般来说，费用会比国内发货稍微高一点（特别是非亚马逊平台的FBA发货），具体还要看商品重量。

（2）FBA仓库不为卖家的头程发货提供清关服务。

（3）退货地址只支持美国（如果是做美国站点的FBA）。

（4）退货随意，给卖家带来不少困扰，客户想退货甚至不需要跟FBA的客服进行太多的沟通。

二、FBA的运作方式

亚马逊14大海外站点面向中国卖家开放，3亿多活跃用户，175个运营中心，支持配送全球185个国家和地区。FBA可以广泛应用于北美、欧洲和日本等地区，开启了跨境业务的优选物流解决方案，能够帮助卖家吸引更多亚马逊全球消费者，加速业务拓展。FBA的具体运作方式如图6-29所示。

第一步：头程物流。卖家将商品进行预处理后，发送到亚马逊运营中心。

第二步：接收并存储商品。亚马逊接收商品并进行存储，确保商品能够随时配送给买家。

第三步：买家购买商品。买家在亚马逊上购买商品。

第四步：分拣包装。亚马逊从库存中分拣商品并包装发货。

第五步：商品配送。亚马逊将商品配送到买家手中。

第六步：售后服务。亚马逊使用当地语言提供买家咨询及退货等客服服务。

图 6-29　FBA 运作方式流程图

三、FBA 费用的计算

下面以马赛克瓷砖为例来说明 FBA 费用的计算方法。具体操作步骤如下：

第一步：按照商品名称 Mosaic Tile，找到 Tools & Home Improvement 类别，如图 6-30 所示。

第二步：找到该商品的 ASIN 编码，如图 6-31 所示。

图 6-30　寻找商品类别页面 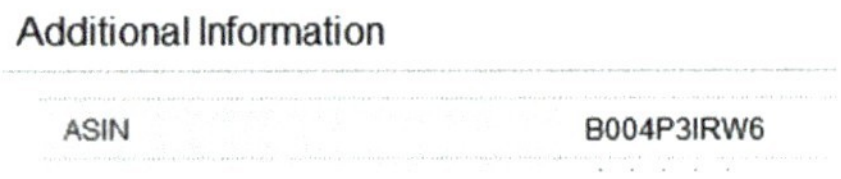　　　　图 6-31　寻找商品 ASIN 编码页面

第三步：打开 FBA 计算器，如图 6-32 所示。

图 6-32　打开 FBA 计算器页面

第四步：点击右下角的"计算"按钮，如图 6-33 所示。

图 6-33　进入 FBA 费用计算页面

第五步：填写相关数据，计算 FBA 费用，如图 6-34 所示。

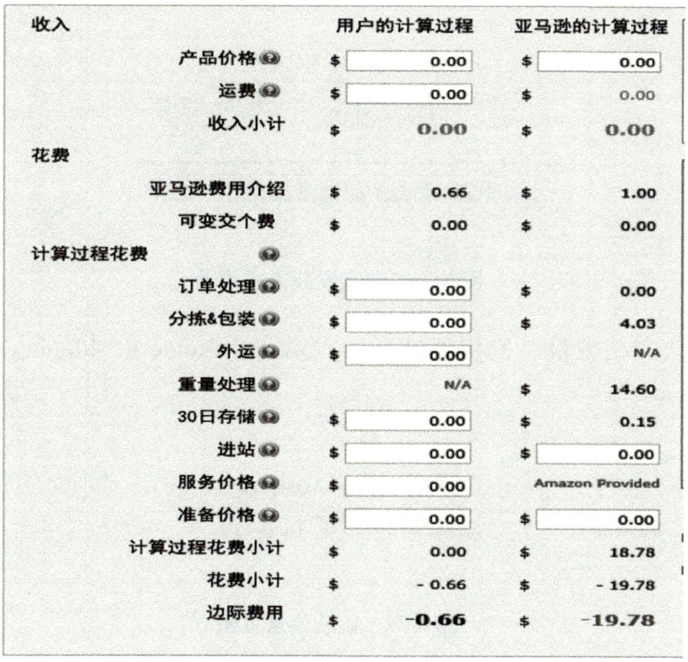

图 6-34　计算 FBA 费用页面

四、FBA 操作流程

第一步：进入卖家平台，在"INVENTORY"选项卡下点击"Manage Inventory"按钮，从库存中选择要通过 FBA 发货的商品。

第二步：选择好 SKU 后，点击"Actions"下拉菜单，选择"Change to Fulfilled by Amazon"，如图 6-35 所示。

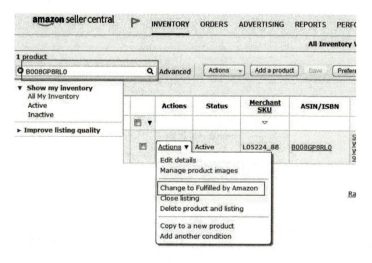

图 6-35　设置 FBA 发货页面

第三步：跳转至此页面，确认后点击"Convert & Sent Inventory"按钮，如图6-36所示。

图6-36 改变发货方式页面

第四步：确认产品数量、发货地址后，点击"Continue to shipping plan"，如图6-37所示。

图6-37 确认信息页面

第五步：在页面的最下方，点击"Print labels for this page"按钮，下载PDF文件，用专业的条形码打印机打印条形码，完成后点击"Continue"按钮，如图6-38所示。

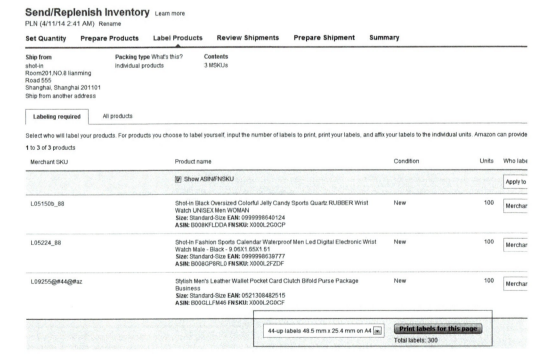

图6-38 打印条形码页面

第六步：确认分仓信息，点击"View shipment contents"，查看详细信息，确认无误后点击"Approve shipments"按钮，如图 6-39 所示。

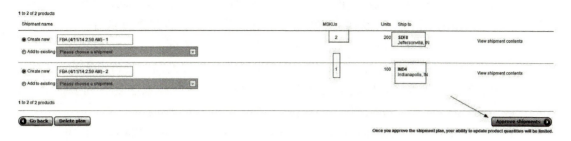

图 6-39　确认分仓信息页面

第七步：点击"Work on shipment"按钮，编辑每个仓库的发货信息。

第八步：点击"Download pack list"按钮，下载 TXT 文件后，将其转化成 Excel 表格，打印以备装箱用。另外，输入外箱贴的数量，点击"Print box labels"按钮，打印外箱贴，如图 6-40 所示。

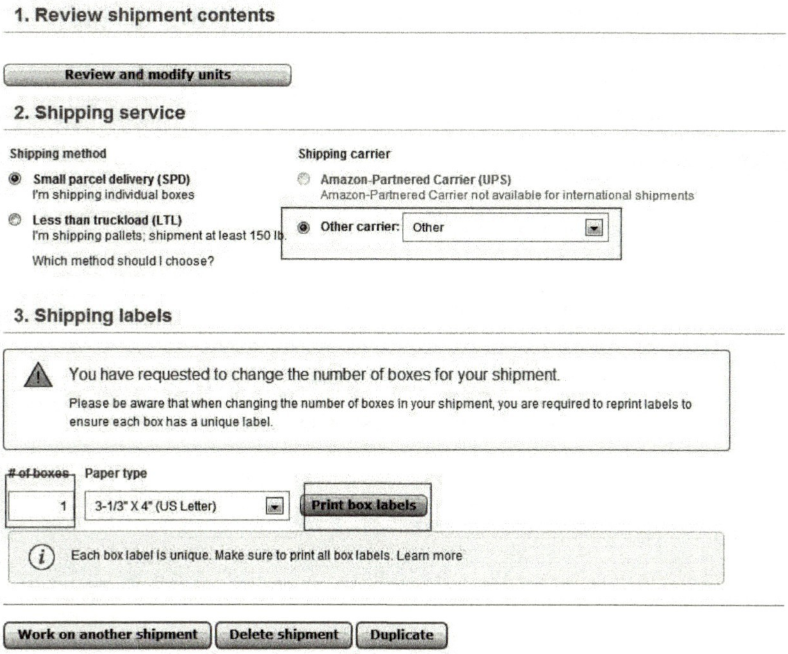

图 6-40　打印外箱贴页面

第九步：完成上述操作后，再点击"Work on another shipment"，进行其他仓库操作。

五、FBA 仓库管理

（一）核对库存

进入"Manage FBA Inventory"页面之后，可查看卖家的 SKU 在 FBA 所有仓库的总库存。Inbound 指商品已经入库但还未上架；Fulfillable 指实际库存商品；Reserved 指买家已经下单付款但还未发货的商品。如果对库存有疑问，卖家可点击"Contact Seller Support"按钮。

（二）合并仓库

一般情况下，以 FBA 方式发货的商品不会被分到一个仓库，除非此次 FBA 商品转换数量少。亚马逊会把 FBA 商品分到不同的仓库，主要出于以下两方面的原因：

（1）每个仓库的条件、硬件设施和气候、温度、湿度都不同。

（2）亚马逊的后台数据会告诉它，靠近哪些仓库的区域此商品的销售潜力大。为了在一定程度上节省物流成本，亚马逊会自行把这批 FBA 商品按照其意愿划分到多个不同的仓库。这样就会涉及合并仓库问题，合并仓库一般按以下步骤操作：

Setting—Fulfilled by Amazon—Inbound Settings—Edit—Inventory Placement Option—Inventory Placement Service—Update。

任务四　亚马逊平台营销推广工具

一、亚马逊广告平台

亚马逊广告平台的目的是让卖家与更活跃的受众建立关系，帮助卖家在正确的时间，向正确的受众展示高度相关的信息，从而帮助卖家规划和优化自己的营销策略。亚马逊广告平台页面如图 6-41 所示。

图 6-41　亚马逊广告平台页面

亚马逊为卖家提供自助式广告解决方案，具体分为商品推广、品牌推广、展示型推广、品牌旗舰店四个模块。

（一）商品推广

亚马逊商品推广是指通过在结果详情页上展示的广告来帮助亚马逊顾客发现和购买卖家在亚马逊上销售的商品。广告可以在电脑设备和移动设备上展示，也可能会展示在搜索结果顶部、中间及商品详情页面上。

卖家、供应商、图书供应商及代表供应商的代理商可以使用商品推广。要推广商品，相关商品必须属于一个或多个符合要求的分类且有赢得购买按钮的资格。购买按钮是指在商品详情页上的加入购物车按钮，是消费者将商品放入购物车，以开始购物的过程。亚马逊网站的一个重要特点就是多位卖家可以推销同样的商品，并通过竞争赢得购买按钮。亚马逊通过绩效标准来决定谁有资格赢得购买按钮及具体展示位置。

1. 商品推广登录操作流程

第一步：进入亚马逊商品推广页面，点击"开始推广"按钮，如图 6-42 所示。

图 6-42　亚马逊商品推广页面

第二步：选择想要开启广告的国家站点，在下拉列表中选择"美国"，如图 6-43 所示。

图 6-43　选择开启广告的国家站点页面

第三步：如果已有卖家平台账户，可直接点击"我有卖家平台账户"，否则就点击"我没有上述账户"，先进行卖家账户注册，如图 6-44 所示。

图 6-44　选择账户页面

第四步：点击"我有卖家平台账户"后，输入密码，点击"登入"按钮，即可进入卖家平台页面，如图 6-45 所示。

图 6-45　登录卖家平台页面

注意：

品牌推广、展示型推广和品牌旗舰店登录操作流程与商品推广相似，后面不再重复介绍。

2. 商品推广的运作原理

（1）提高曝光度。广告将会展示在顾客可以看到的位置，如搜索结果首页或者商品详情页，这可以提高卖家商品的曝光度，如图 6-46 所示。

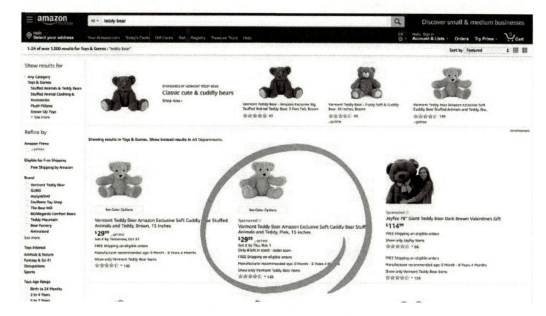

图 6-46　显示在搜索结果首页

（2）提高销量。商品推广可以吸引在搜索类似商品的消费者，并将他们引导至卖家的商品详情页，从而帮助卖家增加在亚马逊上的销售额，如图 6-47 所示。

图 6-47　引导至卖家商品详情页面

（3）控制成本。广告采用点击付费模式，因此卖家只需要在顾客点击他的广告时付费。卖家可以通过设置预算并选择针对每次点击的竞价金额来控制支出，如图 6-48 所示。

图 6-48　顾客点击广告页面

（二）品牌推广

亚马逊品牌推广广告可以展示卖家的品牌 Logo、自定义文字和最多三个商品。这类广告会在搜索结果中展示，有助于提高卖家品牌和商品组合的知名度。进行品牌注册的买家、供应商、图书供应商及代表供应商的代理商可以使用品牌推广。亚马逊品牌推广页面如图 6-49 所示。

图 6-49 亚马逊品牌推广页面

下面简单介绍亚马逊品牌推广的运作原理。

（1）提高品牌知名度。品牌推广会在搜索结果中展示，有助于提高卖家品牌的曝光度。借助自定义文字，让顾客以卖家希望的方式了解其品牌，如图 6-50 所示。

图 6-50 显示在搜索结果页面

（2）吸引更多顾客。品牌推广会在顾客搜索想要购买的商品时展示。当亚马逊顾客点击卖家的品牌 Logo 后，便会跳转到品牌旗舰店或自定义页面。当他们点击某个商品后，便会跳转到相应商品详情页面，如图 6-51 所示。

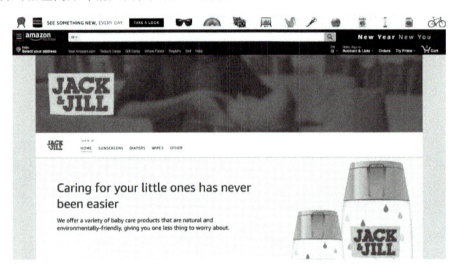

图 6-51　跳转至自定义页面

（3）控制成本。广告采用点击付费模式，因此卖家只需要在顾客点击他的广告时付费。卖家可以通过设置预算并选择针对每次点击的竞价金额来控制支出，如图 6-52 所示。

图 6-52　顾客点击广告页面

（三）品牌旗舰店

亚马逊平台为卖家提供多级页面的品牌旗舰店来帮助其推广品牌和商品。创建品牌旗舰店是免费的，已完成亚马逊品牌注册的卖家、供应商和代理商可以使用品牌旗舰店。卖家无须在亚马逊上进行广告推广即可创建品牌旗舰店。亚马逊品牌旗舰店页面如图 6-53 所示。

图 6-53　亚马逊品牌旗舰店页面

下面简单介绍亚马逊品牌旗舰店的设计和重要功能。

（1）讲述卖家的品牌故事并展示卖家的商品，帮助消费者在亚马逊上发现卖家的商品组合和相关商品，如图 6-54 所示。

图 6-54　设计品牌故事页面

（2）无须编码即可设计卖家的品牌旗舰店。使用可拖放的模块或预先设计好的模板即可创建自定义的多级页面品牌旗舰店，而无须编写任何代码，如图 6-55 所示。

图 6-55 设置模块页面

（3）获得卖家自己的 amazon.xx 网址。使用卖家独有且易于记忆的亚马逊 URL，通过亚马逊站内广告和站外的营销活动，将消费者导流到卖家的品牌旗舰店，如图 6-56 所示。

图 6-56 获得 amazon.xx 网址页面

（4）使用品牌旗舰店"洞察见解"模块优化广告活动。借助品牌旗舰店"洞察见解"模块，卖家可以深入了解品牌旗舰店销量和流量来源，如图 6-57 所示。

图 6-57 品牌旗舰店"洞察见解"模块页面

(四)展示型推广

亚马逊展示型推广是一种新的自助广告解决方案,无需最低预算,只需几分钟就可以创建展示广告活动。使用展示型推广可以吸引亚马逊站内及站外受众群以增进卖家的业务。有进行亚马逊品牌注册并在亚马逊美国、加拿大、欧洲五国(法国、意大利、西班牙、德国、英国)、日本、阿联酋站点销售商品的专业卖家、供应商及具有在亚马逊上销售商品的客户的代理商可使用展示型推广。相关商品必须属于一个或多个符合要求的分类才可进行推广。亚马逊展示型推广页面如图 6-58 所示。

图 6-58　亚马逊展示型推广页面

下面简单介绍亚马逊展示型推广的优势。

(1)为卖家吸引意向相似或更广泛的受众。卖家可以使用"商品投放"功能来提高正在浏览相关品类、商品详情页或互补商品的顾客的购买意向。商品投放广告将会显示促销和节省标记,顾客在购买过程中会被吸引,轻松点击即可添加至购物车,如图 6-59 所示。

图 6-59 "商品投放"功能页面

(2) 灵活高效地管理广告活动、获取最大效果。只需要简单几步就能创建一个展示广告,使用为卖家自动生成且优化的创意素材,推广全部商品。卖家可以在一个广告活动中推广多个商品,也可以通过详细的报告及为每个目标设置单独竞价来优化广告活动,如图 6-60 所示。

图 6-60 设置广告活动页面

(3) 助力业务目标。从商品需求到转化效果,无论大型或中小型企业,展示型推广助力卖家衡量并实现业务目标。

二、亚马逊联盟计划

亚马逊联盟计划是一项免费的广告计划，可供品牌所有者用于将流量引导至他们的亚马逊商品详情页面，同时利用此流量获利。品牌所有者可以使用亚马逊联盟，通过链接、小工具和横幅将买家从其网站、博客或社交媒体渠道引导至亚马逊网站，如果这些买家在亚马逊上购买了商品，则品牌所有者可以赚取广告费，广告费按照总价的百分比进行计算。

（一）亚马逊联盟的优势

（1）可有效提高亚马逊上商品页面的流量并增加销量。

（2）当买家点击某个联盟链接并购买商品时，品牌所有者可以赚取广告费。

（3）良好的买家体验。买家喜欢联盟链接，因为这些链接会将他们转至可购买所浏览商品的页面。

（4）易于使用。联盟提供了易于使用的工具，因此可轻松创建和自定义链接。

（5）无最低推荐要求。申请加入联盟无须支付任何费用，也无最低推荐要求或限额。

（二）亚马逊联盟加入流程

（1）阅读亚马逊联盟计划运营协议，以确保品牌所有者了解并能遵守所有条款。

（2）注册。填写简短的在线注册表进行注册。选择"供应商"作为网站类型。

（3）开始添加链接注册后，就可以立即访问联盟平台。网站获批后，品牌所有者将能够通过链接带来的销售自动赚取广告费。

（4）使用联盟平台中的收益和流量报告，查看访客购买的商品及品牌所有者因这些购买获得的收益。广告费在每月月末支付。

> **温馨提示**
>
> 在设置店铺编号和追踪编号时，系统会按照以下命名规则"Your Business Name-20"自动生成店铺编号。该唯一编号用于识别您的账户在亚马逊联盟中的身份，并将成为所有链接、报告和设置的基础。可以创建其他追踪编号，用于替代或补充店铺编号，具体方法是点击"账户设置"，然后点击"管理您的追踪编号"。
>
> 想要评估联盟计划的效果，可以使用联盟平台中的报告，如收益报告提供有关商品、商品价格、费用及链接推动的每笔销售带来的收入的明细；追踪编号汇总报告提供有关每个追踪编号绩效的明细。

（三）亚马逊联盟运作模式

要推动买家在亚马逊上购买商品，最简单的方法是在网站首页放置"购买地址"或"销售地址"链接。店铺链接通常采用以下格式：amazon.com/YourName。要想直接链接到店铺并使用联盟追踪服务，需要将店铺编号附加到店铺链接中：Amazon.com/YourName?tag=STOREIDHERE。

（1）将链接置于你的首页和商品页面上。建议将链接置于首页上，以便买家一登录网站便知道何处可购买商品；同时将链接置于商品页面上，以便买家可以在浏览商品时立即点击购买。

（2）使用社交媒体。使用可将买家引导至亚马逊的联盟链接，在 Facebook、Twitter 及其他社交媒体渠道上推广商品，从而充分利用该计划。

（3）使用追踪编号。使用不同的追踪编号监控各个链接或活动的效果。如果同时拥有多个网站，则可以为每个网站指定不同的追踪编号，以便更好地了解各自的绩效。可以使用不同的追踪编号区分活动或计划。

三、亚马逊"秒杀"活动

亚马逊为品牌所有者提供"秒杀"活动。"秒杀"是一种限时促销，参与"秒杀"的商品会在亚马逊"Z 秒杀"页面（亚马逊上的热门页面）上特别展示几个小时。参与"秒杀"促销活动只需要少量的费用，却能够很好地帮助买家发现卖家的商品，并提高其销量，因为买家更有可能购买促销的商品。图 6-61 是商品"秒杀"促销活动页面。

图 6-61 "秒杀"促销活动页面

（一）推出"秒杀"的理由和时机

（1）改善品牌和商品的可发现性。通过在亚马逊"Z 秒杀"页面上特别展示卖家的商品，卖家有机会让以前其从未触及的买家发现他的商品。卖家可以为任何推荐商品创建"秒杀"，但是向买家展示新商品，不失为绝佳的选择。

（2）为卖家的整个品牌制造光环效应。推出"秒杀"后可能会出现销量激增，并且在"秒杀"时段过后这种激增仍可以持续，有人称这种现象为"光环效应"。除了提高商品的可发现性以外，在推出"秒杀"后的一个月内，一些卖家的推荐商品和其他品牌目录商品销量还会保持增长。

（3）清空积压或季末库存。如果卖家的亚马逊物流库存出现积压或者卖家希望清空季末库存，"秒杀"也非常适合用于清空卖家当前的亚马逊物流库存。

（二）创建"秒杀"

要创建"秒杀"，需要按照以下步骤操作：

第一步：进入卖家平台，在"ADVERTISING"下拉菜单中，点击"Lightning Deals"。

第二步：从"Recommendations"中选择"秒杀"，或者点击"Check all recommendations"查看所有推荐。可能并不是总有"秒杀"推荐，因此卖家需要经常注意查看，如

图 6-62 所示。

图 6-62 进入"秒杀"设置页面

第三步：一旦确定了需要"秒杀"的商品，点击"编辑"或"高级编辑"按钮，点击"编辑"按钮，进入"秒杀"商品信息编辑页面，包括编辑秒杀数量、秒杀价格、秒杀图片和秒杀计划等。设置完"秒杀"参数后，点击"提交"按钮，将"秒杀"商品提交审核。如果点击"高级编辑"按钮，则将跳转至"创建秒杀"页面，可以编辑"秒杀"商品的其他参数，如图 6-63 所示。

图 6-63 创建"秒杀"页面

在提交前务必要查看费用信息。亚马逊将根据具体商城和"秒杀"时间收取费用，且仅在"秒杀"活动结束后收取。

> **温馨提示**
>
> 创建完"秒杀"后,请检查以下事项:
> (1) 确保拥有充足的库存,满足"秒杀"数量。
> (2) 确定"秒杀"计划后,务必确认"秒杀"的具体日期和时间。
> (3) 监控"秒杀"状态。
> (4) 在"秒杀"计划开始的24小时前,可以随时取消"秒杀"。

四、亚马逊购物活动

在每年的特定时期,买家会在亚马逊上购买特定类型的商品。这些时期对品牌所有者来说是一个很好的商机,可以让新买家发现他们的商品。这些时期包括国家法定节假日、季节性时期和亚马逊特定活动期。品牌所有者只有充分了解这些亚马逊购物活动,其商品才能显示在主要位置,从而被亚马逊买家发现。

亚马逊购物活动是亚马逊在每年的特定时期举办的促销活动。为推进这些活动,亚马逊会在相应时期推出其他推销举措(如促销),还会通过相关电子邮件广告和针对购物活动的其他营销措施来加大买家拓展力度。

下面是一份营销日历,列出了亚马逊全年购物活动的时间,如图6-64所示。

图6-64 亚马逊购物活动时间表

参加亚马逊购物活动的其中一种方法是针对与活动相关的商品推出"秒杀"。在此时段内设置"秒杀",可确保商品能被买家发现。这将确保买家能够在促销页面上找到卖家的商品。设置"秒杀"后,系统会自动将该商品标记为亚马逊推销商品,并会考虑将其添加到活动登录页面。

此外,卖家需要确保在这些购物活动期间拥有充足的库存。库存越多,商品便越有可能加入推销活动中,如活动登录页面和电子邮件广告。如果商品有售罄风险,则亚马逊推销活动不会推荐该商品,因为这可能会造成不良买家体验。

为了充分利用这些活动期间增加的网站浏览量,卖家需要考虑以下情况:

(1)促销相关的商品。促销的商品必须与活动相关,如烧烤工具与阵亡将士纪念日活动相关,但冬季夹克则与其不相关。

(2)确保有充足的库存。确保有充足的库存,从而为活动期间增加的浏览量和销量提供支持。安排足够的时间,确保亚马逊运营中心收到库存。

(3)为"秒杀"商品添加图文版品牌描述。添加图文版品牌描述可以提高买家参与度、商品转化率和销量。在商品详情页面上为要促销的商品添加图文版描述。

(4)调整商品推广预算。活动会产生高于正常水平的浏览量,因此商品推广活动预算也会比平时消耗得更快。查看商品推广活动,并考虑提高在此时段的预算和出价,以确保买家能够找到卖家的商品。

(5)考虑季节性。在查看促销日历时,卖家也应考虑季节性。例如,如果卖家销售户外商品,则在春季和夏季需要更多库存。

实训六 亚马逊平台实操

【实训目的】

了解亚马逊的实操平台,能够正确进行账户注册和产品发布,掌握其特点,为更好地开展跨境电子商务打下坚实的基础。

【实训内容和步骤】

利用学校现有的实训软件,练习亚马逊平台卖家账户注册和产品发布。完成卖家账户注册后,登录卖家平台,选择正确的商品类目并成功发布商品。

【实训成果】

将卖家账户注册成功和商品发布成功页面截图并存档。

小 结

本项目任务一介绍了亚马逊平台个人账户和卖家账户的注册流程;任务二介绍了亚马逊平台产品发布规则及方法;任务三介绍了亚马逊物流的优势和费用计算方法;任务四介绍了亚马逊平台营销推广工具,让学生对每一种营销推广工具都有一个基本的认知。掌握上述知识才能把握亚马逊平台的基本运营规则。

思考题

一、单项选择题

1. 对订单缺陷率描述错误的是（　　）。

A. 订单缺陷率是考核卖家绩效很重要的指标，绩效过低会导致店铺冻结

B. 订单缺陷率最高不得超过1%，这个指标需要经常查看

C. 订单缺陷率不会导致任何惩罚，可以适度超过要求指标

2. 对卖家绩效中的"业绩通知"描述正确的是（　　）。

A. 如果有业绩通知，我需要检查我的卖家绩效是否都合格

B. 买家如果提交了亚马逊交易保障索赔，那么我需要在7日内进行回复

C. 业绩通知只是系统对我业绩情况的自动邮件，可以不用回复

3. 页面右上角的"买家消息"的作用不包括的选项为（　　）。

A. 可以通过"买家消息"与买家进行沟通，减少亚马逊商城交易保障索赔的申请次数

B. 买家消息允许买家和卖家查看所有的邮件往来，方便双方更加快速合理地解决争议问题

C. 买家消息可以不用理会，因为不是绩效考核的指标

4. 关于后天设置配送费用（运费）说法正确的是（　　）。

A. "配送设置"选项里可以不用按照地区来编辑运费模板

B. "配送设置"可以按照商品数量、重量或者订单金额进行设置

C. "配送设置"可以不用设置，不会影响卖家的收入

二、案例分析题

1. 一卖家在亚马逊平台看到有一款平衡车卖得比较好，就利用亚马逊平台可以跟卖的政策，结果招致侵权纠纷，直接被封号。试分析产生风险的原因。

2. 下面是一封Buyer和Seller的沟通邮件：

Buyer：Dear seller, I have received the order today, but I found that the screen of the phone you sent is broken, I would like to tell you the problem before I report this to the platform for help. I hope you can help, Thanks for that.

Seller：Hi there, I think it the shipping company's fault which caused the screen is broken, I cannot help any more.

试分析上述邮件中Seller表现的不妥之处。

推荐阅读

亚马逊选品技巧

1. 市场的竞争程度

竞争程度这个数据主要是用来判断产品的可做性，包括产品的 Reviews 数量、新品占比、FBA 发货产品数占比等，产品售卖数量越多，竞争程度也就越大，那么推广起来的可能性也就越小。因此，在数据分析指标考量上，首先要合理评估产品的市场竞争程度。

2. 产品的市场容量

市场容量是在选品过程中需要考虑的一个非常重要的参数，在产品市场容量过小的情况下，哪怕市场竞争度很小，若一天只能出一两单，那也是不值得去做的。产品的市场容量可以通过产品的销量来判断，主要用到的工具是谷歌的一个插件 Jungle Scout。

3. 自身的优势

主要体现在有货源优势的产品和自己有多年经验的产品上。对于这类产品，如果卖家对市场有一定的了解，产品即可更快地切入市场。

4. 产品的后续发展趋势

在选品过程中，卖家需要考察产品在过去几年及最近一年的销量情况，判断对应的销售旺季和淡季，如可以在淡季先进行推广，以便做好旺季爆发的准备。

5. 推广的难易程度

一个好的产品应该占了整个运营周期是否成功的 80%，所以在选品之前一定要仔细斟酌好产品后期的推广难易程度，如果跟不上市场的推广步伐的话，那么产品的销量自然也是不见起色的。

6. 自身的目标定位

如果一款产品大部分卖家月销量都在 5 万美元左右，那么就需要根据这个数据分析自己当前的运营状况，最终定位目标。

7. 清货的难易程度

每款产品都有自己的生命周期，在产品的销售末期清货的难易程度就显得非常重要，因为这会影响到产品的利润，因此在开发产品时就需要考虑到后期的清货难易程度。

8. 日后获得大批量订单时是否有利于自己打包发货

这是一个容易被众多跨境电商卖家忽视的问题，当开发的某款产品销售量十分可观时，在前期小批量的订单生产阶段就需要着手准备打包发货，而不应延迟至获得大批量订单时才同时进行打包发货，这样会导致公司人员需求增大，物流难度也会相应加大。

项目七
其他跨境电商平台实操

1. 了解 eBay 平台和 Wish 平台注册流程
2. 掌握 eBay 平台产品刊登方式和 Wish 平台产品上传方式
3. 了解 eBay 平台信用评价系统
4. 了解 Wish 平台卖家获得订单后的操作

建议学时：8 学时

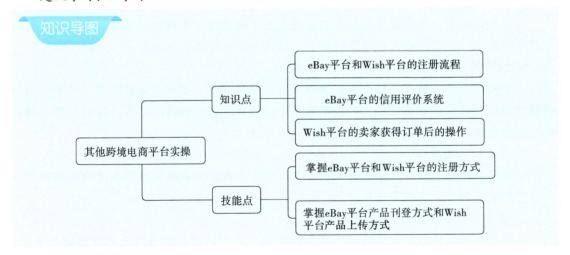

任务一　认识 eBay 平台

eBay 是可以让全球民众上网买卖物品的线上拍卖及购物网站，主要服务范围有：网上拍卖、电子商务、购物商场等。1995 年 9 月 4 日，皮埃尔·欧米迪亚（Pierre Omidyar）创立 Auctionweb 网站，总部位于美国加利福尼亚州圣荷塞，Auctionweb 是 eBay 的前身。eBay 在全球拥有 37 个独立的站点及门户网站，全球主要销售站点有美国站、英国站、澳

大利亚站、德国站、法国站，覆盖 190 多个国家和地区，近 3 亿用户，支持全球 23 种语言。

eBay 平台有以下几个优势：

（1）有专业客服：对于卖家来说，eBay 具有专门的客服，可通过电话或者网络会话的形式进行沟通交流。

（2）低门槛：相较于在亚马逊开店来说，eBay 开店的门槛较低。

（3）定价方式多样：eBay 的定价方式有多种，包括无底价竞标、有底价竞标、定价出售、一口价成交。

（4）排名相对公平：卖家可以通过拍卖获取曝光。

一、eBay 平台账户注册

（一）eBay 账户注册

通过注册 eBay 账户，商家就可以在 eBay 平台上进行买卖。此外，还可以通过访问"我的 eBay"，看到有关的 eBay 账户所提供的内容概述，如买卖活动、在刊登列表上的物品、最喜欢的卖家供货及搜索历史等。

eBay 账户注册流程如下：

第一步：输入网址 https://www.ebay.com，登录 eBay 首页，点击页面左上角的"注册"，进入如图 7-1 所示的页面。

第二步：点击图 7-1 中的"创建商业账户"，进入如图 7-2 所示的页面。

图 7-1　创建账户页面

图 7-2　注册商业账户页面

第三步：按照注册商业账户页面提示，填写法定公司名称、公司邮件和公司电话等信息，设置登录密码，并填写验证数字。

第四步：信息填写完成后，点击"注册"按钮，即表示接受 eBay 平台的一般条款及数据保护声明。eBay 将发送一封欢迎的电子邮件，其中包含了入门的小提示。

（二）PayPal 账户注册

使用 eBay 平台的用户，需要同时拥有 PayPal 账户，方便资金的管理。如果没有 PayPal 账户，可以注册后再与自己的 eBay 账户相关联。以下为 PayPal 账户的注册流程。

1. PayPal 账户注册

第一步：输入网址 https:∥www.paypal.com，登录 PayPal 首页，点击页面右上角的"注册"，选择"商家账户（个体/企业）"，如图 7-3 所示。

图 7-3　选择注册账户类型页面

第二步：填写注册信息后，点击"同意并创建账户"按钮，如图 7-4 所示。

图 7-4　填写注册信息页面

第三步：输入需要注册的邮箱地址，点击"下一步"按钮，如图 7-5 所示。

图 7-5　输入注册邮箱地址页面

第四步：进行商家账户信息填写，点击"同意并继续"按钮，如图 7-6 所示。

图 7-6　填写商家注册信息页面

第五步：填写公司信息，完成后，点击"继续"按钮，如图 7-7 所示。

图 7-7 填写公司信息页面

第六步：填写账户持有人信息，完成后，点击"提交"按钮，PayPal 账户注册便成功了，如图 7-8、图 7-9 所示。

图 7-8 填写账户持有人信息页面

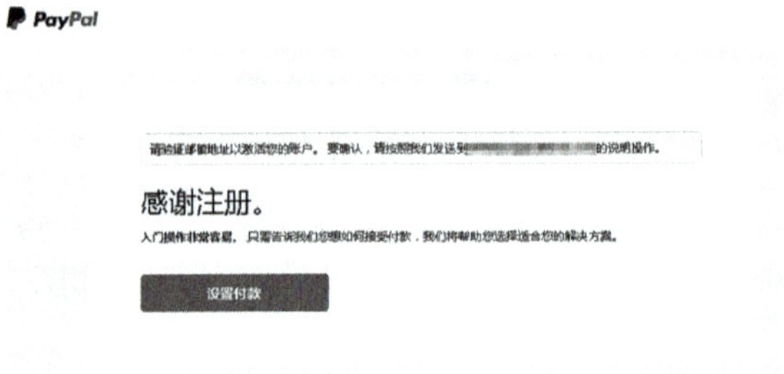

图 7-9 账户注册成功页面

2. PayPal 账户付款设置

在"商家设置"中,有"付款设置"和"账户设置"两类,如图 7-10、图 7-11 所示。

图 7-10　付款设置页面

图 7-11　账户设置页面

第一步:通过验证邮箱地址来激活账户,在所设置的邮箱中找到验证邮件,点击后账户即被激活,如图 7-12 所示。

第二步:验证完邮箱地址后,选择"账户设置—关联您的银行账户",如图 7-13 所示。

图 7-12　验证邮箱地址页面

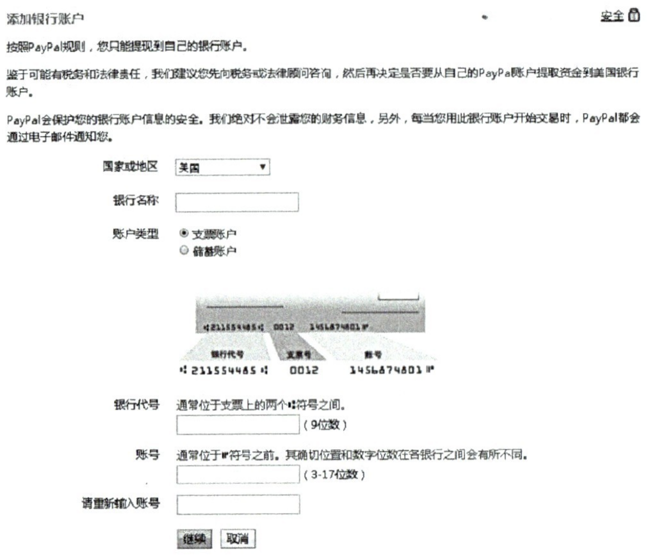

图 7-13　添加银行账户页面

第三步：关联银行账户后，进入"账户设置—确保客户能清楚看到您的公司名称"，进行公司信息确认，以确保客户能在自己的信用卡账单上识别公司名称。

第四步：进行限额设置，进入"账户设置—提高限额，转账更轻松"，如图 7-14 所示。

图 7-14　账户限额设置页面

3. PayPal 账户收款设置

在商家设置页面下方选择收款方式，如图 7-15 所示。

图 7-15　选择收款方式页面

4. 绑定收付款银行卡

完成收付款设置后,最后一步是进行银行卡绑定,操作路径如下:用户信息—用户信息与设置—我的用户信息—财务信息。

第一步:在"我的用户信息"页面左上角找到"财务信息",在"财务信息"页面下进行关联银行卡操作,如图 7-16 所示。

图 7-16　财务信息页面

第二步:添加信用卡或借记卡,如图 7-17 所示。

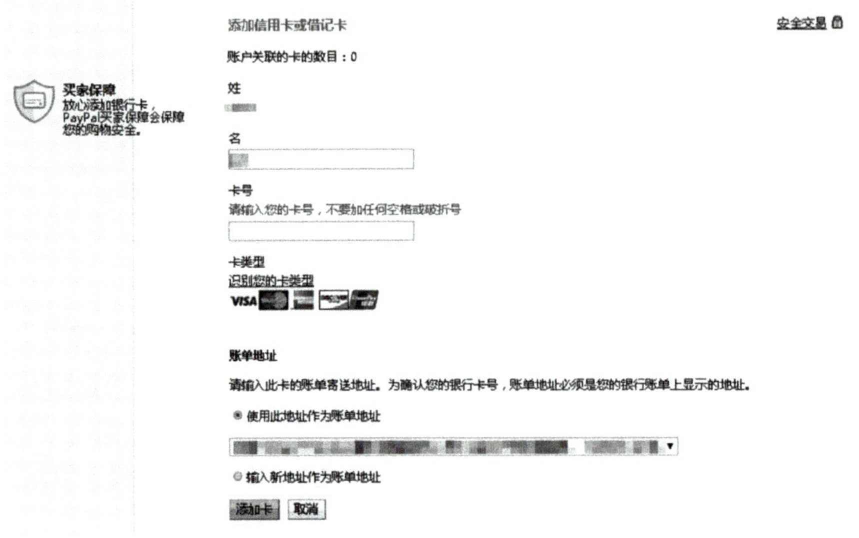

图 7-17 添加信用卡或借记卡页面

第三步：确认卡后，完成银行卡绑定设置，如图 7-18 所示。

图 7-18 确认卡页面

温馨提示

（1）建议使用与注册 eBay 账户时相同的电子邮箱地址注册 PayPal 账户。
（2）姓和名须使用拼音，并确保与银行登记一致。
（3）务必填写真实的姓名、地址及相关信息，否则将导致提款失败、账户受限等状况而影响正常交易。

二、eBay 平台产品刊登

（一）产品刊登方式

1. 以拍卖方式刊登产品

以拍卖方式刊登产品是 eBay 卖家常用的一种出售方式，卖家通过设定产品起拍价及在线时间，开始拍卖产品，并以下线时的最高竞拍金额卖出，出价最高的买家即为该产品的中标者。以拍卖方式出售产品包括：

（1）卖家刊登一件或多件"拍卖"产品，并设定起拍价格。

（2）买家可在产品"在线拍卖（Online Auction）"期间浏览产品详细信息并出价竞拍。

（3）"在线拍卖"结束后，最高"出价者（Bidder）"以中标的金额买下产品。

以拍卖方式刊登产品的操作如下：

（1）在产品刊登详情页面，选择出售产品的方式，分为"在线拍卖"和"一口价（Fixed Price）"两种刊登形式，如图 7-19 所示。

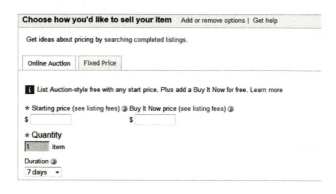

图 7-19　选择出售产品方式页面（在线拍卖）

（2）选择"在线拍卖"标签，并在"起拍价（Starting price）"文本框内输入价格。

（3）"立即购买（Buy It Now）"功能既可以让买家选择立即购买，也可以让其参与竞拍。可在"立即购买价（Buy It Now price）"文本框内输入价格，此功能是一项收费功能。

2. 以一口价方式刊登产品

（1）使用"一口价"刊登产品，包括以下两种形式：

① 直接以"一口价"方式刊登产品，非"在线拍卖"。

② 以"在线拍卖"形式刊登产品，同时添加产品的"立即购买"功能，这样买家既可以选择立即购买也可以参与竞拍。

（2）以一口价方式刊登产品的操作如下：

① 在产品刊登详情页面，选择出售产品的方式，分为"在线拍卖"和"一口价"两种刊登形式。

② 如要在"在线拍卖"中加入"立即购买"功能，请选择"在线拍卖"标签并在"立即购买价"文本框内输入价格。

③ 如只以一口价形式出售产品，请选择"一口价"标签并在"立即购买价"文本框内输入价格，如图 7-20 所示。

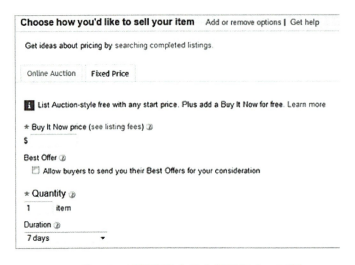

图 7-20　选择出售产品方式页面（一口价）

（二）产品刊登流程

第一步：选择刊登产品的站点，点击"出售（Sell）"进行产品刊登，如图 7-21 所示。

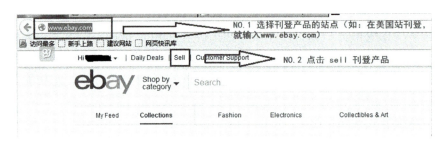

图 7-21　选择刊登产品站点页面

第二步：输入产品类目信息，如图 7-22 所示。

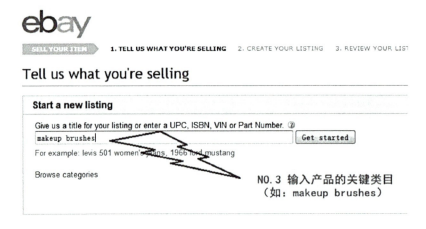

图 7-22　输入产品类目页面

第三步：选择产品目录，如图 7-23 所示。

图 7-23　选择产品目录页面

第四步：创建产品目录，如图 7-24 所示。

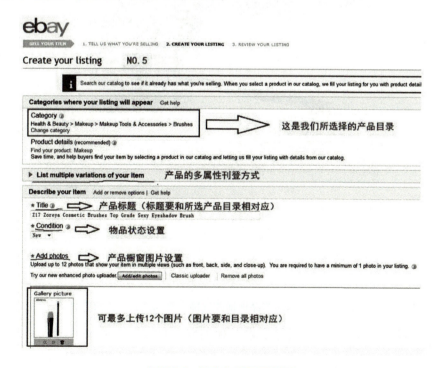

图 7-24　创建产品目录页面

第五步：填写产品属性，如图7-25所示。

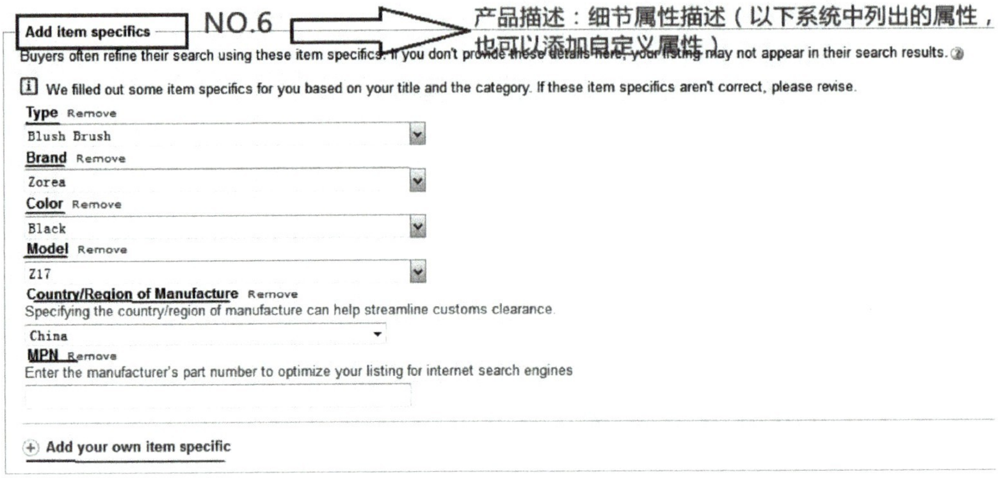

图7-25　填写产品属性页面

第六步：填写产品详情并选择产品刊登方式，如图7-26所示。

图7-26　填写产品详情并选择产品刊登方式页面

第七步：设置收款方式、物流方式和其他细节，如图7-27所示。

图 7-27　设置收款方式、物流方式和其他细节页面

(三) 产品刊登技巧

1. 产品描述

(1) 商品标题。关键字搜索是 eBay 买家最常用的寻找物品的方式。对于卖家来说,为商品起一个好标题,让它能被更多潜在买家搜索到,可大幅提高商品曝光的机会。商品标题描述应尽量做到以下几点:

① 尽量用 80 个标题字符。

② 选择使用描述物品名称、型号、品牌、特性这样较为直接和精准的关键字。

③ 如有空余,可以使用表明物品新旧程度的词汇,最后考虑使用一些热门的关键字来吸引冲动型买家。

(2) 商品副标题。副标题是对主标题的一个补充,显示于主标题的下方。卖家可以在副标题中提供更多的信息,为物品提供更多的描述性信息,激发潜在买家的兴趣,吸引那些浏览物品搜索结果的潜在买家,同时卖家的物品在搜索和清单中也会脱颖而出。

副标题用来体现商品的附加值部分,可以用来添加买家更感兴趣的内容,包括卖家信息(如专业的销售、良好的销售信誉等)、品牌内涵、设计师、物品象征意义和促销折扣信息等。

(3) 分类目录。将物品放在精准的商品分类中无疑是针对潜在买家的必要刊登策略。如果不确定物品该放在哪一个分类目录下,那么可以通过搜索准备出售的商品,筛选出卖家们通常选用的几个分类,再比较这几个分类的商品刊登数量、买家出价情况等,选出最精准的分类进行刊登。

(4) 商品属性。当买家在通过多个关键字进行搜索时,可能发现物品列表页面里某些商品的标题中并不完全包含搜索的关键字,但仍然被筛选了出来。这是因为卖家在刊登商品时详细填写了商品属性,当买家输入的关键字与商品属性相符时,系统也会将其显示出来。

因此,物品的"商品属性"越详细,越容易被搜索到。同时,eBay 还鼓励自定义增加独特的"商品属性",让更懂行的买家迅速找到你的物品,从而有效提高商品曝光率。

(5) 物品图片。在物品搜索结果中的首张图片实际上是卖家的展示橱窗,要做到足够抢眼。刊登添加效果的物品时需要控制好上货时间间隔,穿插在没有添加效果的物品列表中才能显得突出。图片要求如下:

① 图片为正方形,能够占满整个免费空间。
② 背景干净简洁,与物品有强烈的对比,能有效衬托出该物品。
③ 物品是图片的主题,因而物品占整个画面的 80%以上。
④ 为图片增加亮色边框,给图片增加水印,或者将一些属性醒目地加在图片上。

(6) 最佳匹配规则。最佳匹配规则是 eBay 独创的默认搜索排序方式,自动根据买家的浏览喜好为其推荐适合的商品。只要卖家所采用的商品刊登方式是当地买家所习惯的,并且所提供的服务和商品价格极具竞争力,eBay 就会免费向买家推荐卖家的商品。

① 影响最佳匹配的因素,包括:

a. 销售转化率。销售转化率与点击率、售出率有关,具体计算公式如下:

销售转化率=sales/impression(售出/曝光)

点击率=clicks/impression(点击/曝光)

售出率=sales/clicks(售出/点击)

销售转化率=点击率×售出率=(clicks/impression)×(sales/clicks)=sales/impression

b. 即将下架的时间。在在线拍卖方式下,拍卖物品越是接近结束期限,该物品的刊登排名就会越靠前。

c. 物品相关性。物品相关性包括关键字搜索、标题的相关性、类目搜索、类目的相关性。

d. 物品价格与运费设置。最佳匹配规则提高免运费物品的排名并降低高运费或者运费不明的物品的排名,同时提供多样化物流选项的刊登,会促使搜索排名靠前。

e. 账号在卖家服务评级方面的表现。卖家服务评级包括四个维度:产品质量、卖家沟通、物流服务、运费与处理费。

f. 卖家在安全诚信方面的表现。在卖家服务评级中,得到 1 分或者 2 分的比例;买家开启 INR、SNAD 纠纷的比例;买家的满意度即中差评的比例。

g. 卖家账号在相关站点的账号评级表现。账号在相应的站点评级越高,该站点的物品搜索排名靠前的机会越大。

h. 账号近期是否有重大违规行为。如果账号近期有违规行为,尤其是重大违规行为,账号所有的刊登有可能会被 eBay 搜索屏蔽一段时间,一周或者一个月不等。

i. 卖家是否提供退换货服务。如果卖家提供退换货服务,该站点的排名也会受到影响,促使搜索排名靠前。

② 做到最佳匹配的方法。促进物品排在搜索结果前列的方法有以下几种：

a. 对于一口价物品，增加销量又可以带来更多曝光机会；确保类似的一口价物品是以"多数量刊登的 30 天在线"物品，这样才有时间去积累"近期销量"。

b. 随时关注卖家服务评级/DSR 分数、卖家成绩表状态，建立成功的良性循环。

c. 提供有竞争力的价位（包括运费）。过高的运费会让物品在搜索结果中被降级，还会拉低卖家的 DSR 分数，而且很多买家是按总成本（包括物品价格和运费）来考量商品价值的。

d. 提供免运费服务。当卖家选择提供免运费服务时，卖家的物品位置会自动提高，免运费图标可以引起买家的注意，而且免运费也是提高 DSR 中 Shipping 得分的一种很好的手段。

2. 禁止及限制刊登产品

正确地描述商品信息不仅可以提高买家的搜索效率，也可以避免买卖双方交易后因描述与实物不符而产生不必要的交易纠纷。不正确的刊登描述会严重扰乱 eBay 平台交易秩序。

在刊登物品之前，卖家首先需要确认物品是否可在 eBay 平台刊登，并查看刊登这些物品是否有特定的规则及条件（具体可参考《违禁品和管制物品清单》），卖家也需要确保其出售的物品符合相关法律规定。若出现不符合规定的刊登，一经发现，即被 eBay 平台移除，且账号会受到使用限制，包括买卖权限限制及账号被冻结。

下面是在 eBay 平台刊登物品时需要注意的基本规则：

（1）eBay 的政策通常是根据国家法律及州法律制定的，但在某些情况下（特别是针对危险或敏感物品的政策），eBay 平台也会参考会员的建议和公司的规章制定相关规定。有关范例请参考《令人反感的物品政策》。

（2）刊登物品前，卖家应阅读 eBay 的政策，遵守相关规定并参考范例，以确保了解可以和不可在 eBay 出售的物品范围（范例并不包括所有物品）。

（3）进行跨国交易时，卖家应查看 eBay 平台对跨国交易及进口限制的规定。在卖家所在的国家属于合法的物品，在其他国家有可能是不合法的。

三、eBay 平台信用评价系统

eBay 平台设置信用评价系统的目的是鼓励所有会员以诚实、积极与公正的态度完成交易。此外，买卖双方也可以通过这个系统评估交易对象的诚信度。买家对卖家的评价可以通过卖家好评率反映，卖家也可以进一步对买家的评价做出反馈，如给买家手动留评、回复买家评价、补充已留评价、请买家修改中差评、报告买家问题等。

（一）卖家好评率

eBay 卖家好评率是指买家给卖家留好评的比例，计算方法是将过去 12 个月的好评数除以评价的总数。其中，同一个 ID 在一周内的重复评价不会计算在内，如图 7-28 所示。

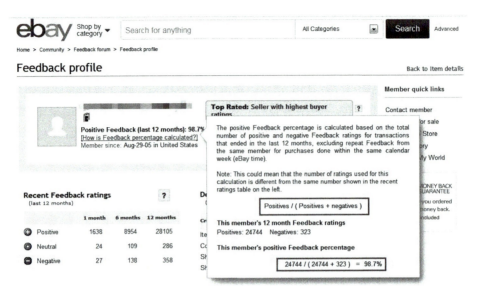

图 7-28　计算卖家好评率页面

（二）给买家手动留评

卖家可以通过"Seller Hub"或"信用评价论坛",为买家留下信用评价。下面以 eBay 美国站点为例,介绍手动评价买家的操作步骤：

第一步：进入"Seller Hub"页面,点击"Orders"选项卡,找到需要评价的订单。

第二步：在 Actions 栏中选择"Leave feedback"选项。

第三步：留下评价后点击"Leave Feedback"按钮,即完成评价,如图 7-29 所示。

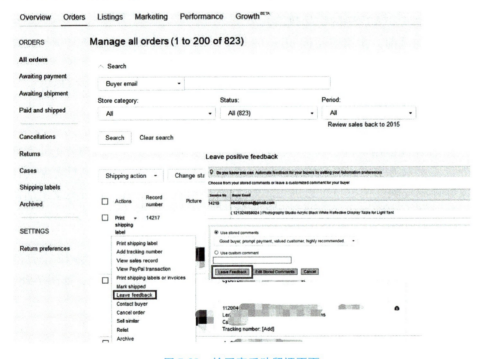

图 7-29　给买家手动留评页面

(三）回复买家评价

多数买家购买后会给卖家留下中肯的评价，如果买家留下的是好评，卖家可通过回复评价对买家表示感谢；如果买家留下的是中差评，卖家可通过回复评价向买家进行解释，并提供给买家相应的解决方案，问题解决后再提出修改评价的请求。回复买家评价的操作步骤如下：

第一步：在"My eBay"页面，点击"Account"选项卡，进入"My Account"页面。

第二步：在"My Account"页面点击左侧边栏中的"Feedback"，进入"评价管理"页面，如图 7-30 所示。

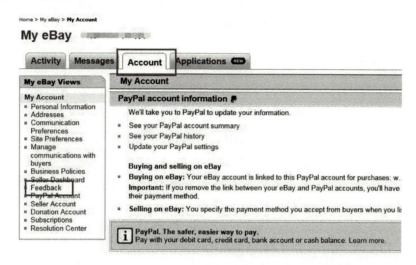

图 7-30　进入"评价管理"页面

第三步：在"评价管理"页面，点击"Go to Feedback Forum"按钮，进入"评价反馈论坛"页面，如图 7-31 所示。

图 7-31　进入"评价反馈论坛"页面

第四步：在"评价反馈论坛"页面的"Feedback tools"模块中，点击"Reply to Feedback received"，进入"回复买家评价"页面，如图 7-32 所示。

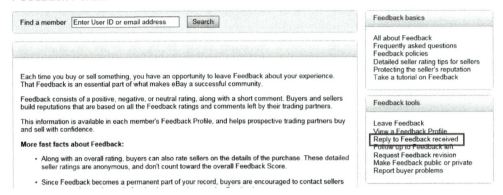

图 7-32　进入"回复买家评价"页面

第五步：在"回复买家评价"页面中的"Find Feedback"旁的文本框中填入需要回复评价的买家账号或物品编号，点击"Find Feedback"按钮查找需要回复评价的订单，或者在下方评价列表中找出需要回复的买家评价，并点击该评价所对应的"Reply"按钮，即可进入"回复指定评价"页面，如图 7-33 所示。

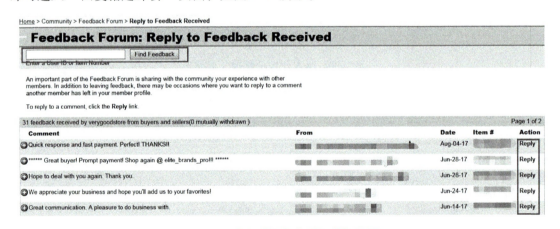

图 7-33　进入"回复指定评价"页面

第六步：在"回复指定评价"页面，输入需要回复的内容，点击"Leave Reply"按钮，即可成功回复。

> **温馨提示**
>
> （1）为买家留下信用评价十分重要，可借此了解其他会员的交易经验。
> （2）用户只能为一个信用评价回复一次，发表的内容不能再次编辑和取消。
> （3）信用评价的内容必须以事实为依据，同时避免人身攻击。
> （4）留下回复不会改变卖家的信用指数。
> （5）如果与买家发生纠纷，请不要急着留下回复，应该先试着与买家联络并解决问题。

（四）补充已留评价

在某些情况下，卖家可能需要为已留过的信用评价做补充说明。评价补充说明会直接出现在信用评价之后，它的用途是为原本的评价做进一步的说明或解释。补充已留下的信用评价的操作步骤如下：

在"评价反馈论坛"页面的"Feedback tools"模块中，点击"Follow up to Feedback left"，进入"补充已留下的信用评价"页面，如图 7-34 所示。

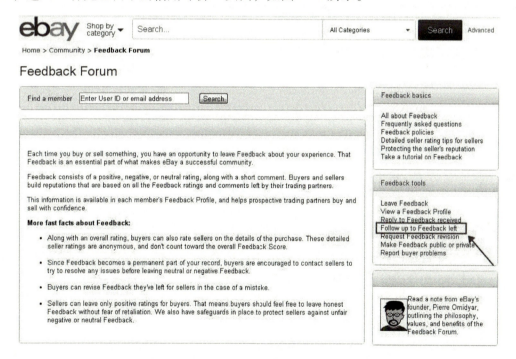

图 7-34　进入"补充已留下的信用评价"页面

（五）修改中差评

负面信用评价会对卖家账号的声誉及刊登物品的销售带来不良影响。如果卖家坚持认为评价不准确或者不公平，可请买家更改他们留下的中立或负面的信用评价。修改中差评的操作步骤如下：

第一步：卖家可以先联系买家，了解问题并和对方解释当下的情况。卖家也可以直接回复买家的 Feedback，具体步骤可以参考上文。

第二步：在"评价反馈论坛"页面的"Feedback tools"模块中，点击"Request Feedback revision"，进入"修改中差评"页面，如图 7-35 所示。

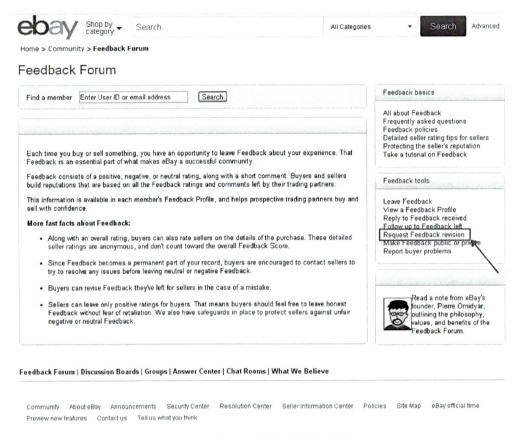

图 7-35　进入"修改中差评"页面

> **温馨提示**
>
> 卖家每年仅能提出一定数量的修改信用评价要求，即每年每收到 1 000 个信用评价，可提出 5 次修改信用评价的要求。只有在解决有关交易问题后，或者是针对买家不小心留下的错误信用评价，卖家才能提出修改信用评价的要求。每笔交易仅能提出一次修改信用评价的要求。如果买家要求提供刊登物品以外的商品或服务，才愿意更改信用评价，卖家应向 eBay 报告该买家。

第三步：在"修改中差评"页面，选择需要修改评价的订单，在"Give the buyer a reason"下方选择对买家提出要求的原因后，点击"Send"按钮，即将修改中差评的请求发送给买家，系统会同时发送一封请求修改中差评的电邮给买家。

> **温馨提示**
>
> 系统会发送电邮提示买家,通知他们收到了更改评价的要求。买家有 10 天的时间决定是否同意并更改评价,如果买家同意修改,eBay 会指导买家相关的修改流程,一旦修改成功,原来的评价就不会显示在 eBay 上;如果买家拒绝修改,他们可以选择是否愿意告诉卖家拒绝的原因。

如果买家在 7 天内未回复,系统会自动再次提醒买家。如果过了 10 天买家仍未有任何回复,此次修改信用评价要求即过期。不管最终的结果如何,卖家应尊重买家的决定。

(六)报告买家问题

如果买家是恶意评价或者买家要求提供刊登物品以外的商品或服务,可在"评价反馈论坛"页面的"Feedback tools"模块中,点击"Report buyer problems",进入"报告买家问题"页面,来举报此买家。

eBay 平台卖家保护政策

为了努力帮助卖家在 eBay 上获得成功,eBay 官方设计了一系列的保护政策来让卖家知道他们加入的是一个值得信任的市场,以便卖家可以有信心在平台上持续做销售。

eBay 卖家保护政策包含:准时发货但物品没有按时到达;有物流中断、bug 或恶劣天气;买家撤回拍卖出价或成交不付款;买家更改订单或提出额外的需求;买家有非正常或高比例的投诉或退货的情况等方面。具体内容介绍如下。

(一)买家取消 bid 或不付款

如果由于买家撤回出价致使卖家取消这笔交易,eBay 将移除已取消的交易差评及相关评价。

如果买家不付款,同时卖家按照流程开启并关闭一个未付款纠纷,eBay 将移除买家的评价及取消交易后的差评,而且将退还成交费。

为了防止未支付物品的出现,eBay 可以要求买家立即付款。

(二)买家改变了订单或提出了额外的需求

如果买家要求更改发货的是原来提供的产品之外的东西,卖家可以取消订单或在原始订单下进行货运,如果 eBay 能从 message 中看到买家因为这个需求的改变而提起 request,eBay 也将移除评价和 defect。

(三)买家有不正常的投诉率或退货率

eBay 已经开发出方法来检测买家是否滥用退货流程,并有能力阻止他们的退货。

当一个买家留下大量中差评或者开启大量的索赔及退货时,eBay 会采用一些措施去鉴定。在一些情况下,eBay 会在这个买家刚刚开始退货或者索赔时就采取行动阻止他，同时也会移除他的评价和 defect。

对于违反购买惯例政策的买家，eBay 会采取相应的行动，将移除该买家留下的评价及所有 defect。

（四）如何确保我收到付款？

当买家赢得拍卖或者购买某件商品时，他们应该完成支付。绝大多数买家很快便会付款，但有一些买家没有在 2 天内付款，卖家可以根据流程开启一个未付款纠纷。如果一个未付款纠纷结束时买家没有付款，卖家将会获得成交费返还。

（五）卖家宽限期

如果卖家本来是一个 *Rated 的卖家，同时销售和跟踪要求低于 *Rated 状态以下，卖家会获得卖家宽限期的资格。在 *Rated 卖家的宽限期间，仍然保留了卖家的 *Rated 卖家的地位和利益，同时卖家有两周的评估期，这两周里卖家需要将交易记录、销售金额或跟踪要求返回到 *Rated 的要求下限。

任务二　认识 Wish 平台

任务导入

Wish 成立于 2011 年 9 月，创始人是出生在欧洲的 Peter Szulczewski 和来自广州的张晟。两人曾经是大学室友，一起求学于加拿大滑铁卢大学电子计算机系，毕业后，Peter 在谷歌、微软等知名企业工作，参与开发 Google AdWords、AdSense 等经典产品；张晟先后在雅虎担任技术组长、在 AT&T Interactive 担任工程主管。

两位技术高手起初在他们创建的 Wish 上通过系统抓取用户上传内容，利用算法系统向用户推荐商品图片。后来发现，用户看到自己喜欢的商品图片，会激发他们拥有这个商品的动机。于是，2013 年 3 月 Wish 上增加了商品交易功能。这一改变，让 Wish 踏入了电子商务领域，并迅速成为移动跨境电商领域的黑马。

从 Amazon、eBay、AliExpress、DHgate 和 Wish 五个国内跨境 B2C 平台首页可以看出，Amazon 侧重自家产品和优质产品展示，首页下方呈现系统推荐商品（Related to Items You've Viewed），重在"关联推荐"；eBay 鼓励注册或登录，首页下方呈现品类浏览产品（Browse Categories）和促销商品（eBay Deals）；AliExpress 首页呈现 Quality Picks/Super Deals 等各种促销，重在推广和营销；DHgate 为外贸小额批发平台。这四个平台均沿袭 PC 端网站共有的品类浏览、促销、关联推荐和搜索等共性思维，以品类浏览和搜索为主。Wish 崇尚快乐购物（Shopping Made Fun）理念，重视买家的购物体验。

图 7-36 是 Wish App 的首页截图，图 7-37 是 Wish App 产品类目浏览页面截图。Wish 淡化了品类浏览和搜索，去掉了促销，专注于关联推荐。新用户注册登录时，Wish 推荐一些不令人反感的商品（如 T 恤、小饰品等）。此后，Wish 随时跟踪用户的浏览轨迹及使用习惯，以了解用户的偏好，进而再推荐相应的商品给用户。

这样，不同用户在 Wish App 上看到的界面是不一样的，同一用户在不同时间看的界面也是不一样的。这就是 Wish 的魅力所在，通过智能化推荐技术，与用户保持一种无形的互动，极大地增加了用户黏性。

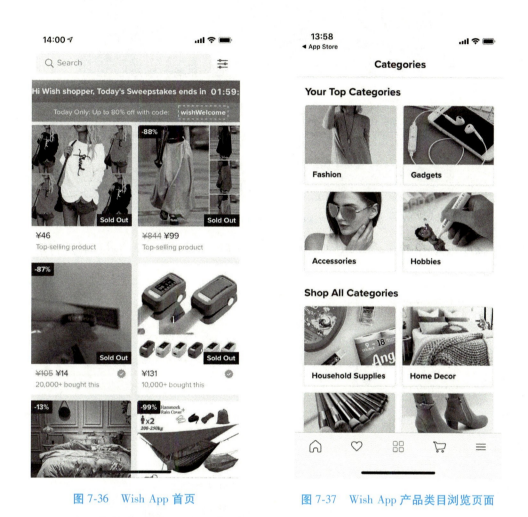

图 7-36　Wish App 首页　　　　图 7-37　Wish App 产品类目浏览页面

一、Wish 平台账户注册

第一步：输入网址 https://merchant.wish.com，进入 Wish 商户平台首页，点击页面右上角的"立即开店"按钮，进入店铺注册页面，如图 7-38 所示。

图 7-38 Wish 商户平台首页

第二步：设置用户名，填写注册邮箱、登录密码、手机号码等信息，并进行手机号码验证，如图 7-39 所示。

图 7-39 设置用户名页面　　　　　　图 7-40 进入邮箱验证页面

第三步：填写手机验证码后，点击"创建店铺"按钮，Wish 平台将验证注册邮箱地址是否准确无误，点击"立即查收邮件"按钮，即可前往相关网页，进行邮箱验证，如图 7-40 所示。

第四步：打开邮箱后，会在收件箱中看到 Wish 官方发来的验证邮件，点击"确认邮箱"按钮，即可完成邮箱验证，如图 7-41 所示。

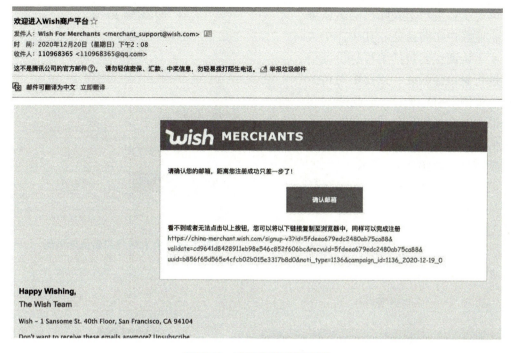

图 7-41　进行邮箱验证页面

第五步：完成邮箱验证后，需要进行账户信息完善，包括店铺名称（英文）、注册人的真实姓名（中文）、办公地址，如图 7-42 所示。

图 7-42　填写账户信息页面　　　　　　图 7-43　注册成功页面

第六步：填写完账户信息后，点击"下一步"按钮，进入如图 7-43 所示的页面。商家可以根据实际情况，完成"个人账户实名认证"或者"企业账户实名认证"。

第七步：进行个人账户实名认证或者企业账户实名认证。其中，个人账户实名认证主要包括填写身份证信息，进行身份证认证，以及填写付款信息，如图 7-44 所示；企业账户实名认证主要包括填写公司信息、法人代表信息，进行身份证认证，以及填写付款信息，如图 7-45 所示。

第八步：进行个人账户实名认证，填写店主身份证号，点击"开始认证"按钮后，进入身份证认证环节，按照提示信息要求，上传图片，如图 7-46 所示。

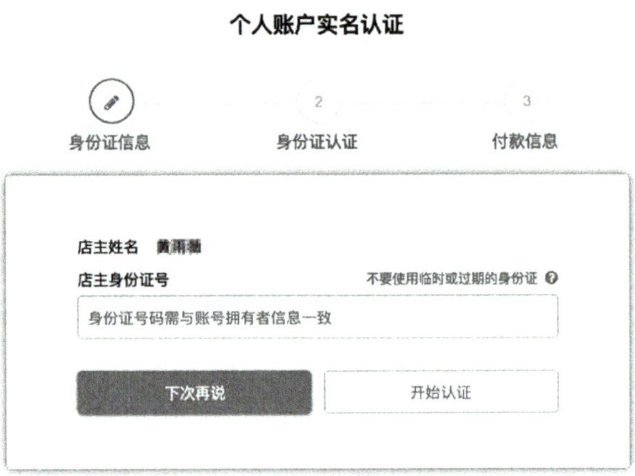

图 7-44 个人账户实名认证页面

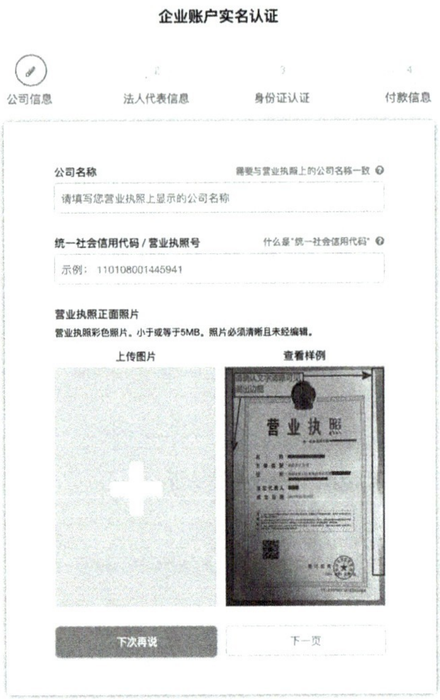

图 7-45 企业账户实名认证页面

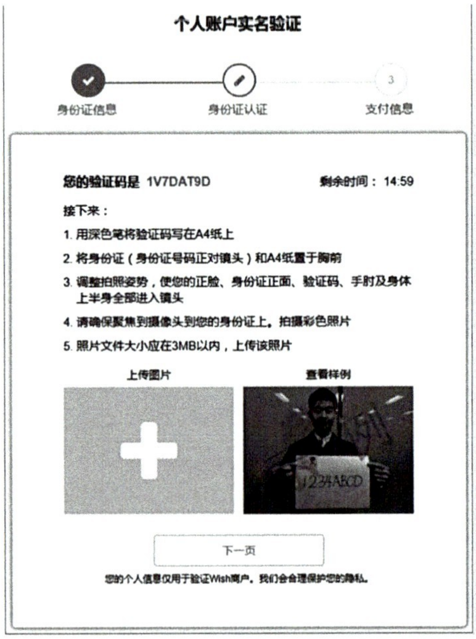

图 7-46 身份证认证页面

温馨提示

（1）需要准备拍照工具、身份证、黑色笔和一张白色 A4 纸。

（2）在光线充足的地方，用黑色笔将验证码写在 A4 纸上，将身份证和 A4 纸置于胸前。

（3）保证验证人正脸、身份证正面、验证码、手肘和身体上半身全部清晰地出现在镜头中。

（4）可以使用数码相机或者像素较高的手机，确保拍照的效率和准确性。

（5）整个认证过程必须在 15 分钟内完成。

第九步：身份证认证完成后，就可以进行支付信息设置，可以根据实际情况来选择支付平台，常用的有 PayPal、PingPong、Payoneer 和 PayEco 等，如图 7-47 所示。

第十步：支付信息设置完成后，需要等待 Wish 平台审核，审核时间一般是 3 个工作日，如图 7-48 所示。

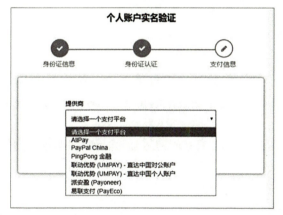

图 7-47　支付平台选择页面

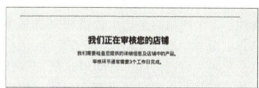

图 7-48　店铺审核页面

第十一步：设置支付方式。Wish 平台为商户提供了 PayEco（易联支付）、Payoneer 和 Bill. com 三种支付方式，如图 7-49 所示。

选用 PayEco 作为支付方式的设置如图 7-50 所示。

Wish支付方式比较

提供商	处理时间	收取的费用
PayEco (易联支付)	每月前5—10个工作日	1.0% (自2015年5月起)
Payoneer - 中国大陆账户	即时*	1%**
Payoneer - 国际账户	即时*	1%～2.75%***
Bill.com - ACH	3—5个工作日	$0.49
Bill.com - 美国纸质支票	5—7个工作日	$1.49
Bill.com - 国际纸质支票	14—21个工作日	$1.49

图 7-49　Wish 平台三种支付方式比较

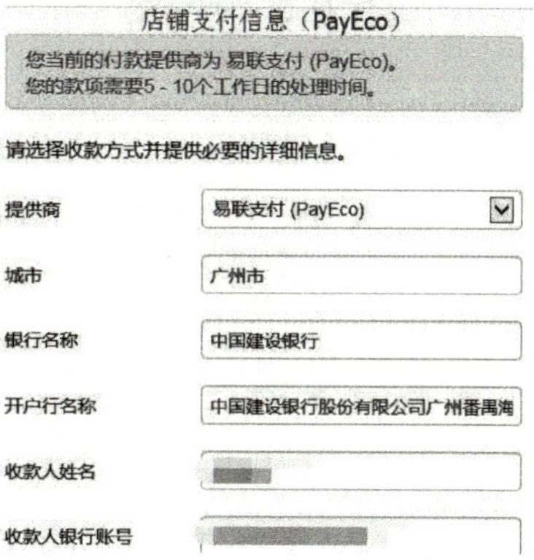

图 7-50　PayEco 支付方式设置页面

第十二步：设置物流配送方案。进入"账户—设置—配送设置"，Wish 平台提供三种物流配送设置："仅配送至美国""全球配送""配送至选定国家"，如图 7-51 所示。

图 7-51　物流配送方案设置页面

选择"仅配送至美国"，店内商品只能被美国消费者购买，相应设置的运费也只是到美国的运费；选择"全球配送"，全世界各个国家和地区的人都能购买店内商品，相应设置的运费也就是到这些国家和地区的运费；选择"配送至选定国家"，店内商品只能被那些选定国家的消费者购买，对于每一个商家选定送达的国家来说，商家可以设置送达该国的相应运费。

至此，基本完成了 Wish 平台商户注册工作，可以进入产品上传阶段。

二、Wish 平台产品上传

（一）手动上传产品

Wish 平台提供两种产品上传方式，即手动上传和 CSV 文件批量上传。Wish 平台建议新手最好先使用手动方式上传产品，以便熟悉产品上传的整个流程和所涉及的各种产品属性。一个产品的手动上传需要完成基本信息、主图片、额外图片、库存和运送、颜色、尺码、可选信息、自动退款所需等待的天数及摘要九个项目的设置，具体操作流程如下：

图 7-52　添加新产品页面

第一步：完成商户注册后，即可进入平台功能页面，点击"添加新产品—手动"后，就会出现添加产品页面，如图 7-52 所示。

第二步：填写基本信息，包括产品名称、产品详情描述、产品标签和产品 ID 四项，如图 7-53 所示。

图 7-53　填写基本信息页面

产品名称采用"主品牌+子品牌+产品名称+最多 3 个关键属性+通用产品类型"的方式构建。产品名称必须清楚、准确地描述要销售的产品，有助于客户记住产品。

产品详情描述限 4 000 个字符，且仅前 150 个字符显示在初始搜索页面。切勿包含任何 HTML 代码、有关店铺政策的详细信息、其他店铺特定的语言。

产品标签是分配给源文件中每个产品的非层次结构关键字或关键词。准确、完整的标签有助于描述商品和分类，方便在 Wish 平台上浏览或搜索时再次找到。标签应用逗号分隔，但不能在各个标签中使用逗号。添加的标签越多，标签的准确性越高，用户找到产品的概率越高。每个产品最多添加 10 个标签，如果超过 10 个，Wish 平台将忽略多余的标签。

产品 ID 是在 Wish 平台内部使用以标识某商品的唯一 SKU 号。保留此 SKU 号，以便将来获取该商品的任何 SKU 号码更新。Wish 平台使用 SKU 号识别、跟踪、更新和报告该商品。

第三步：选择和上传主图。打开云图网，无须授权，Wish 平台即获得自动授权，如图 7-54 所示。

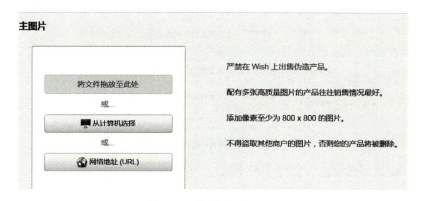

图 7-54　上传主图片页面

上传的主图需要满足以下要求：

（1）主图最多 10 张，一般为 JPEG、TIFF 或 GIF 格式，800×800 像素，200 M 以内。

（2）主图的背景必须是纯白色（Wish 搜索和产品详情页面的也是纯白的）。

（3）主图不能是绘图或者插图，而且不能包含实际不在订单内的配件、道具。

（4）主图不能带 Logo 和水印（产品本身的 Logo 是允许的）。

（5）主图中的产品最好占整个图片 85% 左右的空间。

（6）产品必须在图片中清晰可见，如果有模特，模特不能是坐姿，最好站立。

（7）如果要使用模特就用真人模特，不能使用服装店里的那种模型模特。

第四步：选择和上传额外图片，最多可以添加 8 张辅图，一般是展示产品的不同侧面和产品的使用方法，或者对在主图中没有突显的产品特性做补充，其他要求与主图片相同。上传额外图片的页面如图 7-55 所示。

图 7-55　上传额外图片页面

第五步：设置库存和运送方式，如图 7-56 所示。

图 7-56　库存和运送方式设置页面

第六步：设置可选信息，如图 7-57 所示。

图 7-57　可选信息设置页面

第七步：设置自动退款时限，如图 7-58 所示。

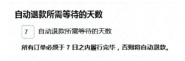

图 7-58　自动退款时限设置页面

第八步：设置颜色。为了增加销量，在适当情况下尽量添加产品的颜色选项，如图 7-59 所示。

图 7-59　颜色设置页面

第九步：填写产品名称，如图 7-60 所示。

图 7-60　产品名称填写页面

完成上述设置后，点击"手动"，完成产品上传。

（二）CSV 文件批量上传产品

1. CSV 批量上传

当上传的产品数量众多时，不妨采用 CSV 批量上传方式，可以一次将几十乃至上百个产品上传上架，大大提高工作效率。采用 CSV 批量上传前，必须要对产品的以下 16 个属性进行编辑：款号、货号、价格、产品名称、数量、运费、商品主图链接、标签、商品描述、商品尺寸、颜色、零售价、品牌、商品辅图链接、产品条码和发运时间。这些属性其实就是手动上传过程中各种产品属性的汇总。

2. 产品审核

目前，Wish 平台通过机器系统自动检测和人工审核两种方式对所有的商品进行强制审核，确保商家诚信、守法和公平经营。审核内容主要包括：仿冒知名品牌或者标志、产品与某品牌或标志相似、图片的编辑符合要求、产品图片上出现名人或者名模图像、商标品牌设计及产品是否模糊或者有任何不完整等。产品审核没有一个明确的时间期限，也就难以确定产品在多长时间内能够上架。

3. 产品管理表

在产品上传的同时，把所有上传产品汇总在一个产品管理表中，以便今后在出单后能对供货、发货和物流进行综合管理，如图 7-61 所示。

父SKU Parent Unique ID	子SKU Unique ID	Merchant Name	*Product Name	Color	Size	*Quantity	标签（关键词） *Tags	*Product Description 产品描述	*Price	*Shipping	关键链接 *Main Image URL
TG-088	TG-088	商户 Jade and Juliet	品名 Sleeveles High and Low Chiffon Dress	Mint	XS	600	High and low dress, chiffon dress, dress, asymmetrical dress, Beautiful dress, Women's Fashion, Summer Fashion, cm. M: 70 cm, L: 74 cm, XL: 78 cm— sleeveless chiffon	Simple, shining accessories take this easy asymmetrical dress from day to evening in a snap. Color: Mint Green- Size Available : XS, S, M, L, XL — Back Length : XS: 116 cm , S:118 cm, M: 120 cm, L: 122 cm , XL: 124 cm— Bust: XS: 82 cm, S: 86 cm, M: 90 cm, L: 94, XL:98 cm— Waist: XS: 62 cm, S: 66 Shoulder : XS:36 cm, S: 37 cm, M: 38 cm, L:39 cm, XL: 40 cm	20	4	http://d1zog42tnv16 contest.jpg
TG-088	TG-088_Mint_S	Jade and Juliet	Sleeveles High and Low Chiffon Dress	Mint	S	200	High and low dress, chiffon dress, dress, asymmetrical dress, Beautiful dress, Women's Fashion, Summer Fashion, sleeveless chiffon	Simple, shining accessories take this easy asymmetrical dress from day to evening in a snap. Color: Mint Green- Size Available : XS, S, M, L, XL — Back Length : XS: 116 cm , S:118 cm, M: 120 cm, L: 122 cm , XL: 124 cm— Bust: XS: 82 cm, S: 86 cm, M: 90 cm, L: 94, XL:98 cm— Waist: XS: 62 cm, S: 66 cm. M: 70 cm, L: 74 cm, XL: 78 cm— Shoulder : XS:36 cm, S: 37 cm, M: 38 cm, L:39 cm, XL: 40 cm	20	4	http://d1zog42tnv16 contest.jpg
TG-088	TG-088_Mint_M	Jade and Juliet	Sleeveles High and Low Chiffon Dress	Mint	M	200	High and low dress, chiffon dress, dress, asymmetrical dress, Beautiful dress, Women's Fashion, Summer Fashion, sleeveless chiffon	Simple, shining accessories take this easy asymmetrical dress from day to evening in a snap. Color: Mint Green- Size Available : XS, S, M, L, XL — Back Length : XS: 116 cm , S:118 cm, M: 120 cm, L: 122 cm , XL: 124 cm— Bust: XS: 82 cm, S: 86 cm, M: 90 cm, L: 94, XL:98 cm— Waist: XS: 62 cm, S: 66 cm. M: 70 cm, L: 74 cm, XL: 78 cm— Shoulder : XS:36 cm, S: 37 cm, M: 38 cm, L:39 cm, XL: 40 cm	20	4	http://d1zog42tnv16 contest.jpg
TG-088	TG-088_Mint_L	Jade and Juliet	Sleeveles High and Low Chiffon Dress	Mint	L	200	High and low dress, chiffon dress, dress, asymmetrical dress, Beautiful dress, Women's Fashion, Summer Fashion, sleeveless chiffon	Simple, shining accessories take this easy asymmetrical dress from day to evening in a snap. Color: Mint Green- Size Available : XS, S, M, L, XL — Back Length : XS: 116 cm , S:118 cm, M: 120 cm, L: 122 cm , XL: 124 cm— Bust: XS: 82 cm, S: 86 cm, M: 90 cm, L: 94, XL:98 cm— Waist: XS: 62 cm, S: 66 cm. M: 70 cm, L: 74 cm, XL: 78 cm— Shoulder : XS:36 cm, S: 37 cm, M: 38 cm, L:39 cm, XL: 40 cm	20	4	http://d1zog42tnv16 contest.jpg
TG-088	TG-088_Mint_XL	Jade and Juliet	Sleeveles High and Low Chiffon Dress	Mint	XL	200	High and low dress, chiffon dress, dress, asymmetrical dress, Beautiful dress, Women's Fashion, Summer Fashion, sleeveless chiffon	Simple, shining accessories take this easy asymmetrical dress from day to evening in a snap. Color: Mint Green- Size Available : XS, S, M, L, XL — Back Length : XS: 116 cm , S:118 cm, M: 120 cm, L: 122 cm , XL: 124 cm— Bust: XS: 82 cm, S: 86 cm, M: 90 cm, L: 94, XL:98 cm— Waist: XS: 62 cm, S: 66 cm. M: 70 cm, L: 74 cm, XL: 78 cm— Shoulder : XS:36 cm, S: 37 cm, M: 38 cm, L:39 cm, XL: 40 cm	20	4	http://d1zog42tnv16 contest.jpg

图 7-61　产品管理表示例

三、获得订单后的操作

（一）订单执行

产品上架后，就有可能获得订单，系统每天会发一封邮件到商户邮箱中提醒其发货。商户进入后台很容易就能看到是否有订单需要发货，点击"订单"，可以看到如图 7-62 所示的信息。

其中，"必需的操作"即待发订单列表，Wish 平台规定订单成交日起 7 天内必须发货。

根据订单内容安排实际发货后，最重要的就是要在系统中进行"发货"操作。进入待发货订单列表后，在"Actions"下拉菜单中选择"Ship"，如图 7-63 所示。

图 7-62　查看订单信息页面

图 7-63　进行发货操作页面

进行"发货"操作后，在后台弹出的窗口中选择物流公司并填写运单号。需要向买家进行说明的内容可以在"Note to Buyer"文本框内备注，如图 7-64 所示。

图 7-64　填写物流信息页面

> 📢 **温馨提示**
>
> （1）除非订单显示"已发运（Shipped）"且提交了物流公司和运单号信息，否则卖家无法获得货款。
> （2）可以手动逐一填写或者批量完成订单"已发运"操作。
> （3）如果已经采用 CSV 文件，可以批量导出订单信息。

（二）收款

Wish 平台每月给付一次，支持三种支付方式：Payoneer、PayEco 和 Bill.com。

（三）处理站内信、退款和退货

1. 未执行订单的退款

卖家接到订单后必须在 7 天内完成发货，超过 7 天未发货的订单将被系统自动取消并退款给买家。订单因未发货被取消后将严重影响卖家在系统中的评分。建议卖家每天至少登录系统一次进行发货操作，以防漏发订单。超过 4 天未发货的订单，系统每天会自动发送一封邮件提醒卖家。建议卖家在接单后的 2—4 天内完成发货，以提高服务水平，提升买家满意度。

2. 买家取消订单的退款

买家可以在下单后 3 日内取消订单，Wish 平台在站内信提醒卖家终止发货。

卖家在收到取消订单提醒后发货，Wish 平台不予支付；卖家在买家取消订单前已经发货，Wish 平台将如数予以支付；收到站内信 7 天内，卖家提供如下证据即可办理赔偿：

（1）提交订单（未退款）证据。
（2）在 Wish 平台该订单显示"已发运"。
（3）提交发运后包裹的运单号。

3. 导出订单信息

执行"订单—必需的操作"可以导出待执行的订单；执行"订单—历史记录"可以导出已发货的订单，如图 7-65 所示。

图 7-65　导出订单信息页面

知识拓展

Wish 平台的特色

随着智能手机的普及，移动端购物逐渐成了人们的选择。Wish 是一款根据用户喜好，通过精确的算法推荐技术，将商品信息推送给感兴趣用户的移动优先购物 App。Wish 开启了手机端购物的新境界，瀑布流推送的特点让 Wish 商户在运营技巧的掌握上需要开辟另一种视野。

特色一：推送算法

Wish 力求给买家带来便捷的购物体验，利用自己的预算规则将卖家的商品推送到精准客户面前，而不是被动地依赖买家搜索，从某种意义上来讲，让产品有了主动积极性，而不是被动等待。那么，Wish 推送产品的依据是什么呢？

依据一：违规率（是否是诚信店铺、仿品率小于 0.5%）；

依据二：迟发率（履行订单的时效、订单上网时效）；

依据三：取消率（由于各种原因导致卖家取消交易和买家取消交易，都是有问题的）；

依据四：有效跟踪率（物流渠道不好，如平邮）；

依据五：签收率（能在规定时间内签收是会增加权重的）；

依据六：订单缺陷率（中评、差评、投诉、纠纷）；

依据七：退款率；

依据八：退货率；

依据九：反馈及时率（客户给你发消息，一定要尽快回复，这是非常重要的指标）；

依据十：推送转化率。

以上就是 Wish 推送产品依据的核心维度，你满足以上依据越多，系统就会越帮你推送，会判断你是一个好的卖家，这就是很多卖家反映某天会看到店铺流量激增的原因，但是如果你的产品推送转化率无法达标，那系统不会在不受欢迎的产品上浪费太多时间，会把推送机会转到下一个符合条件的产品，所以会出现流量图像坐过山车的现象。出现这种情况时要引起警惕，不要只会抱怨，要重新定位产品策略，调研开发上架受欢迎的产品或优化产品。

特色二：不要用全球速卖通的思维来做 Wish

有很多全球速卖通的卖家开始做 Wish，他们经常 1 美元包邮，沿用的仍然是低价吸引客户的方式，大多数走平邮，选品方面更是与全球速卖通没有太大差别。全球速卖通平台的市场定位是巴西、印度这类发展中国家，与 Wish 定位的欧美发达地区不同，消费水平和品味都有明显差异，在 Wish 走低价路线当然可以，但有可能会得不偿失。Wish 推送是让客户先看到图片，然后才是价格，沿用以前的逻辑来做 Wish 是行不通的，而且低价产品通常质量较差，长时间的运输也会造成资金压力，这种做法不但用户体验下降，更失去了 Wish 平台的信任。低价的产品也会导致同质化，使用户产生反感，这就是导致 Wish 近期流量普遍下行的原因之一。90 后买家相信同伴重于相信口碑，而他们逐渐会成为跨境网购的主力军。为了长远经营，我们提倡高质的产品、优质的服务，打造自己的中国品牌才是王道。

特色三：低价策略无效

低价引流在 Wish 无效，薄利多销的策略已经不合时宜，以 90 后人群为主力的消费者更期望得到优质的服务，即便你想维持刀片般微薄的利润，你的客户并不会因此让你在客户服务方面有所松懈。2 美元包邮要维持利润必须采用平邮发货，超过 30 天的到货时间，买家是不满意的，这种做法导致的结果就是多数都是一锤子买卖。另外，只买便宜货的人只对价格忠诚，而不会对你的产品或品牌有丝毫眷恋。

Wish 虽然节省了与客户对话的环节，但是在 Facebook 的社群里，客户可以畅所欲言。Wish 帮助客户满足他们的美好愿望，让他们参与到销售活动中来，从客户晒出把产品推荐给身边小伙伴的照片就可以看出这种参与。所以，做好 Facebook 精准营销非常重要。

特色四：刷单无效

刷单等于造假，顾名思义就是希望以虚假的加大收藏、点击、购买等数据来带动真实的购买，这些伎俩在 PC 平台的确玩得风生水起，但是在移动平台会不会水土不服呢？据不完全统计，96.9% 刷过单的受访者几乎都回答："没用。"只有 3.1% 刷过单的受访者说："刷单后好像有几单，但是之后又恢复正常：没单。"抛开商道不说，即使用数据也足以证明这是一种愚蠢的做法。Wish 是用十个维度来判断产品和店铺的，一时的刷单无法逆转大的趋势。

实训七　eBay 平台 Promoted listings 实操

 实训目的

掌握 eBay 平台 Promoted listings 的基本操作与操作技巧，包括在"Dashboard"页面查看最近一段时间的推广花费与效果、设置广告费率等。

 实训要求

1. 进入 Promoted listings 页面
2. 通过"Dashboard"页面查看最近一段时间的推广花费与效果
3. 通过计算分析广告投放效果
4. 选择产品设置广告费率

 实训内容和步骤

Promoted listings 的基本操作与操作技巧

Promoted listings 是 eBay 平台上非常有效的流量获取工具。

电商平台都会根据买家搜索词与产品的相关度、产品的买家评价、仓储发货的所在地、产品的质量、卖家的服务水平等一系列因素来对平台上所有的产品链接进行排序。排序越靠前的产品被买家看到和点击的概率越大。对于众多有着良好品质的新产品而言，在短期内获得充分的曝光，就成为在平台上提高新产品销量的关键。

Promoted listings 就是这样一个工具，它通过竞价排名的方式，让卖家通过支付一定的费用，获取自己产品相关搜索词的更大曝光机会。简而言之，它是一个卖家人工提升自己产品排名的工具。该工具在使用过程中有两大特点：第一，按照成交产品的百分比来决定计费方式，即推广的费用由卖家自行决定；第二，在推广成功即买家下单付款后，按照商定的比例收取卖家费用。也就是说，该工具按实际交易效果收费。

一、进入 Promoted listings 页面

进入卖家后台，点击"My eBay"按钮，选择"Selling"选项，点击"Marketing—Promoted listings"，如图 7-66 所示。

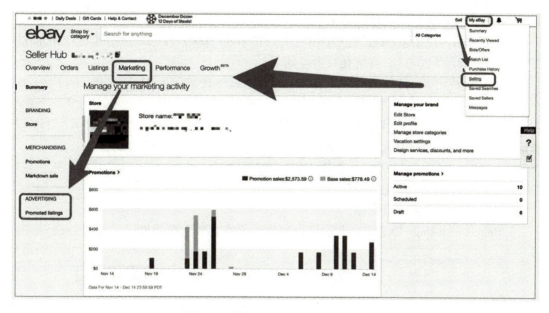

图 7-66　进入 Promoted listings 页面

二、查看推广费用与效果

进入 Promoted listings 页面后，可以先通过"Dashboard"页面查看最近一段时间的推广费用与效果，如图 7-67 所示。

图 7-67 显示了最近 14 天店铺中共有 43 个产品参与广告推广（Listings promoted），从中得到 73 644 个额外曝光量（Impressions），产生 825 次点击（Clicks），通过广告流量售出 10 单（Sold），共计 1 455 美元的销售额（Sales），花费 47.36 美元的广告费（Ad fees）。

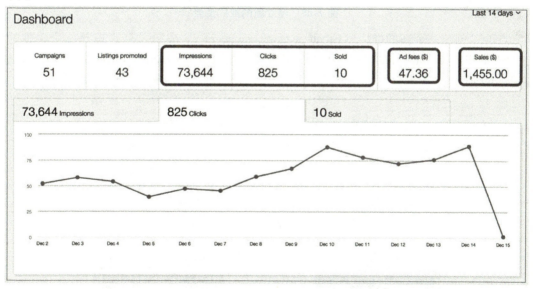

图 7-67　查看促销效果页面

三、通过计算分析广告投放效果

（1）点击率=点击量/曝光量×100%＝825/73 644×100%＝1.12%——低于该产品的行业平均水平（2.5%左右），有优化提升空间。

（2）流量转化率=订单数/点击量×100%＝10/825×100%＝1.21%——等于行业平均水平，基本满意。

（3）广告投入占销售额比例=广告费/销售额×100%＝47.36/1 455×100%＝3.25%——对于20%左右毛利的产品而言，该比例较低，属于营销效果较好的情况。

综上可知，在过去14天中，整体而言，该账号的Promoted listings广告推广效果较好，但在点击率上有进一步优化的空间。

四、选择产品设置广告费率

在Promoted listings功能中，我们可以很简单地建立一个新的推广，如图7-68所示。

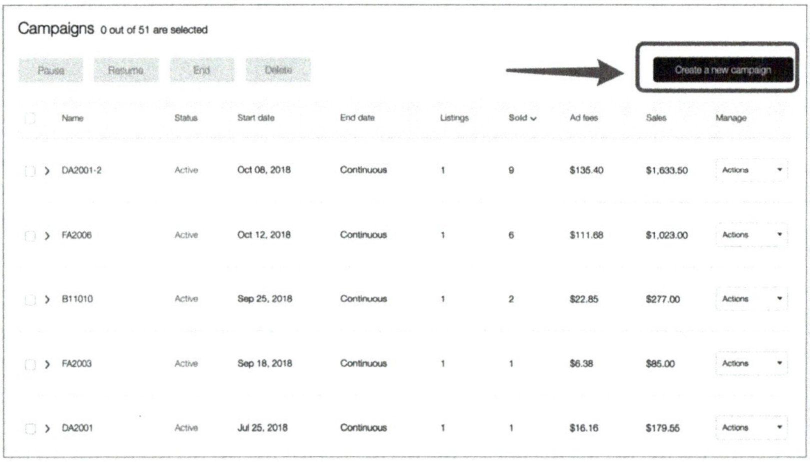

图7-68　建立新的推广页面

点击"创建一个新的推广（Create a new campaign）"按钮，有"选择一个单独的链接（Select listings individualy）"和"批量选择链接（Select listings in bulk）"两个按钮，如图7-69所示。

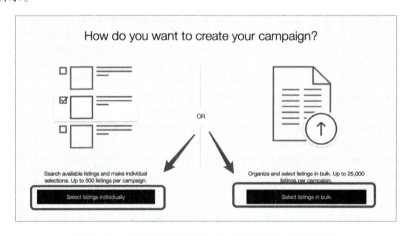

图7-69　"单独链接"和"批量链接"推广页面

按照图 7-70 和图 7-71 所示的两个步骤，选择两款想要推广的产品（Select listings in bulk），并为它们设置广告费率（Set ad rate）。

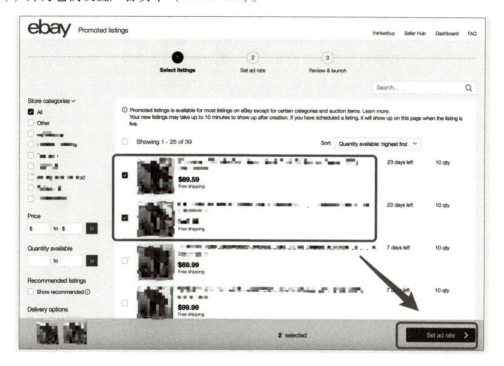

图 7-70　设置广告费率页面

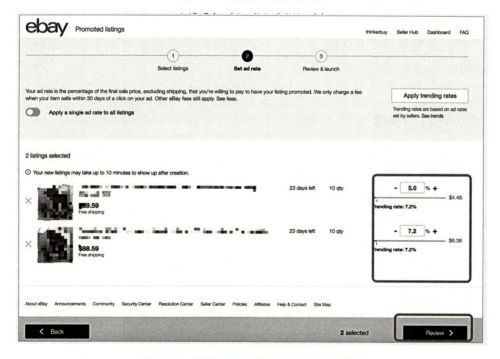

图 7-71　系统推荐与自定义广告费率页面

温馨提示

在设置广告费率时，可以参考平台根据不同产品分类下同行的普遍推广力度给出的"Trending rate"（直译为"趋势价格"），也可以理解为系统给出的"参考费率"。当然，卖家也可以根据自己的情况设置或高或低的执行广告费率。

【实训成果】

将 Promoted listings 页面的产品推广效果进行截图并存档。

实训八　Wish 平台店铺开通实操

 实训目的

掌握独自在 Wish 平台开通店铺的能力，包括开通店铺、实名认证、支付平台的选择等。

 实训要求

1. 在实训室完成学生分组实操
2. 在 Wish 平台开通店铺
3. 对个人店铺进行实名认证
4. 选择一个支付平台

 实训内容和步骤

按照 Wish 平台账户注册的十个步骤进行实训演练，确保每个步骤操作正确，并根据实训要求对注册成功、实名认证成功、支付平台选择等关键步骤进行截图并存档。

【实训成果】

将店铺审核页面进行截图并存档。

【能力训练项目考核评价】

学生自我总结	知识要点领悟	
	项目实施方法	
	项目完成质量	

续表

评分标准			
教师评价	准备情况	态度认真，准备充分（21—30 分）	
		准备比较充分（11—20 分）	
		准备不充分（1—10 分）	
	分析思考	分析透彻，思考全面（21—30 分）	
		分析思考一般（11—20 分）	
		基本没有（1—10 分）	
	操作能力	操作能力强，立刻能找到实训解决路径（21—30 分）	
		基本完成任务（11—20 分）	
		实训项目完成度有所欠缺（1—10 分）	
	发现与解决问题的能力	发现问题，提出可行解决方案（9—10 分）	
		没有创新，但方案基本完整（5—8 分）	
		没有新发现，且方案不完整（1—4 分）	
总体评价			

小　结

本项目简要介绍了 eBay 和 Wish 两个跨境电商平台，主要涉及 eBay 平台和 Wish 平台的注册流程、eBay 平台产品刊登和 Wish 平台产品上传方式、eBay 平台信用评价系统及 Wish 平台买家获得订单后的操作等内容。考虑到前文已对全球速卖通、敦煌网和亚马逊平台进行过详细介绍，本项目的设置意在让读者对多种跨境电商平台有更广的了解，内容相对简单，突出 eBay 平台和 Wish 平台的特色功能介绍。

 知识宝典

［**最佳匹配规则**］最佳匹配规则是 eBay 独创的默认搜索排序方式，自动根据买家的浏览喜好为其推荐适合的商品。只要卖家所采用的商品刊登方式是当地买家所习惯的，并且所提供的服务和商品价格极具竞争力，eBay 即会免费向买家推荐卖家的商品。

［**CSV 批量上传**］CSV 批量上传产品，一次可以将几十乃至上百个商品上传上架，大大提高工作效率。采用 CSV 批量上传前，必须要将产品的以下 16 个属性进行编辑：款号、货号、价格、产品名称、数量、运费、商品主图链接、标签、商品描述、商品尺寸、颜色、零售价、品牌、商品辅图链接、产品条码和发运时间。

思 考 题

一、单项选择题

1. 关于卖家的服务评级，下列说法错误的是（　　）。
A. 产品的质量　　　　　　　　　　B. 买家的沟通态度
C. 物流的服务　　　　　　　　　　D. 运费与处理费

2. 下列行为正确的是（　　）。
A. 为提高信用评价分数、获得网站特权或提高声誉而交换信用评价
B. 买家进行交易时犯错可以删除
C. 通过重复购买并给出低分 DSR（卖家服务评级）来降低其他用户的信用评价分数，或者以留下好评但给出低分 DSR 的方式来操纵其他用户的 DSR
D. 花钱购买其他用户的 ID

3. 关于商品标题描述，下列说法错误的是（　　）。
A. 标题字符不受限制
B. 选择使用描述物品名称、型号、品牌、特性这样较为直接和精准的关键字
C. 有空余，可以使用表明物品新旧程度的词汇
D. 最后考虑使用一些热门的关键字，吸引冲动型买家

4. 关于拍卖方式出售物品，下列说法错误的是（　　）。
A. 卖家刊登一件或多件"拍卖"物品，不设定起拍价格
B. 买家可在物品"拍卖"期间浏览物品详细信息并出价竞拍
C. "拍卖"结束后，最高"出价者"以中标的金额买下物品
D. 出价最高的买家即为该物品的中标者

5. 下列选项错误的是（　　）。
A. Wish 大部分卖家来自北美
B. 如果 Wish 卖家使用多个 IP，同一个手机号码将会被封号
C. 如果 Wish 卖家同一个收款产品申请多个账号，被 Wish 平台查到关联账号，将被封号
D. 如果 Wish 卖家使用同一个 IP 申请一个收款账户，一般不会被封号

6. 根据 Wish 新规，关于诚信店铺，下列选项错误的是（　　）。
A. 仿品率低于 1%　　　　　　　　　B. 仿品率低于 0.5%
C. 通过"诚信店铺"的审核　　　　　D. 删掉未经品牌授权的产品或者仿品

7. 根据 Wish 新规，关于商户配送至错误地址，下列选项错误的是（　　）。
A. 商户承担配送至错误地址的退款
B. 商户不承担配送至错误地址的退款
C. 商户为不完整订单承担 100% 退款责任
D. Wish 推出针对配送时间过长进行投保的规定

8. 关于 Wish 推出的政策，下列选项错误的是（　　）。

A. 入驻收费

B. 平台使用免费

C. 技术服务免费

D. 平台佣金为产品卖出去以后有 15% 的平台扣点

二、多项选择题

1. 目前，eBay 的本地站点已经覆盖的国家是（　　）。

A. 澳大利亚、奥地利、比利时、加拿大、西班牙、英国、美国

B. 中国、法国、德国、中国香港、印度、韩国

C. 越南、泰国、爱尔兰、意大利、马来西亚

D. 荷兰、新西兰、波兰、菲律宾、新加坡、瑞典、瑞士

2. eBay 产品刊登的流程为（　　）。

A. 选择站点　　　B. 选择类目　　　C. 选择产品目录　　　D. 填写产品属性

3. 为了验证填写的账户资料，卖家需要完成账户认证。卖家可使用的支付方式是（　　）。

A. 银行借记卡　　　B. 信用卡　　　C. 借贷宝　　　D. 支付宝

4. 以拍卖方式出售物品，包括（　　）。

A. 卖家刊登一件或多件"拍卖"物品，并设定起拍价格

B. 买家可在物品"拍卖"期间浏览物品详细信息并出价竞拍

C. "拍卖"结束后，最高"出价者"以中标的金额买下物品

D. 出价最高的买家即为物品的中标者

5. 根据 eBay 卖家标准的要求，卖家身份有（　　）。

A. 标准卖家（Standard）　　　　　　B. 高于标准的卖家（Above Standard）

C. 超级卖家（Power Seller）　　　　D. 优秀评级卖家（Top-rated Seller）

6. 如果 Wish 店铺没有审核通过，下列说法正确的是（　　）。

A. Wish 后台注册后就可以上货

B. 如果没有审核通过，产品是不会展示给用户的

C. 上传的产品经过审核后才会展示

D. 产品上架后，需要过段时间才会展示

7. 在 Wish 平台上传成功的产品，如果源图片被删了，下列说法正确的是（　　）。

A. 产品图片会被保存到 Wish 的服务器上

B. 源图片删除了，Wish 也帮你保存了产品图片

C. 不会影响产品显示效果

D. 图片不会受影响

8. 关于 Wish 设置的运费，下列说法正确的是（　　）。

A. 如果 Wish 设置的是免运费，产品显示的还将是收运费

B. Wish 是不支持免运费的

C. 如果将运费设置成 0 美元，Wish 会自动给卖家加到 0.99 美元

D. 不建议卖家将运费设置为0

9. 下列关于Wish支持的收款方式的说法正确的是（　　）。

A. 支持三种收款方式　　　　　　　　B. 支持Payoneer

C. 支持Bill.com　　　　　　　　　　D. 支持PayPal

10. 选择Payoneer支付的原因是（　　）。

A. 手续费低　　　B. 处理时间快　　　C. 安全系数更高　　　D. 无手续费

三、简答题

1. 某eBay大卖家自开店以来，业绩良好，后期一段时间在货物发出去后，没有及时和买方沟通货物在运途中情况，发生几起货物在运输途中引发的纠纷。试分析对于这种风险卖家应如何规避。

2. Wish商户周先生是主营服装配饰的中小卖家，每天的订单量不超过百单。前段时间，某国客人下了套西服订单。周先生在规定时间内发货，并且客人14天后就收到货了。收到货后没多久，这个客人说产品尺码不对，但在购买前商家已经将产品的尺码标注。周先生认为："既然他觉得不符合心意，可以选择退货，我们全额退款给他。"但客户给予的回复是，既不会将货退还，还要求退款。周先生一时气愤就回复了客人"You are so bad！"这么一句话。10天后，他收到了Wish发来的违规通知，引发账号交易暂停危机。试分析造成周先生账号暂停交易的风险原因。

3. 某一位买家收到货后，认为质量与描述不符，遂提起纠纷。试分析对于质量有问题的纠纷卖家应该如何解决。

推荐阅读

eBay 运营模式及工具分析

eBay 最开始创立之时只是一个拍卖网站，目的是汇聚全美的 Pez 糖果盒爱好者并让其有交流的平台，但后来越来越受欢迎，便一直以这种形势发展壮大。

以拍卖形式存在是 eBay 区别于其他平台的一大特色，现在 eBay 主要有拍卖、一口价和综合销售三种形式。

第一种：拍卖

卖家用"拍卖"的方式在 eBay 平台上刊登商品是目前最常用的销售方式。

首先卖家要设置一件商品的起拍价和在平台的存留时间，然后在平台上拍卖，最后以下线之时最高竞拍金额卖出这件商品。

同时，平台也会在竞品即将拍卖结束时提高商品的搜索排名，这能让更多的消费者看到商品，提高商品的曝光度。

拍卖的商品主要有两个特点：一是商品本身就很吸引买家，而不是在市场上能一抓一大把的那种；二是商品有一定的市场需求，没有需求就没有拍卖性可言。

另外，库存少、有市场缺口的商品可以进行拍卖。

还有一些卖家没有办法估算自己商品的准确价值，也可以通过拍卖的方式，设置最低的起拍价之后通过平台拍卖来获得最终的价格。

第二种：一口价

一口价，顾名思义就是一次性定价，刊登的都是店铺里库存量大的商品，商品的在线时长可以最高设置为 30 天，大大增加了商品的曝光度和展示机会。

这种销售方式就适合库存量大、能够长时间在线销售并且卖家想要获得可控的利润的商品。

第三种：综合销售

综合销售就是把拍卖和一口价相结合。

卖家在拍卖时设置起拍价，同时也设置保底价，让买家根据自己的需求灵活选购。

这种方式因为灵活性更大，所以销售出去的机会也会随之变大。

为了做好店铺经营，eBay 卖家会用到各种工具，主要有以下几种：

- Terapeak

如果你申请注册，你将得到很多有关客户和产品个人行为的数据信息。

根据剖析和预测分析来协助你做出更强的决策，如果你订阅了年度工作计划，价钱是 12 美元/月。

- Algopix

Algopix 适用于全世界 17 个销售市场的好几个服务平台。

美国、英国、德国、法国、西班牙、意大利和澳大利亚都提供了 eBay 适用，它将协助你详细分析，进而寻找最有利可图的产品。

你可以检索产品信息内容，不管是售卖、价格还是想对它进行研究，根据销售和产品过滤。

除此之外，该工具还提供了一个 eBay 费用计算器，如果你提前准备做产品名册，有不一样的标价级别，并免费提供使用。

- eBay 运输费计算器

不管你一直处于科学研究全过程中的哪些环节，一定要运用 eBay 的运输费计算器，对你的成本费有一个非常精确的定义。

你将可以估计将物件运输到不一样地址的成本费，进而算出最后的产品价格。

- eBay 费用计算器

当你想要一个有别于 eBay 网站上提供的测算运输费的页面，eBay 费用计算器是一个十分便捷的工具。

你可以测算售卖价格、产品成本费、物流成本、运送费用这些，以协助你制定库存量标价。

- 最终费用计算器

最终费用计算器是一个完全免费的工具，你可以用它来估算想要加到库存量中的产品总盈利。

（资料来源：https://www.cifnews.com/article/71739）

参考答案

项目一 认知跨境电子商务

思考题答案

一、单项选择题

1. A 2. C 3. A 4. D

二、多项选择题

1. ABCD 2. ACD 3. ABCD 4. BC 5. ABD

三、简答和分析题

1. 跨境电子商务简称跨境电商,其概念有广义和狭义之分。广义的跨境电商,是指分属不同关境的交易主体通过电子商务的方式完成进出口贸易中的展示、洽谈和交易等环节,并通过跨境物流送达商品、完成交割的一种国际商业活动。从狭义上来看,跨境电商基本等同于跨境零售,是指分属于不同关境的交易主体,借助计算机网络达成交易、进行支付结算,并采用快件、小包等方式,通过跨境物流将商品送达消费者手中的交易过程。然而,由于现实中对小型商家用户与个人消费者进行明确区分的难度较大,所以跨境零售交易主体中往往还包含了一部分碎片化小额买卖的商家用户。

与传统国际贸易相比,跨境电子商务依托于互联网技术而存在,在物流方式、交易流程、结算方式等方面都大不相同。一方面,跨境电子商务让传统贸易实现了电子化、数字化和网络化,无论是订购环节,还是支付环节,都可以经由互联网完成,甚至数字化产品的交付都可以通过网络完成。在跨境电子商务交易过程中,运输单据、交易合同及各种票据都是以电子文件形式存在。因此,跨境电子商务实际上是包含货物的电子贸易、在线数据传递、电子资金划拨、电子货运单证等多环节与内容的一种新型国际贸易方式。另一方面,由于信息在互联网上流动的便捷和快速,跨境电子商务使国际贸易卖方可以直接面对来自不同国家的消费者,因而最大限度地减少了传统贸易所必须涉及的交易环节和消除了供需双方之间的信息不对称。这也是跨境电子商务最大的优势所在。

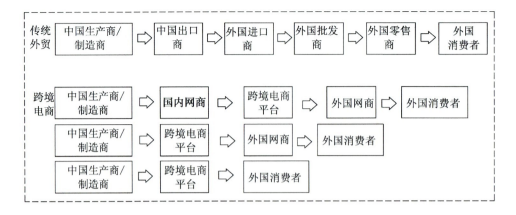

2.（1）对企业的好处——① 成本的降低：减少信息传递，降低通信成本；减少中间环节，降低交易成本；降低文件处理成本；降低库存与管理经营成本；降低广告促销成本。② 新的商务模式：增加销售和增加利润的新模式。③ 客户定制化：按订单生产能给公司带来竞争优势和廉价定制化。④ 改善客户关系：利用电子商务的交流互动性，增加客户的忠诚度和亲密度；提高办事和采购效率；有助于改善企业形象，进行全球化业务拓展。

（2）对消费者的好处：自由灵活，可以随时随地自由购物；品种多，选择范围大，选择交易，货比千万家；价格较一般商场的同类商品便宜；可以得到最新的产品和服务信息；免除舟车劳顿，省时省力省心，购物成本低；网上购物支付总类多，网上支付方便快捷安全；网上购物有良好的沟通渠道，可以互动，交流思想和经验，还可以以商会友；网上购物更透明，不容易上当；数字化产品很容易到货。

项目二　开店准备

思考题答案

一、单项选择题

1. D　2. D　3. A

二、多项选择题

1. ABCD　2. ABCD　3. ABCD　4. ABD

三、简答和分析题

在国际物流运输过程中带电类商品的寄送较一般商品更为复杂，寄送成本也会更高一些。带电产品如锂电池手表等通过常见物流方式都较难寄送，即使寄送出去了，也面临着被查退回的风险。因而，作为跨境电商新手卖家，建议从常规产品入手，逐步积累相关知识和经验，而后再去做一些有特殊寄送要求的产品。

项目三　客户服务

思考题答案

一、单项选择题

1. D　2. D　3. B

二、多项选择题

1. ABD　2. ABCD　3. ABCD　4. ABCD

三、简答和分析题

首先卖家应说明货物包装完全按照买家要求制作，其中在包装上填写了 C 公司的信息也是应买家的要求，并提供相关沟通记录，说服买家撤销纠纷，同时为促进友谊，可在买家下次购买货物时，给予一定的经济补偿。如双方不能协商解决，在平台介入纠纷后，卖家亦应提交所有相关资料和沟通记录。在这个案例中，卖家应吸取的教训是：不应同意在包装上填写 C 公司的名称，如果同意填写，应说明"如因在包装上填写 C 公司的名称，引起纠纷，应由买家自行负责"。

项目四　全球速卖通平台实操

思考题答案

一、单项选择题

1. A　2. D　3. C　4. A　5. D

二、多项选择题

1. ABCD　2. BC　3. ABCD　4. ABCD　5. AD

三、计算题

1. 步骤一：运费＝首重运费＋（货物重量×2－1）×续重运费

运费 260＋（21×2－1）×60＝2 720(元)

步骤二：总费用＝（运费＋燃油附加费）×折扣＋包装费用＋其他费用

总费用＝2 720×（1＋10%）×80%＝2 393.6(元)

2. 运费总额＝首重运费＋（货物重量×2－1）×续重运费

运费总额＝20＋（7×2－1）×9＝137(元)

项目五　敦煌网平台实操

思考题答案

一、单项选择题

1. C　2. A　3. A　4. D

二、多项选择题

1. ABCD　2. ACD　3. ABCD　4. ABCD

三、计算题

1. 包装后的重量=1.9+0.2=2.1 kg，不满 0.5 kg 的部分按照 0.5 kg 计算，则货物折算重量为 2.5 kg。

总费用=[首重运费+(货物折算重量×2-1)×续重运费]×折扣+4=[280+(2.5×2-1)×75]×0.5+4=294(元)

2. 总费用=[首重运费+(货物折算重量×2-1)×续重运费]×折扣+4=[210+(1.5×2-1)×55]×0.42+4=138.4(元)

项目六　亚马逊平台实操

思考题答案

一、单项选择题

1. C　2. A　3. C　4. B

二、案例分析题

1. 在亚马逊平台进行跟卖产品之前，一定要了解清楚对方产品是否注册了商标和外观专利，尤其是标志了 Logo 的产品，千万不要想当然，到相关商标网站查清楚了再去跟卖。收到警告，必须马上下架跟卖的产品，最好给对方卖家写封邮件以示道歉。一旦跟卖有商标的产品，被对方卖家控诉侵权，会被直接封号。亚马逊平台对侵权持零容忍态度。

2. 通过阅读题意可知，Buyer 收到货后发现购买的手机屏幕坏了，不能使用。在告知交易平台之前，Buyer 友好地告知 Seller 这个问题，希望 Seller 帮助解决问题。然而，Seller 的表现让人失望，回答的语气生硬，一开始便推卸责任，说是货运公司的责任，自己帮不了什么忙。Buyer 通过平台购买商品之后，就意味着交易合同的产生，Buyer 未与货运公司直接产生合同关系，因而产品的破损应该由 Seller 直接负责为 Buyer 解决。Seller 这样的做法势必导致 Buyer 的不满，为问题的有效解决造成了障碍。

项目七　其他跨境电商平台实操

思考题答案

一、单项选择题

1. A　2. B　3. A　4. A　5. A　6. A　7. B　8. A

二、多项选择题

1. ABCD　2. ABCD　3. AB　4. ABCD　5. ABCD　6. ABCD　7. ABCD　8. ABC　9. ABCD　10. ABC

三、简答题

1. 对于运输途中的纠纷，卖家需要注意的是：

纠纷前：

(1) 了解相关物流运输时间，合理设置承诺运送时间。

(2) 确认订单相关信息：运输方式、地址。

（3）检查填写运单号是否准确。

（4）定期查看物流信息，跟踪实时物流，查看物流进展。

纠纷中：

（1）根据物流信息积极与买家协商解决问题，达成一致的解决意见。

（2）在预估无法于承诺运送时间内送达时，积极争取买家同意后操作延长时间。

（3）若为特殊物流国家，如澳大利亚、其他无物流信息查询国家，积极采取邮件查单、邮局查单方式。

（4）在查询到物流妥投信息、买家在线下反应已经收到货物时，及时在纠纷响应期限内提交相关内容。

（5）若有需要重新发货，需要与买家协商一致并将买家同意见反馈至纠纷平台，在无反馈的情况下，承诺运送时间将不重新计算。

2. Wish 平台规定：店铺退款率过高、侵权次数过多、重复铺货问题比较严重，或者是商户提供的客户服务不当，账户将会自动暂停交易，除非卖家在 48 小时之内进行回复并提供证据证明原因。

所以，卖家要遵守平台规定，另外在和买家沟通过程中，切不可一时怒上心来，用过激言论刺激买家。如果确实是买家原因，最好的处理办法就是找客户经理，让他帮忙申诉。如果卖家没有在 48 小时之内进行回复的话，账户将会自动暂停交易。

3. 对于质量有问题的纠纷，卖家应采取的措施是：

纠纷前：

发货前仔细检查产品，确保产品质量。

纠纷中：

（1）积极与买家协商解决问题，达成一致的解决意见。

（2）如果质量问题（如无法正常工作）是由于买家操作不当，请提交产品正确操作方法的视频。如果发现是因为买家使用适配器不当导致无法使用，请提供正确使用的视频。